Globalisierung und Philosophie

Michael Reder

Globalisierung und Philosophie

Eine Einführung

Einbandgestaltung: Peter Lohse, Büttelborn
Einbandabbildung: Foto von Tokyo (Horst Maack);
© picture-alliance/akg-images *und* Satellitenaufnahme USA 2003,
rechts während landesweitem Stromausfall (NOAA/DMSP – epa);
© picture-alliance/dpa/dpaweb

Die Deutsche Nationalbibliothek verzeichnet diese Publikation
in der Deutschen Nationalbibliografie;
detaillierte bibliografische Daten sind im Internet über
http://dnb.d-nb.de abrufbar.

Die Herausgabe dieses Werks wurde durch
die Vereinsmitglieder der WBG ermöglicht.
Gedruckt auf säurefreiem und alterungsbeständigem Papier
Printed in Germany

Besuchen Sie uns im Internet: www.wbg-wissenverbindet.de

ISBN 978-3-534-21667-3

Inhalt

I. Einführung

Ambivalente Einschätzung der Globalisierung

„Die Dinge dieser Welt befinden sich ständig in einem derartigen Fluss, dass nichts lange im selben Zustand bleibt." Dieser Ausspruch des politischen Philosophen John Locke (1632–1704) erscheint heute aktueller denn je. Das Leben in der Weltgesellschaft ist einem immer schnelleren Wandel unterzogen: Neue Technologien ermöglichen ungeahnte Kommunikations- und Informationsmöglichkeiten, das Zusammenwachsen der Handelsräume lässt eine globale Ökonomie mit hoher Eigendynamik entstehen und die politischen Diskussionen um die Rolle der Vereinten Nationen sind ein Beleg für die wachsende Bedeutung weltpolitischer Institutionen.

In dieser globalisierten Welt tauchten in den vergangenen Jahren aber auch nicht wenige Problemfelder auf. Der 11. September und der Afghanistan- oder Irakkrieg sind als gewalttätige Konflikte sicherlich nur eine Spitze des Eisberges globaler Konflikte. Gleichzeitig ist Armut nach wie vor ein gravierendes Problem: Weltweit leben über eine Milliarde Menschen unter der Armutsgrenze, das heißt sie haben weniger als einen US-Dollar pro Tag zum Leben. Aber auch in vielen anderen Bereichen zeichnen sich Konfliktfelder ab. Die Diskussionen über den Klimawandel, insbesondere seine Auswirkungen auf die Entwicklungsländer, werden auch noch in den kommenden Jahren mit Sicherheit weltpolitisch brisant bleiben.

Zur Beschreibung all dieser Phänomene wird häufig der Begriff „Globalisierung" verwendet. Dieser schillernde Begriff bezeichnet ganz allgemein die Verdichtung und Beschleunigung grenzüberschreitender Beziehungen in unterschiedlichsten Bereichen wie der Politik, Ökonomie oder Kultur. Viele alte, aber auch viele neue Akteure sind Teil dieses Prozesses.

Globalisierung ist im öffentlichen Diskurs ein höchst umstrittenes Phänomen. Die Beurteilungen gehen dementsprechend auch weit auseinander. Für die Einen ist Globalisierung ein äußerst positives Phänomen. Die wachsende Weltwirtschaft, so die Argumentation, werde zum Wohlstand aller Menschen beitragen und auch das Armutsproblem lösen helfen. Zudem eröffne die Globalisierung einen wichtigen Schritt hin zu einer globalen Friedensordnung. Weltweiter Frieden werde immer greifbarer. Nichtregierungsorganisationen, wie Amnesty International oder Greenpeace, sind symbolhafter Ausdruck der Vitalität globaler Diskussionen auf dem Weg dorthin.

Für die Gegenseite zeigt sich das Phänomen genau in umgekehrter Perspektive: Globalisierung ist für ihre Kritiker eine politische Entwicklung, die Machtgefälle zwischen Reichen und Armen, Industrie- und Entwicklungsländern nicht schmälert, sondern vergrößert. Global agierende Unternehmen versuchten nur ihren Profit zu maximieren und richteten sich immer weniger nach allgemeinen sozialen Standards. Außerdem werde in Zeiten der Globalisierung die Gefahr von Kriegen nicht geringer, sondern vielmehr größer.

Bei genauerem Hinsehen erweist sich weder die eine noch die andere Seite als überzeugend. Globalisierung ist wie viele andere gesellschaftliche Phänomene ambivalent. In den unterschiedlichen Bereichen finden sich Vor- und Nachteile, teilweise kompliziert ineinander verschränkt. So konnte in der aktuellen Phase der Globalisierung weder der Weltfrieden hergestellt noch Armut als globales Problem überwunden werden. Gleichzeitig trugen weltwirtschaftliche Impulse aber zu einer nachhaltigen Entwicklung in vielen Ländern bei, beispielsweise in Ostasien. Auch haben die vielfältigen Bemühungen der Vereinten Nationen (man denke beispielsweise an die Weltkonferenzen zu unterschiedlichsten Themen wie Nachhaltigkeit oder Genderfragen) ein globales Problembewusstsein geschaffen und manche politischen Entscheidungen auf den Weg bringen können.

Globalisierung kann deshalb nur angemessen analysiert und diskutiert werden, wenn man sich nicht vorschnell auf die Seite der Glorifizierung oder Dämonisierung schlägt, sondern ein ausgewogenes Bild der ambivalenten globalen Entwicklungen zeichnet.

Globalisierung als historisches Phänomen

Globalisierung ist kein neues Phänomen. Historiker zeigen vielmehr, dass die Geschichte der letzten 500 Jahre schon mehrere Globalisierungsschübe durchlaufen hat. Die Zeit zwischen 1450–1500 ist beispielsweise so eine Phase. Sie ist gekennzeichnet durch gravierende gesellschaftliche und wissenschaftliche Umbrüche, die eine Zunahme an Beziehungen auf verschiedenen Ebenen nach sich zog. Als Erstes sind dabei räumlich-geographische Vernetzungen zu nennen, die durch viele Schiffsreisen quer durch die Weltmeere und den Handel zwischen verschiedenen Regionen und Kontinenten entstanden sind. Gleichzeitig ist diese Zeit durch wissenschaftliche Forschungen und technische Neuerungen gekennzeichnet, die in vielfacher Hinsicht sowohl das Alltagsleben als auch ganze Weltbilder verändert haben – angefangen vom Buchdruck bis hin zum heliozentrischen Weltbild, das zum Ausdruck bringt, dass nicht die Erde das Zentrum des Universums ist, sondern sich alle Planeten um die Sonne drehen. Auch politisch ist diese Phase durch einschneidende Veränderungen geprägt. Kaiserliche wie päpstliche Macht erfuhren Widerstände (Konzilsbewegungen bis hin zur Reformation), soziale Spannungen prägten das gesellschaftliche Leben (Bauernunruhen) und waren Anzeichen für eine Neuordnung des politischen Systems. Philosophisch kamen im Zuge der Wiederentdeckung antiker Ideale die individuelle und geistige Vervollkommnung des Menschen und das Ideal der Gleichheit mehr und mehr in den Blick. Die Religion hingegen verlor dabei – zumindest teilweise – ihren Absolutheitsanspruch.

All diese genannten Entwicklungen deuten darauf hin, dass in dieser Zeit der Renaissance ein früher Globalisierungsschub stattgefunden hat, der Ähnlichkeiten mit der gegenwärtigen Situation hat. Die globale Dimension gesellschaftlichen Handelns wurde in dieser Zeit den Menschen ganz besonders deutlich. Natürlich hatte dieser Globalisierungsschub vor allem aufgrund der technischen, politischen und ökonomischen Ausgangssituation quantitativ wie qualitativ eine andere Dimension als die aktuelle Globalisierung. Trotzdem sehen viele Historiker aufgrund der strukturellen Ähnlichkeit der Entwicklungen in dieser Zeit das Phänomen der Globalisierung das erste Mal auf der (welt-)gesellschaftlichen Bildfläche erscheinen.

Historisch ist für die Forschung über Globalisierung dann vor allem die Zeit des ausgehenden 19. Jahrhunderts von besonderem Interesse. Denn in dieser Zeit hat ebenfalls ein Globalisierungsschub stattgefunden, der noch größere Ähnlichkeiten mit der aktuellen Entwicklung aufweist. Nach 1871 wurden die nationalstaatlichen Grenzen immer durchlässiger und der grenzüberschreitende Handel gewann schnell an Fahrt. Diese Entwicklung ging weitgehend von den Nationalstaaten aus, weshalb dieser Prozess meist auch als eine Phase der Internationalisierung bezeichnet wird. Neben den Staaten waren auf globaler Ebene nur wenige andere Akteure von Bedeutung.

In mancherlei Hinsicht waren die industrialisierten Staaten damals wirtschaftlich ähnlich stark miteinander verflochten wie heute, weshalb diese Phase manchmal auch als Erste Globalisierung bezeichnet wird. Der globale Handel mit Waren verzeichnete hohe Zuwachsraten mit ähnlichen Werten wie heute. Aber auch globale Probleme zeigten sich erstmals sehr deutlich: Die große Zahl von Armuts- und Arbeitsmigranten zwischen Alter und Neuer Welt sind ein Hinweis darauf. Die Schere zwischen den reichen Ländern des Nordens und den ärmeren Ländern des Südens zeigt sich ebenfalls erstmals in eklatanter Weise. Denn die Länder des Südens waren freilich in dieser Ersten Globalisierung meist als Rohstofflieferanten und Absatzmärkte für Güter der Kolonialmächte in den Welthandel integriert und konnten von den ökonomischen Wohlfahrtseffekten des Welthandels nur bedingt profitieren. Diese so genannte Erste Globalisierung wurde durch den Ersten Weltkrieg jäh unterbrochen.

Damit sind zwei historische Beispiele von Globalisierungsschüben genannt. Was sind aber nun die wichtigsten Aspekte, die mit der aktuellen Globalisierung in Verbindung gebracht werden? Bevor aus philosophischer Sicht die zentralen Merkmale von Globalisierung zusammen getragen werden, sollen hier schon einmal stichpunktartig einige zentrale Aspekte genannt werden, die oftmals mit dem Begriff Globalisierung verbunden werden.

Zuerst sind dabei sicherlich die vielfältigen globalen Institutionen zu nennen, die seit dem Zweiten Weltkrieg in unterschiedlichen Themenfeldern aufgebaut wurden. Der Neuaufbau des Völkerbundes als System der Vereinten Nationen mit seinen vielen Unter- und Sonderorganisationen ist ein eindrucksvolles Beispiel hierfür. Aber auch die Entstehung globaler Institutionen für den ökonomischen Bereich zeigt dies, wie beispielsweise die Gründung der Weltbank, des Internationalen Währungsfonds und des Allgemeinen Zoll- und Handelsabkommens – dem Vorläufer der heutigen Welthandelsorganisation, die für viele paradigmatischer Ausdruck der ökonomischen Globalisierung ist. Die wachsende Bedeutung von Organisationen auf der kontinentalen Ebene wie beispielsweise der Europäischen Union ist ebenfalls Teil dieser Entwicklung. Diese transnationalen Kooperationsnetzwerke sind heute auch ein wichtiger Teil der Globalisierung. Weil diese Institutionen die Nationalstaaten übersteigen, nennt man die Phase ihrer Entstehung auch teilweise Transnationalisierung.

Mit dem Fall der Mauer hat der Prozess der transnationalen Vernetzung noch einmal deutlich an Geschwindigkeit und Intensität zugenommen. Transnationalisierung wurde zur Globalisierung. Diese Entwicklung führt seither zu einer in dieser Weise nicht gekannten „Verdichtung und Beschleunigung grenzüberschreitender Interaktionen“, wie eine viel zitierte Studie der Wissenschaftlichen Arbeitsgruppe für weltkirchliche Aufgaben der Deutschen Bischofskonferenz (1999, 12) paradigmatisch formulierte. Globalisierung ist seit den 1990er Jahren dabei nicht mehr nur ein Prozess von Staaten, sondern von Individuen, Institutionen und Organisationen unterschiedlichster Art. Das Third World Network ist genauso ein Akteur auf der weltgesellschaftlichen Bühne wie das Olympische Komitee, Al-Qaida oder die deutsche Bundeskanzlerin. Die Weltgesellschaft als Ganze ist der Hintergrund, vor dem diese Vernetzung der unterschiedlichen Akteure stattfindet. Natürlich ist die Globalisierung damit ein äußerst vielschichtiger Prozess.

Die Globalisierung hat deshalb unterschiedliche Dimensionen. Oft wird zuerst der Bereich der Wirtschaft als zentrales Element genannt. Die Zunahme der weltweiten Produktionskapazitäten ist genauso ein Beleg für die Globalisierung der Ökonomie wie das Wachstum des Welthandels mit Gütern und Finanzen oder das zunehmende Engagement transnationaler Unternehmen. Die Liberalisierung des Welthandels, vor allem durch den Abbau von Zöllen, hat diese Entwicklungen sicherlich enorm verstärkt. Rein ökonomisch betrachtet führten jedoch die Entstehung und das Wachstum der Weltwirtschaft nicht automatisch zu einem Wohlstand für alle Menschen. Globale Armut ist trotz des steigenden Welthandels deshalb nach wie vor eine der zentralen Herausforderungen der Globalisierung.

Wichtig ist, Globalisierung weder in positiver noch negativer Weise auf den ökonomischen Bereich zu verkürzen. Globalisierung impliziert vielmehr auch Prozesse in vielen anderen Bereichen der Weltgesellschaft, beispielsweise der Politik, der Wissenschaft oder auch der Kultur. Globalisierung bringt gerade im letztgenannten Bereich vielfältige Veränderungen mit sich. Nicht zuletzt begünstigt durch einen enormen technologischen Fortschritt im Transport- und Kommunikationsbereich sind die Kulturen deutlich näher gerückt – sie sind wechselseitig erfahrbar geworden. Das Internet steht mit seinen Entwicklungen als Symbol für diese Entwicklung. Auch die Mobilität von Menschen beeinflusst nicht nur den ökonomischen Sektor (beispielsweise durch die steigende Zahl von Arbeitsmigranten), sondern ist auch ein wichtiger Einflussfaktor auf die kulturelle Dimension der Globalisierung.

Philosophie der Globalisierung und praktische Philosophie

Aus systematischer Perspektive ist das gegenwärtige Nachdenken über die Globalisierung in der praktischen Philosophie zu Hause. In diesem Feld diskutiert die Philosophie Fragen der Ethik, des Rechts oder Staates, der Ökonomie und Politik. Natürlich ist dabei die praktische Philosophie nicht eindeutig von der theoretischen Philosophie zu trennen. Schon der Blick auf die antike Philosophie belegt deutlich, dass die Frage nach der Vernunft eng mit dem Nachdenken über die politische Gesellschaft verbunden ist. Auch die Diskussionen über ein überzeugendes Wahrheits-, Sprach- oder Erkenntnisverständnis haben in diesem umfassenden Sinn deshalb immer auch eine Bedeutung für die praktische Philosophie.

Die praktische Philosophie ist in diesem weiten Verständnis der Kontext des Nachdenkens über Globalisierung. Für die Frage nach einer Philosophie der (aktuellen) Globalisierung erscheint es deshalb sinnvoll, die Situation der praktischen Philosophie im ausgehenden 20. Jahrhundert kurz in den Blick zu nehmen.

Dabei fällt zuerst auf, dass philosophisches Nachdenken über Politik, Ökonomie oder Gesellschaft bis zur Mitte des 20. Jahrhunderts eine untergeordnete Rolle gespielt hat, vor allem weil politische oder gesellschaftliche Fragen letztlich als zweitrangig gegenüber grundlegenden Deutungen von Wirklichkeit, Erkenntnis oder Sprache angesehen wurden. Seit den 1970er Jahren hat sich dies allerdings radikal verändert. Die praktische Philosophie erfuhr seit dieser Zeit nämlich eine enorme Renaissance. Sie hat nicht nur im universitären Kanon an Bedeutung gewonnen, sondern greift seither auch mehr und mehr in öffentliche Diskurse ein. So werden beispielsweise die Gerechtigkeitstheorie von John Rawls (1921–2002) oder die Diskurstheorie von Jürgen Habermas (* 1929) heute nicht mehr nur in den Hörsälen von Universitäten gelehrt, sondern auch in der Öffentlichkeit im Kontext aktueller politischer Fragen diskutiert.

Die praktische Philosophie des späten 20. Jahrhunderts macht die Gesellschaft als Ganze und den Bereich des Politischen, Rechtlichen und Ökonomischen im Besonderen zum Gegenstandsbereich ihres Fragens: Wie kann Gesellschaft philosophisch beschrieben und gedeutet werden? Was sind vorherrschende gesellschaftliche Diskurse? Wie normieren diese Diskurse alltägliches Verhalten und welchen Einfluss nehmen sie auf die Politik? Wie sind die politischen Institutionen philosophisch zu beurteilen? Welche Orientierungen kann die Ethik für die Politik geben?

Im Sinne des aufgezeigten weiten Verständnisses von praktischer Philosophie besteht die politische Funktion der Philosophie allerdings nicht alleine darin, über Gesellschaft und Politik nachzudenken und Vorschläge für den öffentlichen Diskurs zu entwickeln. Indem Philosophen Wirklichkeit reflektieren, erschließen sie nämlich unabhängig von ihren inhaltlichen Fragen immer auch neue Perspektiven auf Welt, die dann wiederum eine politische Wirkung haben können. In diesem Sinne dekonstruieren sie das scheinbar Normale und Selbstverständliche und arbeiten in einer kreativen Weise an neuen Möglichkeiten der Weltdeutung.

Wenn Philosophen wie Richard Rorty (1931–2007) beispielsweise argumentieren, dass Menschen die Idee einer übergreifenden Wahrheit aufgeben sollten, dann hat dies natürlich auch erhebliche politische Konsequenzen für die Deutung globaler Wirklichkeit. Welche Konsequenzen dies im Falle Rortys sind, wird später eigens thematisiert. Schon jetzt kann aber festgehalten werden, dass Philosophie auch und vor allem politisch wird, indem sie solche neuen Perspektiven auf Wirklichkeit erschließt. Michel Foucault (1926–1984) hatte in einem Gespräch mit dem Titel *Der maskierte Philosoph* 1980 dieses Anliegen der Philosophie folgendermaßen umschrieben: „Philosophie als Aktivität. Denn Philosophie ist eine Bewegung, mit deren Hilfe man sich nicht ohne Anstrengung und Zögern, nicht ohne Träume und Illusionen von dem freimacht, was für wahr gilt, und nach anderen Spielregeln sucht. Philosophie ist eine Verschiebung und Transformation der Denkrahmen, die Modifizierung etablierter Werte und all der Arbeit, die gemacht wird, um anders zu denken, um anders zu machen und anders zu werden als man ist."

Geschichtlich betrachtet lassen sich solche politischen Funktionen von Philosophie nachträglich leicht erkennen. Dies zeigt noch einmal ein Blick auf die Phase der Globalisierung in der Renaissance. In dieser Zeit des 15. Jahrhunderts waren Philosophen weniger politisch, indem sie Beschreibungen von Gesellschaft vorgelegt hätten. Sie haben vielmehr neue Perspektiven auf die veränderte Situation auf einer allgemein-philosophischen Ebene entwickelt. So haben sie den Menschen als Individuum ins Zentrum der Philosophie gestellt (vgl. Giovanni Pico della Mirandola; 1463–1494), die Bedingtheit menschlicher Erkenntnis diskutiert (vgl. Nicolaus Cusanus; 1401–1464) oder das tätige Leben betont (vgl. Niccolò Machiavelli; 1469–1527). Indem Philosophen aufgezeigt haben, dass es keine feste, göttlich abgesicherte politische Ordnung mehr gibt, wurde der menschliche Gestaltungsraum deutlich erhöht. Damit war die Philosophie dieser Zeit enorm politisch, ohne dass sie dezidiert praktische Philosophie in den Mittelpunkt gestellt hat.

Kosmopolis – ein altes philosophisches Ideal

Die praktische Philosophie ist also der Kontext des Nachdenkens über Globalisierung. In diesen Diskussionen der praktischen Philosophie wird heute immer häufiger die Tradition des Kosmopolitismus ins Spiel gebracht. Schon seit der Antike, und verstärkt seit der Aufklärung, betonen Philosophen unter Bezugnahme auf dieses Konzept, dass Menschen als Weltbürger in einer (mehr oder weniger engen) Verbindung zueinander stehen. In unterschiedlicher Form werden aus dieser Idee einer Weltbürgergemeinschaft ethische und politische Schlussfolgerungen gezogen. Mit der Globalisierung wird heute diese Frage nach der Weltgemeinschaft und dem Verhältnis der Weltbürger zueinander neu gestellt.

Die Antworten der Philosophie auf diese Frage fallen heutzutage dabei allerdings unterschiedlich aus: Otfried Höffe (*1943) argumentiert für eine föderale Weltrepublik zur politischen Umsetzung von globaler Gerechtigkeit, das heißt für ein auf Recht basierendes weltdemokratisches System, das als eine politische Verwirklichung der Kosmopolis gedeutet werden kann. Nida-Rümelin (*1954) plädiert dagegen für eine weiche Form des Kosmopolitismus, in der die Pluralität der kulturellen Lebensformen mit einer universalen Ethik verbunden werden soll. Jürgen Habermas wiederum votiert mit seinen kosmopolitischen Überlegungen für den Aufbau neuer politischer Verfahren zur Aushandlung globaler Normen. Und Rüdiger Safranski (*1945) betont unter Rekurs auf Carl Schmitt (1888–1985), dass es die Menschheit als eine Einheit gar nicht gibt; im Gegensatz dazu macht er die Funktion einer Öffnung der Kosmopolis stark: Der Kosmopolit will in Zeiten, in denen sich politisches Denken zu eng oder rationalistisch zeigt, auf die Grenzen menschlichen Handelns aufmerksam und damit das Denken von überzogenen Einheitstendenzen frei machen.

Vergleicht man die Vorschläge, die in unter diesem Topos diskutiert werden, kristallisieren sich bei allen Unterschieden einige gemeinsame Themen und Fragen des Kosmopolitismus heraus: Welche Rolle spielen traditionelle und neue Akteure in der aktuellen kosmopolitischen Situation? Wie ist das Verhältnis von Einheit und Differenz im Zeitalter der Globalisierung zu deuten? Wie lassen sich globale Normen und die Pluralität kultureller Lebenswelten in Beziehung setzen? Wie kann das Konzept des Weltbürgers verstanden werden und was impliziert es für den einzelnen Menschen? Und: Wie kann und soll die Kosmopolis in Zukunft politisch gestaltet werden?

Das Nachdenken über die Kosmopolis ist nicht erst in den letzten Jahren entstanden. Es reicht vielmehr bis in die antike Philosophie zurück. Demokrit (460–371 v.Chr.) beispielsweise stellte die These auf, dass alle Menschen aufgrund ihrer Vernunftbegabung überall auf der Welt zu Hause seien. Diogenes von Sinope (404–324 v.Chr.) prägte als Erster den Begriff Weltbürger, womit er die Zusammengehörigkeit aller Menschen betonte. Zenon (490–430 v.Chr.) ging noch einen Schritt weiter und stellte den utopischen Charakter des Kosmopolitismus heraus, indem er die Kosmopolis als ein erträumtes Ideal bezeichnete. Dabei dachte er bereits an eine Art grenzaufhebenden Weltstaat. Die Vertreter der Stoa wiederum argumentierten ausgehend von dem Verständnis einer weltumspannenden Vernunft, dass alle Menschen von Natur aus eine Gemeinschaft bilden. Daraus wurden auch ganz konkrete vertragsrechtliche Konsequenzen für die internationale Ebene abgeleitet, wie beispielsweise das Aufstellen einer gemeinsamen Streitmacht zum Schutz des Heiligtums von Delphi.

Die verschiedenen Ansätze zur Kosmopolis in der Antike machen deutlich, dass Philosophen schon sehr früh über die Notwendigkeit und konkrete

Möglichkeiten eines friedlichen Zusammenlebens aller Menschen nachgedacht haben. Die Vernunft galt ihnen in unterschiedlichen Varianten als Garant dafür, dass Menschen ihre Verbundenheit miteinander erkennen können und deshalb an friedlicher Politik interessiert sind. Diese antiken Ideen zum Kosmopolitismus wurden im Mittelalter und auch in der Neuzeit von unterschiedlichen Autoren aufgenommen und weiter verarbeitet.

Dieses Nachdenken über Kosmopolitismus ist ein wichtiger Hintergrund für die vorliegende Philosophie der Globalisierung. Die skizzierten Ideen werden an unterschiedlichen Stellen aufgegriffen und zum Ende des Bandes wird noch einmal gefragt, welche Schlussfolgerungen für einen zukünftigen Kosmopolitismus gezogen werden können.

Ziel der vorliegenden Einführung

Die vorliegende Einführung in die Philosophie der Globalisierung möchte beide Ebenen – die der praktischen Philosophie im Besonderen und die der politischen Funktion von Philosophie im Allgemeinen – aufgreifen. Zum einen fragt die vorliegende Einführung danach, welche Beiträge die praktische Philosophie zum Nachdenken über Politik, Ökonomie oder Kultur angesichts globaler Entwicklungen leisten kann. Zum anderen wird auch analysiert, welche politische Funktion die Philosophie durch die Erschließung neuer grundlegender Perspektiven auf Wirklichkeit heute überhaupt haben kann. In beide Richtungen soll diskutiert werden, inwieweit das Phänomen der Globalisierung als moderne Form der Kosmopolis beschrieben und erklärt werden kann.

Der Diskurs über den Kosmopolitismus in Zeiten der Globalisierung ist gerade erst eröffnet, und er wird gleichermaßen von Philosophen wie Sozialwissenschaftlern geführt. Damit wird deutlich, dass auch die Philosophie der Globalisierung interdisziplinär ausgerichtet sein muss. Nur durch eine Integration unterschiedlicher Denk- und Argumentationsmuster können möglichst viele Facetten globaler Dynamik in den Blick genommen werden. Eine solche Multidisziplinarität (oder auch Transdisziplinarität genannt, wenn noch stärker der disziplinübergreifende Aspekt betont werden soll) zielt darauf ab, den Untersuchungsgegenstand aus einer einseitigen Analyse herauszulösen. Globalisierung kann deshalb nicht nur von der Ökonomie, Soziologie, Politologie oder Philosophie hinreichend erklärt werden, sondern erst in einer Vernetzung dieser disziplinären Sichtweisen ergibt sich ein stimmiges Gesamtbild. Für die Entwicklung einer umfassenden Perspektive auf Globalisierung ist es daher sinnvoll, ein Gespräch zwischen den Disziplinen anzustoßen, um damit deren wechselseitiges Kritikpotenzial füreinander fruchtbar machen zu können.

Der vorliegende Band versteht sich als eine Einführung in die Philosophie der Globalisierung. Es wird deshalb auf Originaltexte nur dort zurückgegriffen, wo sich dies wirklich anbietet und die Zitate leicht verständlich sind. Außerdem sollen die philosophischen Argumente immer wieder mit Alltagserfahrungen zur Globalisierung konfrontiert und weiterentwickelt werden. Philosophische Ansätze werden dazu allgemeinverständlich erklärt.

Der Gedankengang zur Philosophie der Globalisierung geht insgesamt fünf Schritte: (1) Zuerst wird danach gefragt, welchen Beitrag die Philosophie zur Beschreibung von Globalisierung überhaupt leisten kann. Was sind aus philosophischer Sicht die Kernpunkte hinsichtlich einer überzeugenden Beschreibung globaler Wirklichkeit? (2) Als Ethik ist die Philosophie herausgefordert, über die normativen Grundlagen des Zusammenlebens der Menschen nachzudenken. Welche Normen und Normbegründungen kann die Philosophie für eine solche Ethik der Globalisierung anbieten und welche davon können überzeugen? (3) Philosophie hat sich seit jeher auch mit der Politik als wichtigem Feld menschlichen Handelns beschäftigt. In diesem Bereich geht es weniger um die Normen für das globale Zusammenleben, sondern um die Frage nach überzeugenden politischen Modellen und Strategien. Welche Anregungen kann die Philosophie für eine Weltpolitik im Zeitalter der Globalisierung liefern? (4) Viele herausragende Philosophen haben sich in den vergangenen 20 Jahren mit der Globalisierung beschäftigt. Exemplarisch werden daher fünf Autoren ausgewählt und deren Erklärungen zur Globalisierung vorgestellt: John Rawls, Jürgen Habermas, Richard Rorty, Michael Walzer (*1935) und Jacques Derrida (1930–2004). (5) Anhand ausgewählter konkreter Beispielfelder wird schlussendlich gefragt, was die Philosophie in einer angewandten Perspektive für den aktuellen Diskurs über Globalisierung beitragen kann. Dabei geht es unter anderem um Terrorismus, Weltwirtschaft und die Rolle von Religionen in globaler Perspektive.

Für vielfältige konstruktive Hinweise und Anmerkungen bedanke ich mich herzlich bei Sanna Inthorn (University of East Anglia Norwich), Dina Brandt (Fraunhofer-Gesellschaft) und Johannes Müller (Institut für Gesellschaftspolitik München).

II. Globalisierung beschreiben

Ist der Staat alles?

Wenn danach gefragt wird, wer als Akteur in einer globalisierten Welt die größte politische Bedeutung hat, wird noch immer oft geantwortet: Der Nationalstaat. Diese Antwort hat eine lange Tradition – auch in der Philosophie. Der Nationalstaat schien lange Zeit der primäre Akteur auf der Weltbühne zu sein, der (welt-)gesellschaftliches, ökonomisches und politisches Geschehen bestimmt. Wenn in Geschichtsbüchern deshalb über globale Ereignisse in den vergangenen 200 Jahren geschrieben wird, so wird vor allem über Nationalstaaten und deren Vertreter berichtet.

Zentrales Merkmal des Nationalstaates aus der Perspektive der praktischen Philosophie ist seine Souveränität. Die Souveränität bringt seine Selbstständigkeit zum Ausdruck, genauer: sein Recht auf Selbstbestimmung. Dieses kann noch einmal in zwei Richtungen unterteilt werden. Einerseits gilt der Staat nach innen als souverän, womit gemeint ist, dass der Staat autonom seine Entscheidungen trifft und somit selbständig sein innenpolitisches Leben organisiert. Gleichzeitig bezieht sich die Souveränität auch auf die Außenbeziehungen, das heißt der Staat ist souverän, die politischen Beziehungen zu seinen Nachbarn selbstständig zu gestalten. Er kann diplomatische Beziehungen aufnehmen, Verträge abschließen oder internationalen Institutionen zu länderübergreifender Zusammenarbeit beitreten. Das System der Vereinten Nationen beruht im Wesentlichen auf diesem Selbstbestimmungsrecht der Staaten, weshalb auch das Nichteinmischungsgebot in die Angelegenheiten souveräner Staaten ein zentraler Pfeiler war und größtenteils auch noch ist.

Blickt man in die Philosophiegeschichte, so findet man diese Betonung des Staates als wichtigsten Akteur auf globaler Ebene beispielsweise bei Immanuel Kant (1724–1804). Dieser wird im aktuellen Globalisierungsdiskurs mit seiner Schrift *Zum ewigen Frieden* (1795) immer wieder als Gewährsmann herangezogen. In dieser Schrift, die wie ein Friedensvertrag aufgebaut ist, unterscheidet Kant das Staats-, Völker- und Weltbürgerrecht.

Besondere Bedeutung erhält hinsichtlich der Frage nach der Gestaltung globaler Dynamik das Völkerrecht, also das zwischenstaatliche Recht. Ausgangspunkt globaler Prozesse ist damit der Staat, der im Völkerrecht im kantischen Sinne der primäre Akteur ist. Globale Prozesse werden gestaltet, indem Staaten interagieren oder hinsichtlich entstehender Problemlagen miteinander kooperieren.

Dort, wo Kant das Zusammenleben aller Menschen weltweit thematisiert, ist also der Nationalstaat der erste Bezugspunkt. Dieser ist der primäre Akteur, in dem die Menschen in eine Einheit zusammengebunden werden und der mittels einer republikanischen Ordnung die Probleme des Zusammenlebens bestmöglich lösen kann. Globalisierung zu beschreiben bedeutet dann, die Interaktionen der Nationalstaaten in den Blick zu nehmen.

Dieser Gedanke findet sich bis heute als Grundelement bei der Beschreibung globaler Prozesse. Bis in die 1970er Jahre hinein wurde deshalb meist auch von dem Phänomen der Internationalisierung und weniger von der Globalisierung gesprochen. Damit wurde zum Ausdruck gebracht, dass globale Prozesse vor allem aus der Interaktion von Staaten bestehen. Deren Handlungen bestimmen globale Entwicklungen und sind deshalb letztlich auch für ein Gelingen oder Misslingen der Gestaltung globaler Strukturen verantwortlich.

In vielerlei Hinsicht wird heute allerdings betont, dass ein solches Verständnis von Globalisierung als Internationalisierung schnell an Grenzen stößt. Dabei wird erstens herausgestellt, dass der Nationalstaat nicht mehr der alleinige politische Akteur auf globaler Ebene ist. Zweitens wird kritisch angefragt, ob sich nicht das Verständnis von Souveränität stark gewandelt hat und damit auch die Handlungsspielräume des Nationalstaates.

Innerhalb komplexer globaler Prozesse ist der Staat – so die zentrale These – selbst einem Formwandel unterzogen, sowohl nach innen wie nach außen. Bezüglich der externen Souveränität weisen viele Wissenschaftler darauf hin, dass die Anerkennung der Staaten durch andere Staaten bzw. andere globale Akteure heute nicht mehr automatisch gegeben ist. Staaten werden immer stärker rechenschaftspflichtig und damit ihre externe Souveränität von unterschiedlichen Akteuren je neu zugestanden. Diese internationale Anerkennung wird teils durch politische Institutionen (wie internationale Gerichte oder politische Institutionen), teils aber auch durch nichtstaatliche Akteure (wie Nichtregierungsorganisationen oder Rating-Agenturen) geleistet. Staaten reagieren beispielsweise auf kritische Berichte von Nichtregierungsorganisationen wie Amnesty International oder richten wirtschaftspolitische Strategien an neu veröffentlichten Rankings von internationalen Agenturen aus. Die Staaten sehen sich deshalb einem ständigen Anerkennungsprozess ausgesetzt. Sie können ihr politisches Handeln nicht mehr alleine bestimmen, sondern machen ihre Entscheidungen von vielen anderen nicht-staatlichen Institutionen und Akteuren abhängig.

Aber auch intern transformiert sich staatliche Souveränität. Vor allem haben die gesellschaftlichen Veränderungen der letzten fünfzig Jahre zu einer Einschränkung hierarchischer Steuerungsmöglichkeiten geführt und stattdessen netzwerkartige Formen politischer Steuerung entstehen lassen. Politik besteht immer weniger in scheinbar eindeutigen Entscheidungen des Staatsapparates, die dann in einem hierarchischen Sinne administrativ umgesetzt werden, sondern der Staat ist eingebunden in ein Netzwerk von verschiedenen Gruppen (von Unternehmen über Nichtregierungsorganisationen bis hin zu Sportverbänden), die alle Ansprüche an ihn stellen. Politische Steuerung zeigt sich deshalb oft als ein Agieren in Netzwerken.

Mit einer solchen netzwerkartigen politischen Steuerung verändern sich auch Souveränitätskonzepte. Ein Staat erweist sich nicht mehr als souverän, indem er seine Bürger kontrolliert, sondern indem er durch netzwerkartiges Handeln unterschiedliche Interessengruppen hört und deren Anliegen in den politischen Prozess einbindet. Politiker jedweder Couleur werden damit immer mehr zu Moderatoren komplexer Verständigungs- und Aushandlungsprozesse. Zwar verbleibt beim Staat natürlich nach wie vor die Rechtshoheit und der Aufbau bzw. die Sicherung entsprechender Leitplanken. Das operative politische Geschäft ist allerdings ohne die Einbindung des Staates in komplexe gesellschaftliche Netzwerke nicht mehr zu verstehen.

Die beiden genannten Transformationen von interner und externer Souveränität sind grundsätzlich nicht eindeutig voneinander zu trennen, denn globale Prozesse führen zu einer Verschachtelung politischer Prozesse. Innenpolitische Entscheidungen sind heute oftmals ohne eine außenpolitische Perspektive kaum mehr zu verstehen und umgekehrt. Die früher scheinbar so klare Trennung von Innen- und Außenpolitik verschwimmt. Globale Zusammenhänge verändern also noch einmal in besonderer Weise die externe wie interne Souveränität des Staates und zwar hinsichtlich einer wechselseitigen Bedingtheit der beiden Aspekte von Souveränität.

Fragen der Steuererhebung oder Sicherheit sind heute beispielsweise nicht mehr aus dem globalen Kontext herauszulösen. Staaten sind nicht mehr intern derart souverän, dass sie diese Aufgaben unter Missachtung des globalen Strukturgeflechts erfüllen könnten. Sie sind sich vielmehr auch in diesen Bereichen wechselseitig rechenschaftspflichtig und müssen ihre Innenpolitik mehr und mehr nach äußeren Gegebenheiten ausrichten (vgl. beispielsweise die Stabilitätskriterien der Europäischen Währungsunion).

Sowohl durch die Veränderungen der externen als auch der internen Souveränität muss also das, was den Staat und seine Souveränität ausmacht, neu gefasst werden. Der folgenden Beschreibung von postnationaler Staatlichkeit des Politologen Michael Zürn (*1959) würden heute deshalb viele Globalisierungstheoretiker zustimmen: „Im Ergebnis lässt sich also die Hypothese wagen, dass sich in der post-nationalen Konstellation die Dimensionen der Staatlichkeit ausdifferenzieren (...). Postnationale Staatlichkeit ist in diesem Sinne ausfransende Staatlichkeit. Staatlichkeit zerfasert“ (Zürn 2001, 17). Der Staat ist im Zeitalter der Globalisierung herausgefordert, sich einem Diskurs über diese Transformationen interner wie externer Souveränität zu stellen.

Für die Beschreibung von Globalisierung kann Folgendes festgehalten werden: Lange Zeit haben Wissenschaftler und Politiker Globalisierung als Internationalisierung verstanden. Primärer Akteur war der Staat, der intern wie extern souverän war. Das Entstehen komplexer Interessenkonstellationen von unterschiedlichsten Akteuren führt jedoch zu einer Transformation der Rolle des Staates und seines Souveränitätsverständnisses. Globalisierung kann deshalb nicht mehr nur als internationale Beziehung souveräner Staaten beschrieben werden.

Weniger Staat, dafür Systeme!

Traditionelle Gesellschaften waren hierarchisch strukturiert. Mit fortschreitender Modernisierung, gesellschaftlicher Arbeitsteilung und dem Aufkommen von Individualismus auf der einen und Pluralismus auf der anderen Seite haben Gesellschaften mehr und mehr diese hierarchische Form verloren und sich dabei vertikal ausdifferenziert. Die politische Zentralinstanz als oberste Stelle in der Gesellschaft hat an Macht eingebüßt, traditionelle Milieu- oder Klassenstrukturen haben sich aufgelöst. Stattdessen haben sich autonome gesellschaftliche Teilbereiche herausgebildet, die quer zu den traditionellen Zuordnungen liegen.

Die Systemtheorie, wie sie in Deutschland vor allem von Niklas Luhmann (1927–1998) und seinen Schülern entwickelt wurde, versteht sich als eine soziologisch-philosophische Theorie, die diese funktionale Ausdifferenzierung verarbeiten will. Moderne Gesellschaften, so die Grundthese, differenzieren sich in verschiedene Teilsysteme aus, beispielsweise die Systeme der Wirtschaft, Politik, Recht, Kunst oder Wissenschaft. Jedes dieser Systeme entwickelt eine eigene Form der Kommunikation, die festlegt, was sinnvolle Kommunikation innerhalb des jeweiligen Systems ist. Innerhalb des Wissenschaftssystems geht es beispielsweise immer um die Unterscheidung von wahr / unwahr, innerhalb des Wirtschaftssystems um die Differenz von haben / nicht haben. Jedes System entwickelt eine eigene zweiwertige Logik, die innerhalb des Systems Kommunikation nach diesen zwei Aspekten selektiert. Verständlich ist innerhalb des Systems nur die Kommunikation, die mit diesen Unterscheidungen arbeitet. Die Frage nach einem gemeinsamen Ursprung von Systemen oder einem einenden gesellschaftlichen Band zwischen ihnen wird dabei immer weniger wichtig. Zentral für die Beschreibung von Gesellschaft ist die Analyse der verschiedenen Systeme als getrennte Kommunikationen.

Ein wichtiges Merkmal der Systeme ist, dass ihre Kommunikation letztlich selbstreferentiell verläuft. Das bedeutet, das System reproduziert sich in einem geschlossenen Prozess ständig selbst. Luhmann bezeichnet Systeme deshalb auch als autopoietisch. Das Wirtschaftssystem kann im Grunde deshalb nicht verstehen, wieso das Kunstsystem mit der Differenz von schön / hässlich operiert, weil der Wirtschaft nur die Unterscheidung von haben / nicht haben zur Verfügung steht. Übersetzungen zwischen den Systemen sind sehr kompliziert und haben meist wenig Aussicht auf Erfolg.

Philosophisch betrachtet steht hinter dieser systemtheoretischen Perspektive auf Gesellschaft eine von Georg Wilhelm Friedrich Hegel (1770–1831) inspirierte Denktradition. Hegel geht davon aus, dass sich in einem geschichtlich-dialektischen Prozess aus Wahrheiten und Gegenwahrheiten immer wieder neue Synthesen bilden. Der Geist, der bei Hegel der Kern und das Ziel dieser Entwicklung ist, durchläuft dabei verschiedene Stufen und kommt immer mehr zu sich selbst. Aber erst auf der Stufe des absoluten Geistes erkennt der Geist sich selbst und damit das grundlegende geistige Prinzip von Welt. Kunst, Religion und Philosophie sind für Hegel die drei Formen des absoluten Geistes.

Die Systemtheorie übernimmt von Hegel die Grundidee, dass Wirklichkeit in verschiedene Systeme unterteilt ist und die Systeme eine je eigene Logik herausbilden. Allerdings gibt es auch zwei deutliche Unterschiede zwischen Systemtheorie und dem Systemdenken Hegels: Zum einen gibt die Systemtheorie die Zielgerichtetheit von Prozessen auf. Gesellschaftliche Systeme kommunizieren untereinander, ohne dass es dabei eine Hierarchie der Systeme oder eine zielgerichtete Entwicklung hin auf ein bestimmtes System gäbe. Zum anderen wird der geschichtliche Aspekt von Hegel nicht übernommen. Moderne Systemanalyse ist letztlich eine a-historische Beobachtung von Kommunikation.

Luhmann selbst hatte bereits in den 1970er Jahren erkannt, dass die Kommunikation von Systemen sich wenig um nationale Grenzen kümmert. Systemkommunikation, beispielsweise die der Wirtschaft oder der Wissenschaft, macht nicht am Grenzbaum halt, sondern sie entwickelt sich über traditionelle Grenzziehungen hinweg.

Die systemtheoretisch ausgerichtete Gesellschaftsanalyse hat sich deshalb auch in den vergangenen Jahren mehr und mehr von einer nationalstaatlich orientierten Analyse verabschiedet, wie man das beispielsweise eindrucksvoll an Helmut Willke (*1945) – einem Schüler von Luhmann – ablesen kann. Willke spricht im Grunde nur noch von Weltsystemen, die in globaler Perspektive anhand ihrer eigenen Logik kommunizieren. Im Bereich des Welthandels wird dies am deutlichsten. Das Weltwirtschaftssystem oder das Weltfinanzsystem haben eine geschlossene Form der Kommunikation entwickelt, womit auch ihr lokaler Kontext immer mehr an Bedeutung verliert. Wo und wie heute im Zeitalter des Internets Handel getrieben wird, ist immer unerheblicher. Die Weltsysteme werden deshalb atopisch, wie Willke sagt, was bedeutet, dass der Ort von Kommunikation letztlich irrelevant wird.

Im Zusammenspiel der verschiedenen Weltsysteme entsteht ein neues globales Geflecht verschiedener Kommunikationen. Es bildet sich gewissermaßen eine Ordnung von Unordnung heraus. Jedes Weltsystem hat seine eigene Logik und trifft auf der globalen Ebene doch wieder auf andere Weltsysteme. Weltpolitik und Weltwirtschaft sehen sich beispielsweise auch auf der globalen Bühne wieder neu in einem komplizierten Verhältnis gegenüber. Einen letzten Fixpunkt für diese Heterotopie, wie Willke diesen Zustand nennt, gibt es in der systemtheoretischen Perspektive nicht mehr. Auch dies ist natürlich eine deutliche Absetzung von der Hegelschen Systemidee. Es gibt für die Systemtheoretiker heute keinen übergreifenden Verständnishorizont mehr, keinen absoluten Geist, der die verschiedenen Weltsysteme zu einer Einheit verbinden könnte – auch und gerade nicht auf globaler Ebene.

Im Vergleich zu dem staatszentrierten Paradigma verabschiedet sich die systemtheoretische Erklärung der Globalisierung offensichtlich vom Primat des Staates. Weil die Weltsysteme global kommunizieren und sie zudem operativ geschlossen sind, kann das politische System – manifestiert in der Institution des Staates – keinen Herrschaftsanspruch mehr erheben. Politische Prozesse können vielmehr nur noch indirekt oder durch Anregung einer Selbststeuerung gestaltet werden. Die Nationalstaaten könnten gerade wegen ihrer abnehmenden weltpolitischen Bedeutung – so formuliert Willke provokativ – einen Beitrag zur Architektur der Weltgesellschaft beisteuern, und zwar in der Erfahrung ihres Scheiterns. In der Erfahrung, dass eine übertriebene Betonung der eigenen Möglichkeiten letztlich zum Bedeutungsverlust führt, liegt ein Potenzial der Nationalstaaten, das für die Erklärung globaler Prozesse produktiv genutzt werden könnte.

Politik kann also nur noch als Moderator auftreten, aber nicht mehr direkt in die anderen Systeme eingreifen. Wenn man sich die Veränderung des

Politikstils der Bundeskanzler der letzten 60 Jahre vor Augen hält, erscheint diese These überaus plausibel. Während Bundeskanzler wie Konrad Adenauer (1876–1967) oder auch noch Helmut Kohl (*1930) sich stärker einem autoritativen Politikstil verpflichtet fühlten, versteht sich die aktuelle Kanzlerin Angela Merkel (*1954) mehr als eine Moderatorin unterschiedlichster gesellschaftlicher Interessen.

Auch die (Welt-)Politik muss sich diesen veränderten Bedingungen stellen, denn die neue globale Konstellation kann nicht rückgängig gemacht werden. Globalisierung besteht aus Weltsystemen. Die Nationalstaaten, welche die Globalisierung mit auf den Weg gebracht haben, werden dagegen in ihrer traditionellen Gestalt und politischen Steuerungskompetenz nicht wieder hergestellt werden können.

Betrachtet man diese systemtheoretische Erklärung der Globalisierung gegenüber der staatszentrierten Perspektive, so zeigen sich auf einen ersten Blick einige Vorteile: Die aktuellen Veränderungen der Staatlichkeit können von der Systemtheorie leicht erklärt werden. Insbesondere kann beschrieben werden, wie sich ausdifferenzierte Systeme quer zu Nationalgrenzen neu konstituieren. Die Eigendynamik und Geschlossenheit der Weltsysteme, die stark betont wird, erscheint intuitiv verständlich. Wer kennt nicht die Bedrohungsszenarien gegenüber dem scheinbar anonymisierten globalen Markt, der nur nach seiner eigenen Logik funktioniert, und der sich um die einzelnen Menschen, beispielsweise die Arbeitslosen, im Grunde nicht mehr kümmert?

Hat diese systemtheoretische Erklärung also einerseits eine intuitive Erklärungskraft, so zeigen sich andererseits genau an dieser Stelle auch die Schwierigkeiten. Schon Habermas hat in seiner Debatte mit Luhmann in den 1970er Jahren auf die fehlende Beachtung des einzelnen Menschen hingewiesen. Globalisierung nämlich, so könnte man diese Kritik auf heute übertragen, besteht nicht nur aus Systemkommunikationen, sondern auch aus einzelnen menschlichen Handlungen. Genau diese will die Systemtheorie nicht beachten, weil sie aus einer übergeordneten Perspektive die Weltgesellschaft als Ganze erklären will. Schaut man genauer auf die Auswirkungen globaler Prozesse, so zeigt sich allerdings, dass immer auch konkrete Menschen betroffen sind. Diese Menschen sind es auch, die herausgefordert sind, mit den Folgen globaler Entwicklungen politisch umzugehen – sei es, dass sie positive Effekte für sich nutzen oder negative Effekte abwehren wollen. Das Ausblenden der konkreten Menschen oder konkreter politischer Initiativen ist ein Manko der systemtheoretischen Erklärung von Globalisierung.

Ein Beispiel hierfür ist die unzureichende Thematisierung zivilgesellschaftlichen Engagements, das gerade auf globaler Ebene eine nicht unwichtige Rolle spielt. Überall auf der Welt schließen sich Menschen zusammen, weil sie gestaltend in den Prozess der Globalisierung eingreifen wollen. Greenpeace ist genauso ein Beispiel hierfür wie der Papst und die katholische Kirche. Die Systemtheorie tut sich schwer, solche zivilgesellschaftlichen Initiativen wahrzunehmen, weil sie nach der Logik der Systemtheorie im Grunde kein eigenes System konstituieren. Sie deswegen aber nicht ernst zu nehmen hieße, einen wichtigen Teil globaler Realität unterzubelichten.

Ein weiteres Problem stellt sich hinsichtlich der Einheitlichkeit der Weltsysteme. Zugestanden sei, dass vor allem durch die Neuerungen im Kommunikations- und Informationssektor die Entstehung weltweit agierender Systeme stark gefördert wird. Aber bei genauerem Hinsehen scheinen die Systeme nicht so einheitlich zu sein wie systemtheoretische Erklärungen vorgeben. Weltsysteme sind nämlich nie vollständig atopisch, sondern immer auch kulturell geprägt und verankert. Religionsgemeinschaften kennen dieses Phänomen nur zur Genüge: Auch wenn religiöse Kommunikation überall nach dem Absoluten fragt (was man als Einheit des Systems deuten kann), so ist sie doch niemals losgelöst von ihren jeweiligen kulturellen Kontexten. Genau darin zeigt sich eigentlich erst die jeweilige Eigenart des Systems. Die Vielfalt der Religionsgemeinschaften weltweit ist ein gutes Beispiel hierfür. Gleichzeitig sind auch alle Religionsgemeinschaften selbst kulturell ausdifferenziert – man denke beispielsweise an die große Vielfalt im Protestantismus, angefangen von der schwäbischen pietistischen Gemeinde, über liberale Gruppierungen in den USA bis hin zu charismatischen Bewegungen in Afrika.

Der Blick auf das System der Religion zeigt also eines deutlich: Auch wenn Globalisierung sicherlich einen starken Hang zur Entwicklung von Weltsystemen hat, so sind diese immer auch kulturell geprägt. Erst wenn diese Spannung beachtet wird, kann auch eine Globalisierungstheorie überzeugen.

Marx und die Globalisierung

Über Karl Marx (1818–1883) spricht man wieder. Hatte es nach dem Mauerfall 1989 noch den Anschein, dass marxsche Überlegungen mit dem Ende des Sozialismus ganz aus dem wissenschaftlichen Diskurs verschwinden würden, so stellt man heute eine Renaissance seiner Ideen fest. Und zwar besonders auch im Diskurs über Globalisierung.

Dies liegt nicht zuletzt daran, dass Karl Marx und Friedrich Engels (1820–1895) bereits in der Mitte des 19. Jahrhunderts den Zusammenhang von Kapitalismus und ökonomischer Globalisierung klar herausgearbeitet haben. Die Entstehung einer kapitalistischen Weltwirtschaft wird das Verhältnis der Staaten untereinander radikal verändern, indem die Staaten in einem globalen ökonomischen System wechselseitig voneinander abhängig werden – so die These der beiden. Im kommunistischen Manifest finden sich dazu einige paradigmatische Aussagen, die nur allzu deutlich machen, dass deren Beschreibungen bis heute hochaktuell sind: „Die Bourgeoisie hat durch ihre Exploitation des Weltmarkts die Produktion und Konsumtion aller Länder kosmopolitisch gestaltet. Sie hat (...) den nationalen Boden der Industrie unter den Füßen weggezogen. Die uralten nationalen Industrien (...) werden verdrängt durch neue Industrien, (...) die nicht mehr einheimische Rohstoffe, sondern den entlegensten Zonen angehörige Rohstoffe verarbeiten und deren Fabrikate nicht nur im Lande selbst, sondern in allen Weltteilen zugleich verbraucht werden. (...) An die Stelle der alten lokalen und nationalen Selbstgenügsamkeit und Abgeschlossenheit tritt ein allseitiger Verkehr, eine allseitige Abhängigkeit der Nationen voneinander" (Marx/Engels 1974, 29f.).

Marx betont unermüdlich, dass der Kapitalismus sich von seinem Kern her global ausbreiten will. Die Ausdehnung der Produktion auf die globale Ebene, die Auslagerung von Industrien in Länder mit billigerer Arbeitskraft, das weltweite Handeln von Gütern und das Wachstum des Kapitals sind Formen dieses globalen kapitalistischen Systems. Globalisierung kann als Ausdruck dieses globalen Kapitalismus nur verstanden werden, wenn man sich nach Marx bewusst macht, wie das Kapital selbst auf eine immer größere Ausdehnung zustrebt. Aus der Logik des Kapitals folgt notwendig die Ausdehnung hin zum Weltmarkt – so das Argument von Marx. Dass Kommunikations- und Transportentwicklungen eine zentrale Rolle in diesem Prozess spielen, haben auch Marx und Engels bereits vor 150 Jahren deutlich gesehen. Sie sind seiner Ansicht nach die Waffen zur Eroberung globaler Märkte. Die heuten Kommunikationsmöglichkeiten des Internets und die enorm gestiegenen Transportpotenziale belegen dies eindrücklich.

Philosophisch betrachtet steht Marx wie die Systemtheorie in der Tradition Hegels, allerdings in einer etwas anderen Weise. Von Hegel übernimmt Marx sowohl dessen geschichtsphilosophischen Zugang als auch die Methode der Dialektik. Allerdings ist auch für Marx die Geschichte nicht auf dem Weg zum absoluten Geist. Zentral sind für ihn vielmehr die politischen und ökonomischen Verhältnisse, in denen sich die jeweiligen dialektischen Gesellschaftsprozesse vollziehen. Das Sein bestimmt das Bewusstsein, argumentiert Marx polemisch gegen seinen Ideengeber Hegel. Mit einer materialistischen Brille will er auf die konkreten gesellschaftlichen Auseinandersetzungen der Menschen schauen, vor allem auf die Geschichte der

Klassenkämpfe. Die Produktionsverhältnisse und die daraus entstehenden gesellschaftlichen Spannungen sind für ihn der Motor der Geschichte. In seinem Hauptwerk *Das Kapital* beschreibt er deshalb in den 1870er und 1880er Jahren, wie die kapitalistischen Produktionsverhältnisse auf eine immer weitere Steigerung des Kapitals abzielen und dabei für den Arbeiter ausbeuterische Züge annehmen.

Meghnad Desai (*1940) ist ein renommierter Ökonom, Politologe und Philosoph, der sich lange Jahre als Professor an der London School of Economics intensiv am aktuellen Globalisierungsdiskurs beteiligt hat. Er steht in der Tradition von Marx und versucht, dessen Überlegungen für die Deutung der aktuellen Globalisierung fruchtbar zu machen. Er greift insbesondere die skizzierten marxschen Analysen des Kapitalismus auf und überträgt sie auf die heutige Situation der Weltgesellschaft.

Globalisierung ist für ihn entsprechend der marxschen Perspektive in erster Linie ein ökonomisches Phänomen, das die technischen Entwicklungen des späten 20. Jahrhunderts für sich nutzbar gemacht hat. Lenin kontrastierend beschreibt er Globalisierung deshalb als „Computer plus dereguliertes Kapital“. Globale Entwicklungen können für ihn nur verstanden werden, wenn die ökonomischen Zusammenhänge angemessen analysiert werden. Zentrale Einsicht seiner ökonomischen Analysen ist, dass erst die aktuelle Globalisierung den Kapitalismus realisiert, den Marx beschrieben hatte. Erst aufgrund der vollständigen Mobilität von Kapital (und heute auch immer mehr aufgrund der Mobilität von Arbeit) ist die Weltwirtschaft in der Lage, die Potenziale des Kapitalismus im marxschen Sinne voll freizusetzen. Mit der aktuellen Globalisierung kommt es daher zu einer Revanche von Marx, denn seine Beobachtungen sind mit 1989 nicht widerlegt worden, sondern zeigen erst heute ihre wirkliche Erklärungskraft.

Globalen Kapitalismus versteht Desai als einen ökonomischen Produktions- und Organisationsmodus, der sich in zyklischen Bewegungen selbst reproduziert: Nach Wachstumsphasen folgen Rezessionen, die mit Massenarbeitslosigkeit und Restrukturierungen von Unternehmen und Arbeitsmarkt einhergehen. In einer historischen Perspektive erscheinen die letzten 150 Jahre seit dem Erscheinen des Kapitals deshalb letztlich als eine Dialektik des globalen Kapitalismus. Schon in den Jahren zwischen 1871 und 1914 entstand eine Erste Globalisierung, mit der die heutige Globalisierung große Ähnlichkeiten aufweist. Die Entwicklungen im Bereich des Transports und der Informationstechnologie und besonders das außerordentliche Anwachsen weltwirtschaftlichen Handels, das in dieser Zeit zu beobachten ist, können als Indizien dafür angeführt werden, dass diese Erste Globalisierung eine Hochphase kapitalistischer Dynamik war.

Die Zeit nach dem Ersten Weltkrieg steht als Antithese in einem dialektischen Verhältnis zu dieser Ersten Globalisierung. Desai nennt sie auch eine Phase der Deglobalisierung, das heißt den Rückzug aus globalen Vernetzungen. Ursachen hierfür sind beispielsweise die Folgen des Ersten Weltkrieges, die Rezession in den 1920er Jahren und der Börsenkrach von 1929. Alle drei Ereignisse hatten verheerende Auswirkungen auf die wirtschaftliche Situation weltweit und ließen die Ökonomen ängstlich gegenüber freiem Handel werden. In der Politik setzte sich deshalb die Idee durch, dass die Ökonomie geplant bzw. zumindest kontrolliert werden muss – zum Wohl der Bevölkerung und deren Wohlstand. Der Keynesianismus, der die Nachkriegsjahre in Deutschland besonders prägte, ist Ausdruck dieses Verständnisses: Der Staat entwickelte Formen zur Regulierung der Ökonomie und wurde skeptisch gegenüber einer Liberalisierung kapitalistischer Dynamik.

Nachdem der Keynesianismus über 20 Jahre hinweg den meisten westlichen Staaten einen großen wirtschaftlichen Aufschwung bescherte, kam der Zusammenbruch Anfang der 1970er Jahre scheinbar relativ überraschend. Auslöser der Krise des keynesianisch geprägten Kapitalismus waren nicht zuletzt der Zusammenbruch des Bretton-Woods-Systems (des US-Dollar-basierten globalen Währungssystems) und die Ölpreiskrise von 1973, die nicht durch nationalstaatliche Regulierungen aufgefangen werden konnte.

Mit dieser Zäsur beginnt die aktuelle Globalisierung – so die These der von Marx inspirierten Analyse Desais. Der Abschied von keynesianischen Steuerungsvorstellungen der Ökonomie, die Ausweitung globalen Handels (beispielsweise durch die Freigabe der Wechselkurse oder den Zollabbau) und die Nutzung neuer Transport- und Kommunikationsmöglichkeiten setzte eine neue kapitalistische Dynamik frei, die sich als dialektische Synthese aus Erster Globalisierung (1871–1914) und Deglobalisierung (1914–1970) zeigt. Sie verband beide gesellschaftlichen Entwicklungsschritte und führte diese auf einer neuen Ebene weiter: dem globalisierten Kapitalismus.

Die historischen Beobachtungen führen Desai zu der Schlussfolgerung, dass ökonomische Entwicklungen in dialektischen Zyklen verlaufen. Globalisierung kann deshalb nicht in einem mechanistischen Sinne verstanden werden, sondern muss in einer organischen Sicht als zyklischer Prozess mit einer hohen Eigendynamik beschrieben werden. Marx hat für Desai in überzeugender Weise diese Sichtweise theoretisch ausgearbeitet, weshalb er ihn als besten Analytiker kapitalistischer Gesellschaften bezeichnet. Marx habe deren interne Dynamiken überzeugend beschrieben, ohne zu einem Verfechter des Kapitalismus zu werden.

Die politischen Schlussfolgerungen, die in dieser von Marx inspirierten Erklärung von Globalisierung impliziert sind, werden später noch ausführlicher Thema sein. Wichtig ist hier zuerst nur die Beschreibung von Globalisierung. Die Stärke des marxschen Analyserasters zeigt sich bei der Erklärung weltwirtschaftlicher Prozesse, das an vielen Stellen überzeugt. Viele Diskussionen in Deutschland, die im Zusammenhang mit den Auswirkungen der Globalisierung auf das Wirtschaftsleben geführt werden, sind mit der marxschen Sichtweise gut erklärbar. Ein Beispiel hierfür ist die Diskussionen um die Verlagerung von Industrien in andere Länder mit billigerer Arbeitskraft.

Gleichzeitig zeigt sich in diesen Erklärungen von Globalisierung aber auch ein gravierendes Problem, das schon Marx von vielen Seiten vorgeworfen wurde. Globalisierung wird nämlich mit dieser Brille scheinbar ausschließlich auf ökonomische Phänomene reduziert, nicht-ökonomische Aspekte, wie beispielsweise kulturelle oder religiöse Dimensionen von Globalisierung, werden bereits begrifflich ausgegrenzt oder auf ihre ökonomische Bedeutung reduziert. Ähnliches gilt auch für die Bestimmung von Politik, denn diese wird fast ausschließlich in ihrem Wechselverhältnis zur Weltwirtschaft bestimmt. Andere Aspekte politischen Handelns erscheinen nur zweitrangig.

Ein ähnlich gelagertes Problem zeigt sich bei genauerem Blick auf die historisch-dialektische Methode. Die Chance der Methode besteht sicherlich darin, historische Tiefenschichten aktueller globaler Prozesse besser verstehen zu können. Gerade in der Beschreibung des Übergangs von Keynesianismus zur aktuellen Globalisierung werden Aspekte deutlich, die beispielsweise in den aktuellen Debatten über die Bedeutung sozialstaatlicher Strukturen eine wichtige Rolle spielen.

Die andere Seite der Medaille ist allerdings, welche Schlussfolgerungen daraus gezogen werden. Wenn nämlich die historische Analyse dazu benutzt wird, durch das Aufzeigen quasi-deterministischer Zusammenhänge, einen festgesetzten Zielpunkt der Globalisierung zu bestimmen, kommt diese Sichtweise an ihre Grenze. Bei Desai scheint dies zumindest teilweise der Fall zu sein. Seine historischen Beobachtungen führen ihn nämlich zu der Schlussfolgerung, dass die Globalisierung eine festgelegte Zielrichtung hat, die im Grunde politisch nicht beeinflussbar ist. Die historische Perspektive wird damit instrumentalisiert, um bestimmte politische Argumente zu stützen. Ein solches teleologisches Geschichtsverständnis schätzt die Möglichkeiten politischen Handelns allerdings zu gering ein.

Bezüglich dieses teleologischen Zuges zeigt sich letztlich auch eine gewisse Nähe von systemtheoretischer und marxscher Deutung von Globalisierung. Die systemtheoretische Perspektive auf Globalisierung geht letztlich davon aus, dass Weltsysteme in sich geschlossen sind und selbstreferentiell ihre Kommunikation führen. Damit wird implizit nahe gelegt, dass von der Zielrichtung der Kommunikation eigentlich nicht abgewichen werden kann. Eine (politische) Intervention in diese Systemlogik ist im Grunde nicht möglich. Bei dem Marxinterpreten Desai scheint der Fall ähnlich zu liegen: Globalisierung ist eine unaufhaltsame kapitalistische Dynamik, die ebenfalls im Grunde nicht gesteuert werden kann. Dass ausgehend von diesen beiden Analyserastern die Möglichkeiten der Politik immer begrenzt sind, liegt auf der Hand. Beide gehen also letztlich von einer Geschlossenheit und Einheitlichkeit globaler Zyklen bzw. Systeme aus und neigen dazu, gesellschaftliche Prozesse durch ihr enges Analyseraster zu verkürzen.

Eine solch starke Einheitlichkeit, Eigendynamik und Zielgerichtetheit gesellschaftlicher Entwicklungen ist bei einer näheren Analyse sowohl der konkreten Geschichts- als auch Systementwicklungen nicht haltbar. Gesellschaftliche Prozesse verlaufen immer mehrdimensional und konstituieren nur sehr selten derart einheitliche Zusammenhänge. Weltgesellschaftliche Pluralität kann mit den beiden Theorien deshalb nur bedingt erfasst werden.

Globalisierung als Netzwerk

Mit dem Begriff „koinonia politiki“ wird bei Aristoteles (384–322 v.Chr.) eine Sichtweise auf Gesellschaft begründet, die Basis des vierten Erklärungsmodells für Globalisierung ist. Aristoteles zielt mit diesem Begriff auf eine bestimmte Lebensweise der Polis im antiken Griechenland. Die mündigen Bürger der Polis sind herausgefordert, in einer Vereinigung freier und gleicher Bürger Politik gemeinsam zu gestalten. Die Bürger sollen sich dazu aktiv in das politische Leben einbringen.

Damit wird der theoretische Grundstein dafür gelegt, was heute als politische Öffentlichkeit oder auch Zivilgesellschaft bezeichnet wird. Aristoteles kennt zwar noch nicht das moderne Verständnis des Staates, weshalb bei ihm auch Staat und Zivilgesellschaft letztlich noch zusammenfallen. Aber in der Betonung der aktiven Teilhabe der Bürger am politischen Leben zeigt sich die Bedeutung des Engagements aller Bürger, das über politische Institutionen hinausgeht. Das gemeinschaftliche Leben wird durch das geprägt, was jeder Einzelne in dieses einbringt.

In der Neuzeit haben Autoren wie Thomas Hobbes (1588–1679) oder John Locke die Trennung von Staat und Zivilgesellschaft vollzogen. Der Staat ist in ihrer liberalen Perspektive für die Sicherung des Friedens und der Grundrechte zuständig. Daneben wird ein Raum eröffnet, der es den Bürgern ermöglicht, sich aktiv in die Ausgestaltung des Gemeinschaftswesens einzubringen. Durch das Gegenüber von Staat und Zivilgesellschaft wird nun explizit der öffentliche Raum der politischen Teilhabe eröffnet.

Wiederum bei Hegel findet sich ein Gedanke, der für die Weiterentwicklung dieses Verständnisses von politischer Öffentlichkeit zentral ist. Die bürgerliche Gesellschaft ist für ihn nämlich ein wichtiges Drittes neben Staat und privatem Raum (besonders der Familie), denn sie vermittelt zwischen beiden. Hierbei spielt die Ökonomie, verstanden als Kooperationen, eine zentrale Rolle. Damit fällt also auch das Wirtschaftsleben in den Bereich der bürgerlichen Gesellschaft. Durch den Handel gestalten Bürger das Gemeinwesen und verstehen sich als Teil der Gesellschaft. Hegel deutet damit die Wirtschaft als Teil der bürgerlichen Gesellschaft.

Einen weiteren Schritt in der Philosophiegeschichte vollzieht Alexis de Tocqueville (1805–1859), der die Bedeutung der freien Assoziationen für die Demokratie in den Vereinigten Staaten von Amerika des 19. Jahrhunderts herausarbeitet. Diese freien Assoziationen sind gewissermaßen eine Fortführung der Hegelschen Kooperationen, allerdings sind sie deutlich weiter gefasst. Zu diesen gehören alle Arten freier Zusammenschlüsse von Bürgern, die gesellschaftliches Lebens mitgestalten. Neben dem Staat ermöglichen sie eine aktive Teilhabe an der politischen Gesellschaft. Er geht sogar noch einen Schritt weiter: Die Demokratie ist auf dieses freie Spiel von unterschiedlichsten Gruppierungen in der Öffentlichkeit angewiesen, ihre Stabilität lebt davon, ob und inwieweit sich Bürger aktiv auf dieser Ebene in gesellschaftliche Diskussionen einbringen. In der heutigen Sprache formuliert, gehören zu solchen freien Assoziationen nicht nur Nichtregierungsorganisationen, sondern auch Sportvereine oder Kirchenchöre. Sie sind Ausdruck des Sozialkapitals einer Gesellschaft.

Bei aller Unterschiedlichkeit der Konzeptionen von Aristoteles, Locke, Hegel oder Tocqueville findet sich eine Gemeinsamkeit, die für die Deutung der Globalisierung wichtig ist: Neben dem Staat und über den privaten Raum hinaus bildet sich in Gesellschaften ein öffentlicher Raum. In diesem mischen sich Bürger ein, formulieren ihre Interessen und suchen nach einem Ausgleich mit anderen Interessensgruppen. Habermas hat in seiner Habilitationsschrift zum *Strukturwandel der Öffentlichkeit* (1962) die gesellschaftliche Bedeutung der Öffentlichkeit historisch wie systematisch dargestellt. Er zeigt auf, wie sich beispielsweise im 17. Jahrhundert in Kaffeehäusern und Tischgesellschaften öffentliche Räume bilden, in denen nicht nur über Literatur gesprochen wird, sondern auch ein Meinungsaustausch über politische oder ökonomische Fragen stattfindet. In solchen Keimzellen öffentlicher Räume wird die Idee gefördert, dass ein freier Meinungsaustausch für das politische System wichtig ist. Diese Idee wird im 18., 19. und 20. Jahrhundert durch Vereine, die wachsende Zahl öffentlicher Kundgebungen oder die Entstehung von Medien weitergeführt.

Nimmt man diese Bedeutung der Öffentlichkeit für politische Prozesse ernst, dann ist Globalisierung weder ein Gebilde von Staaten oder Systemen noch ein rein ökonomisches Phänomen. Globalisierung ist in dieser Perspektive vielmehr gekennzeichnet durch eine Vielzahl unterschiedlichster Akteure, Gruppierungen und Institutionen, die jenseits des Staates und der Ökonomie globale Prozesse mit beeinflussen. Wichtig für diesen Ansatz ist die Beobachtung der Eigeninitiative, die sich jenseits offizieller Institutionen vollzieht.

Empirisch lassen sich sehr schnell viele solcher Initiativen und Gruppen finden: Angefangen von den klassischen Nichtregierungsorganisationen (von World Wide Fund for Nature – WWF – bis Amnesty International) über global agierende Medien (von CNN bis zur Süddeutschen Zeitung), die Weltkulturszene (von Madonna bis Bollywood) bis hin zu Religionsgemeinschaften oder einzelnen Personen. Diese Initiativen und Gruppierungen werden heute als globale Zivilgesellschaft bezeichnet.

Vor diesem Hintergrund hat die Suche nach Theorien begonnen, die die große Vielfalt globaler Akteure überzeugend verarbeiten. Als ein Beispiel hierfür soll ein kurzer Blick auf James Rosenau (*1924) geworfen werden, einen wichtigen US-amerikanischen Politologen der zweiten Hälfte des 20. Jahrhunderts. Er entwickelt ein eigenes Verständnis von Globalisierung, um dabei vor allem auf die Unterschiedlichkeit und Veränderbarkeit globaler Akteure zu achten.

Die Grundeinheiten globaler Prozesse nennt Rosenau Autoritätssphären – spheres of authority. Diese Kategorie siedelt er gewissermaßen zwischen dem staatszentrierten Paradigma und der Systemperspektive an. Zentrum der Sphären ist nach wie vor ein Akteur – sei es eine einzelne Person, eine Organisation oder Institution. Aber das traditionelle Akteurverständnis greift für Rosenau zu kurz, weil die globale Bedeutung der Akteure sich nicht primär durch deren Wesenseigenschaften, sondern erst durch deren Eingebundensein in globale Interaktionen konstituiert. Dies leistet für ihn die neue Kategorie der Autoritätssphären.

Als Akteure treten Autoritätssphären insofern auf, als sie Autorität in bestimmten globalen Fragestellungen beanspruchen und diese von anderen akzeptiert bzw. befolgt wird. Autorität wird dabei verstanden als der Anspruch einzelner Akteure, in globalen Fragen für die Weltgesellschaft relevante Informationen zu besitzen. Sie ist kein fester Bestandteil des Akteurs. Sie verändert sich vielmehr ständig, weil jeder globale Akteur Autorität hinsichtlich einer neuen Fragestellung beanspruchen kann. Autorität kann dabei nur beobachtet werden, wenn sie ausgeübt und angenommen wird, das heißt sie ist abhängig von der Akzeptanz genügend großer oder wichtiger Personengruppen. Der Umfang der Sphären wird formal bestimmt durch den sich ständig verändernden Wirkungskreis des Akteurs. Die Wichtigkeit der Autoritätssphäre ergibt sich aus der Intensität, in der ihre Autorität wahrgenommen und beachtet wird. Finden die Akteure keine Autorität mehr, sind sie formal betrachtet irrelevant.

Autorität wird also relational verstanden. Mit dieser Kategorie können ganz unterschiedliche globale Akteure der Weltöffentlichkeit beschrieben und deren Stellung im globalen Relationengeflecht interpretiert werden: Die FIFA beansprucht in Fragen des Fußballs, aber auch der ökonomischen und politischen Aufwertung einer Region alle vier Jahre eine Autorität. Die Weltbank beansprucht eine solche Autorität in entwicklungspolitischen Finanzierungsfragen. Wie groß die Autorität von Al-Qaida ist, wird unterschiedlich bewertet – offensichtlich ist jedoch, dass ihre Aktionen von vielen Menschen weltweit ernst genommen werden.

Autoritätssphären sind für Rosenau die neuen Einheiten zur Beschreibung von Globalisierung. Die Autorität und damit die Einflussmöglichkeit eines Akteurs hängen dabei nicht alleine von seiner Position in der politischen Hierarchie ab. Akteure können sich unabhängig von diesen Strukturen positionieren und damit in einer heterogenen Welt eine zwar beschränkte, aber nicht ineffektive Autorität beanspruchen. Nicht zuletzt deshalb betont Rosenau immer wieder, dass er nicht nur formale Akteure unter den Begriff Autoritätssphäre subsumiert, sondern damit auch informelle Akteure theoretisch erfassen will. Denn gerade diese spielen eine zunehmend wichtigere Rolle in globalen Prozessen. Klassische Nichtregierungsorganisationen zählt er genauso zu diesen wie Politiknetzwerke, soziale Bewegungen oder transnationale Lobbyorganisationen.

Auch in Deutschland finden sich ähnliche Theorien zur Beschreibung von Globalisierung. Dabei taucht allerdings weniger der Begriff der Autoritätssphären auf, sondern der Begriff des Netzwerkes. Beide Begriffe bzw. die damit verbundenen Konzepte weisen bei genauerem Hinsehen große Ähnlichkeiten auf. Auch die Netzwerktheorie geht nämlich davon aus, dass globale Prozesse durch ein komplexes Zusammenspiel verschiedener Akteure im öffentlichen Raum geprägt sind. Sie bilden auf unterschiedlichen Ebenen Netzwerke miteinander und versuchen, durch diese globales Leben zu beeinflussen. Diese eher losen Netzwerkbeziehungen sind dadurch gekennzeichnet, dass sie weniger horizontal als vertikal organisiert sind. Netzwerke sind wechselseitige Interessenzusammenschlüsse autonomer Akteure, die sich auf ein Ziel einigen und dieses gemeinsam verfolgen. Es gibt in diesen Netzwerken in der Regel keine Hierarchien, sondern die Akteure kooperieren auf Augenhöhe miteinander.

Dirk Messner (*1962), ein deutscher Politologe, spricht deswegen von der Netzwerkgesellschaft, die sich nicht nur auf nationalstaatlicher Ebene, sondern gerade auf globaler Ebene besonders deutlich zeigt. In Netzwerken spielt für Messner das Moment der Wechselseitigkeit eine zentrale Rolle. Denn erst wenn die einzelnen Netzwerkakteure sich wechselseitig in ihren Interessen unterstützen, entsteht für alle eine Win-win-Situation, die für ihre Motivation, ein aktives Teil des Netzwerkes zu sein, bestimmend ist. Akteure schließen sich in Netzwerken zusammen, um gemeinsam anstehende Problemen zu lösen.

An dieser Stelle wird bereits deutlich, dass es sich bei diesen Theorien meist nicht nur um eine Beschreibung von Globalisierung handelt, sondern auch eine ganz bestimmte Wertung impliziert ist: Netzwerke werden nicht nur als wichtiges Element globaler Prozesse beschrieben, sondern auch positiv bewertet, weil mit ihnen viele Meinungen gehört und Probleme in einem kooperativen Stil gemeinsam angegangen werden können. Das Analyseraster der Netzwerkgesellschaft zielt daher also auch auf eine bestimmte politische Gestaltung globaler Prozesse. Wo sich globale Probleme zeigen, wird besonders auf Zusammenschlüsse im öffentlichen Raum geachtet, die gemeinsam Problemlösungen entwickeln und umzusetzen versuchen.

Genau hieran schließt sich der Vorwurf an, der diesen Ansätzen immer wieder gemacht wird: Es werde zu sehr auf Kooperation geachtet, globale Machtasymmetrien unterbelichtet und stattdessen die globale Öffentlichkeit mystifiziert. Bei der Frage nach den Modellen von Weltpolitik wird auf diese Kritik noch ausführlich einzugehen sein.

Vielfalt der Kulturen und Interkulturalität

In den bisherigen Beschreibungen von Globalisierung spielte das Thema Kultur und Interkulturalität meist eine untergeordnete Rolle. Deshalb ist ein eigener Blick auf diese Frage sinnvoll und notwendig. Das Nachdenken über die Bedeutung von Kultur innerhalb der Philosophie der Globalisierung versteht sich dabei weniger als ein eigenes umfassendes Modell der Beschreibung globaler Prozesse, sondern als eine Querschnittsperspektive. Da bei den bisherigen Modellen von Globalisierung bereits deutlich wurde, dass das Thema Kultur oft unterbelichtet wird, soll nun danach gefragt werden, was die Philosophie zur Stärkung dieser Perspektive beitragen kann.

Dieses Nachdenken über Kultur im Kontext der Globalisierung soll eingebettet werden in die immer größere Bedeutung von Kultur in wissenschaftlichen Diskussionen. In vielen Geistes- und Sozialwissenschaften ist seit den 1960er Jahren ein so genannter Cultural Turn festzustellen. So wie es im 20. Jahrhundert ausgehend von der Hinwendung auf sprachphilosophische Fragen schon einmal eine Wende in den Geistes- und Sozialwissenschaften, und zwar den Linguistic Turn, gegeben hat, ist nun also eine Wende zu Fragen der Kultur festzustellen.

Kultur wird von den Autoren, die diese Wende vollziehen, in einem weiten Sinn verstanden. Kultur wird beispielsweise im Anschluss an Autoren wie Norbert Elias (1897–1990) nicht nur auf den Bereich des Geistig-Seelischen beschränkt, sondern auf alles vom Menschen Geschaffene bezogen. Kultur ist nach Johannes Müller (*1943) deshalb „nicht eine geheimnisvolle und erhabene Substanz in den Köpfen der Menschen, in die man sich mühsam einfühlen muss, sondern öffentliches Ereignis. Sie umfasst sowohl immaterielle (ideelle) Elemente, wie Religion, Werte oder Einstellungen, als auch technisch-materielle Elemente, wie Kunst, Handwerk oder Werkzeuge, die Produkte organisierter menschlicher Tätigkeit sind" (Müller 1997, 130).

Kultur ist daher nicht nur (und nicht mehr primär) auf Größen wie Beethoven und Goethe und deren Kulturprodukte bezogen. Kultur hat vielmehr vielfältige Formen. In den so genannten Cultural Studies, die vor allem an den Universitäten im angelsächsischen Raum stark an Bedeutung gewonnen haben, werden deshalb vielfältige kulturelle Ausdrucksformen wie TV-Serien, Sportberichterstattung oder Songtexte untersucht. Viele Entwicklungshistoriker betonen heute, dass es gerade solche kulturelle Faktoren sind, die Entwicklungsprozesse – seien sie lokal oder global – entscheidend beeinflusst haben und noch immer beeinflussen.

Die aktuelle Hinwendung zu Fragen der Kultur ist geistesgeschichtlich vor dem Horizont der Postmoderne zu sehen. Philosophen der Postmoderne sind skeptisch gegenüber der modernen Betonung einer einheitlichen Rationalität und wollen dagegen die Pluralität von sozialen Formen, Rationalitäten und Perspektiven hervorheben. Kultur wird dabei zu einem Analyseraster, mit dem diese Pluralität verarbeitet und auch erklärt werden kann. Kultur als Analyseinstrument ermöglicht es, die faktische Vielfalt von Werten, Einstellungen und kulturellen Produkten zu beschreiben. Zum anderen vermeidet diese Perspektive auch eine ethnozentrische Verengung: Weil jede Kultur ihre eigene Rationalität hat, ist diese Kultur als solche auch anzuerkennen, so die implizite These.

Seit den 1990er Jahren hat sich auch in der Philosophie ein eigener Bereich der interkulturellen Philosophie herausgebildet. Die unter dieser Perspektive veröffentlichten Arbeiten schließen an den Cultural Turn und den in anderen Wissenschaften geführten Diskurs über Kultur an. Sie fragen vor allem, was die Philosophie zum Verständnis von Kulturen und vor allem zur Deutung von Interkulturalität beitragen kann.

Die interkulturelle Philosophie will bei der Beantwortung solcher Fragen kulturelle Differenzen bewusst machen und in den philosophischen Diskurs über Globalisierung einbringen. Oft wird bei dem Stichwort Philosophie ja ausschließlich an europäische Philosophie gedacht. Deshalb sind erst einmal die nichteuropäischen philosophischen Traditionen aufzudecken und in den Diskurs einzuspeisen. Gleichzeitig versteht sich die interkulturelle Philosophie aber nicht als ein reines Nebeneinanderstellen der Traditionen. Entsprechend dem Grundduktus philosophischen Fragens geht es auch und vor allem um die Frage nach den Bedingungen der Möglichkeit für diese kulturellen Differenzen und die Konsequenzen für ein wechselseitiges Verstehen und Übersetzen.

Die Zielsetzung des Polylogs, eines Zusammenschlusses für interkulturelle Philosophie, spiegelt dieses Anliegen besonders deutlich wider: „Wir verstehen interkulturelles Philosophieren als die Bemühung, die vielen philosophierenden Stimmen im Kontext ihrer jeweiligen Kulturen vernehmbar und in einer gemeinsamen und gleichberechtigten Auseinandersetzung füreinander fruchtbar zu machen. Im interkulturellen Philosophieren sehen wir also vor allem eine neue Orientierung und Praxis des Philosophierens, eines Philosophierens, das eine Haltung der gegenseitigen Achtung, des Zuhörens und Lernens erfordert“ (http://prof.polylog.org/obj-de.htm).

Ein philosophischer Polylog zielt nach Franz M. Wimmer (*1942) darauf ab, neue Theorien und Argumente mit dem Ziel einer wechselseitigen interkulturellen Aufklärung zu entwickeln. Mit dem Modell des Polylogs will die interkulturelle Philosophie die verschiedenen Einflüsse und Prägungen im interkulturellen Gespräch erfassen und auch in einem ganz praktischen Sinn auf ein gleichberechtigtes Gespräch der verschiedenen Traditionen hinarbeiten. Der Phänomenologe Heinrich Rombach (1923–2004) sprach deshalb auch in diesem Zusammenhang von der „Menschheit als Gespräch“.

Die Themen der interkulturellen Philosophie decken die ganze Bandbreite philosophischen Fragens ab. Fragen nach einem interkulturellen Verständnis von Wahrheit oder Erkenntnis spielen genauso eine Rolle wie die nach Ethik im interkulturellen Spannungsfeld oder Kunst als Ausdruck von Kultur. Eines der zentralen Themen der interkulturellen Philosophie ist die Frage nach einem überzeugenden Verständnis von Rationalität und Vernunft im interkulturellen Erfahrungskontext der globalisierten Welt. Das Ziel ist dabei vor allem, ein rein westliches Vernunftverständnis aufzubrechen und (kulturelle) Pluralität auch auf dieser Ebene stärker in den Blick zu nehmen. Ram Adhar Mall (*1937) spricht deshalb von einer überlappenden Vernunft, in der sich verschiedene Rationalitäten kreuzen, vermischen oder kompliziert ineinander verweben können.

Innerhalb des Diskurses über interkulturelle Philosophie gibt es natürlich wie in jedem Bereich der Philosophie auch inhaltliche Unterschiede. Einige Autoren suchen stärker nach dem Kultur verbindenden Element, andere nach den unterscheidenden Aspekten. Auch die philosophischen Traditionen, in denen die Ansätze der interkulturellen Philosophie stehen, sind vielfältig. Nicht zuletzt unterscheiden sich die Ansätze auch hinsichtlich ihrer Beurteilung einzelner Facetten von Kultur, wie beispielsweise der Bedeutung des Religiösen für kulturelle Unterschiede.

Aus den Überlegungen der interkulturellen Philosophie können nun einige Konsequenzen für die Beschreibung von Globalisierung gezogen werden.

Erstens erscheint es aus der Sicht der interkulturellen Philosophie überzeugend sich bei der Beschreibung globaler Prozesse einer erkenntnistheoretischen Selbstbegrenzung zu verpflichten. Weil die Analyse der verschiedenen Kulturen zeigt, dass es ganz unterschiedliche Perspektiven auf globale Prozesse gibt, ist Vorsicht geboten hinsichtlich der Verabsolutierung einer Perspektive. Mall formuliert diese Einsicht sehr deutlich: „Zum Wesen der interkulturellen Philosophie gehört das Kultivieren der Einsicht in die erkenntnistheoretische, methodische, metaphysische, ethisch-politische und religiöse Bescheidenheit des je eigenen Zugangs zum regulativen Einen mit vielen Namen“ (Mall 2003, 42). Diese erkenntnistheoretische Vorsicht drückt sich auch darin aus, dass multikulturelle Erklärungen den Vorzug bekommen, die sich bei der Erklärung eines Phänomens auf unterschiedliche kulturelle Tradition der Philosophie stützen. Daraus lässt sich mit Wimmer eine Minimalregel für die Beschreibung globaler Prozesse ableiten: Es sei Skepsis gegenüber den philosophischen Thesen geboten, an deren Entstehung nur eine Kultur beteiligt ist und die diese zum alleinigen Bewertungsmaßstab erhebt.

Eine Philosophie der Globalisierung sollte daher kulturelle Differenzen anerkennen und gleichzeitig nach Überschneidungen suchen. Ganz im herderschen Sinne geht es der interkulturellen Philosophie um ein Hineinversetzen in andere Kulturen und die Anregung eines wechselseitigen Übersetzungsprozesses. Eine kulturrelativistische Abschottung macht aus der Sicht der interkulturellen Philosophie dagegen den gleichen Fehler wie der Globalist, der die Einheit der Welt stark betont: In dem einen Fall wird die Einheit der Kulturen absolut gesetzt, in dem anderen die Welt als Ganze. In beiden Fällen wird Vielfalt nur noch als sekundäres Anhängsel gedeutet.

Mit der Sichtweise der interkulturellen Philosophie wird darüber hinaus auch deutlich, dass die theoretischen Konzepte von Globalisierung selbst immer noch einmal kulturell bedingt sind. Wenn Globalisierung als Konzept ein Export des westlichen Zivilisationsmodells darstellt, dann sind die darin implizierten kulturellen Bedingungen der Tradition Europas oder Nordamerikas immer noch einmal eigens zu hinterfragen. Beispiele wären Globalisierungsansätze, die ausschließlich ökonomische Argumente aus der westlichen Sichtweise zur Erklärung globaler Prozesse heranziehen. Die kulturelle Dimension des jeweiligen Globalisierungskonzepts ist deshalb auch immer mit zu bedenken, will man nicht auf dieser Ebene einem naiven Ethnozentrismus verfallen.

Zuletzt wird an dieser Stelle noch einmal besonders deutlich, dass eine Philosophie der Globalisierung immer auf einen transdisziplinären Dialog angewiesen ist. Um kulturelle Einflussfaktoren zu erfassen und theoretisch verarbeiten zu können, ist die Philosophie auf andere Sozial- und Kulturwissenschaften angewiesen. Nur so kann sie sich dem Phänomen der Globalisierung in seiner ganzen Breite annähern.

Die interkulturelle Philosophie kann als ein Teil der Philosophie der Globalisierung gelesen werden. Sie ergänzt dabei die skizzierten Beschreibungen von Globalisierung um die Elemente der Kultur und Interkulturalität. Es geht ihr vor allem um die Vielfalt kultureller Traditionen der Philosophie und deren Vermittlung. Aber natürlich erklärt die kulturelle Perspektive alleine auch nicht die Gesamtheit globaler Prozesse. So wenig Globalisierung auf Ökonomie reduziert werden darf, so wenig darf sie auf das Thema Kultur enggeführt werden.

Fazit: Globalisierung und Relationen

Ein Vergleich der skizzierten Modelle zur Beschreibung von Globalisierung zeigt deutlich, dass eindimensionale Analyseraster sich schwer tun, globale Wirklichkeit zu beschreiben. Erklärungen werden vielmehr dort überzeugend, wo sie die Vielfalt und Mehrdimensionalität globaler Prozesse beachten. Dabei sind es scheinbar weniger einzelne Akteure oder Institutionen, die globale Wirklichkeit ausmachen, sondern vielmehr die Interaktionen zwischen diesen. Globalisierung, so könnte man festhalten, ist primär gekennzeichnet durch die vielfältigen und komplexen Beziehungen, Interaktionen und Vernetzungen zwischen unterschiedlichsten Akteuren und weniger durch einzelne Akteure oder Institutionen als solche.

Philosophisch bedeutet dies, dass nicht einzelne substanzielle Wesensbeschreibungen von Akteuren oder Systemen bei der Beschreibung von Globalisierung wichtig sind, sondern die Vernetzung zwischen diesen. Das, was Globalisierung ausmacht, sind die Vernetzungen – der Philosoph nennt diese auch Relationen. Die Relation wird damit philosophisch betrachtet zur Grundkategorie einer überzeugenden Globalisierungstheorie. Die Deutung der Globalisierung als Netzwerk bringt diese Einsicht am Besten zum Ausdruck – auch wenn man die Einsichten der interkulturellen Philosophie hinzunimmt.

Globale Prozesse sind dynamisch und heterogen, so die Grundthese vieler Globalisierungstheorien. Sogar gegensätzliche Entwicklungen laufen gleichzeitig ab – gerade dies ist ein zentrales Kennzeichen der Weltgesellschaft. Deshalb kann heute beispielsweise nicht mehr eindeutig zwischen Innen- und Außenpolitik unterschieden werden. Solche traditionellen Grenzen sowohl zwischen den Nationalstaaten als auch zwischen allen anderen globalen Akteuren lösen sich im Zeitalter der Globalisierung immer weiter auf, sie werden durchlässig und lassen viele neue Vernetzungen entstehen. Grenzen markieren nur noch einen Raum, in dem die verschiedenen Akteure eine komplexe Interaktionsbewegung beginnen. Indem der traditionelle Grenzbegriff aufgehoben wird, entsteht ein neuer öffentlicher Raum, in dem Gemeinsamkeiten von Mehrdeutigkeiten überlagert werden und scheinbare Gegensätze zu neuen Einheiten verschmelzen.

Eine solche Gleichzeitigkeit gegenläufiger Entwicklungen lässt sich vielfach auf globaler Ebene diagnostizieren. Ein Beispiel ist die Gleichzeitigkeit von Vereinheitlichung und Polyzentrik auf globaler Ebene. Auf der einen Seite zeigt sich die globalisierte Welt als höchst polyzentrisch, das heißt es existiert eine Vielzahl von Staaten, Kulturen, Religionen usw. nebeneinander und es gibt letztlich kein einheitliches Zentrum der Weltgesellschaft. Der Begriff Welt bildet zwar eine systematische Klammer für das Phänomen der Globalisierung, aber dieser kann keinen einheitlichen Referenzpunkt mehr vorgeben. Dirk Messner und Franz Nuscheler (*1938) betonen deshalb, dass es sich bei der Welt-Einheit lediglich um ein normatives Konstrukt handelt, das nicht aus den empirischen Gegebenheiten herausgelesen werden kann. Dieser Polyzentrik der globalisierten Welt steht auf der anderen Seite aber auch eine Tendenz zur Vereinheitlichung gegenüber, die sich in der Etablierung globaler Institutionen oder der Entstehung gemeinsamer Normen wie den Menschenrechten niederschlägt.

Zur Beschreibung dieser gegenläufigen Tendenzen der Weltgesellschaft (Polyzentrik auf der einen, Vereinheitlichung auf der anderen Seite) erscheinen paradoxe Formulierungen besonders geeignet. Solche paradoxen Formulierungen zeigen, dass Globalisierung kein linearer Prozess ist, sondern oftmals aus widersprüchlichen Tendenzen besteht. Philosophisch betrachtet weisen solche Beschreibungen dialektische Züge auf: Zwei gegensätzliche Entwicklungen (These und Antithese) laufen parallel ab; es entsteht eine Synthese, insofern beide zusammen einen neuen Prozess konstituieren. Dabei werden allerdings die beiden vorangegangenen Entwicklungen nicht in einer Synthese aufgehoben, sondern sie bleiben Teil des neuen Prozesses – genau dies ist das zentrale Kennzeichen globaler Dynamik.

Diese dialektische Argumentation erinnert natürlich sofort an Hegel. Gegen Hegel machen viele Globalisierungstheorien allerdings erstens die Synthese deutlich schwächer (sie ist brüchiger und beinhaltet stärker die Widersprüche), und zweitens wird meist kein zielgerichteter Prozess angenommen – Ausnahmen sind, wie gesehen, die von Marx inspirierten Ansätze. Mit paradoxen bzw. dialektischen Gedankenfiguren sind globale Entwicklungen natürlich schwer eindeutig beschreibbar. Dafür werden aber auch keine Verkürzungen bei der Analyse globaler Dynamik vorgenommen.

Von vielen Autoren wird in diesem Zusammenhang außerdem betont, dass das Wissen über globale Dynamik immer auch begrenzt ist und deshalb allgemeine Aussagen über Entwicklungen der Weltgesellschaft nur bedingt möglich sind. Die von der interkulturellen Philosophie geforderte erkenntnistheoretische Vorsicht ist ein überzeugendes Beispiel hierfür. Mit dialektischen Beschreibungen wird zum Ausdruck gebracht, dass das Wissen über globale Dynamik immer unauflösbar mit dem Nichtwissen darüber verbunden ist.

Deshalb vermeiden viele Globalisierungstheorien Festschreibungen einzelner Aspekte globaler Realität, was sich sehr gut an den dialektischen Beschreibungen ablesen lässt. Philosophisch lässt sich dies folgendermaßen deuten: „Gerade dieser prozessurale Charakter ist es, der die Einheit stiftet: Jede Relation des Relationengefüges, das die Welt zu einem Zeitpunkt verkörpert (...), hängt vom gesamten Relationengefüge der Welt ab. (...) Der Weltprozess (...) bildet einen einheitlichen Wirkzusammenhang" (Schlosser 1993, 80). Indem Globalisierungstheorien sich diese Denkweise zu eigen machen, kann globale Dynamik in ihrer Relationalität überzeugend theoretisch verarbeitet werden.

Globale Vernetzungen sind deshalb immer in ihrer mehrdimensionalen Gestalt ernst zu nehmen. Das heißt auch, dass nicht nur die Relationen zwischen den Staaten, sondern auch zwischen den vielfältigen Akteuren im globalen öffentlichen Raum beachtet werden müssen. Globalisierung besteht dabei auch weder aus nur politischen oder ökonomischen Beziehungen. Sie zeichnet sich vielmehr durch einen bunten Mix an unterschiedlichsten Vernetzungen aus. Ein wichtiger Aspekt des globalen Relationengeflechts, der in der Diskussion über Globalisierung heute noch immer oft vernachlässigt wird, ist die kulturelle Dimension. Für ein umfassendes Verständnis globaler Dynamik spielt sie eine wichtige Rolle und kann mit der Perspektive der interkulturellen Philosophie noch stärker in die Diskussionen über Globalisierung eingebracht werden.

III. Ethik der Globalisierung

Was es bedeutet, über Ethik nachzudenken

Im wissenschaftlichen Diskurs gibt es unterschiedliche Beschreibungen von Globalisierung – dies wurde durch das vorherige Kapitel deutlich. Je nachdem, mit welchem Schwerpunkt die Ansätze globale Prozesse beschreiben, entstehen daraus unterschiedliche globale Landschaftsskizzen. Hinter den verschiedenen Beschreibungen von Globalisierungen stehen dabei auch handfeste normative Vorentscheidungen. In den Ansätzen wird nämlich schon mit der Wahl der Perspektive entschieden, welche Akteure oder politische Strategien positiv oder negativ bewertet werden. Ob beispielsweise die Staaten stärker in den Blick genommen werden oder nicht, hängt auch davon ab, wie die traditionellen Steuerungsinstrumente des Staates beurteilt werden.

Ethisches Nachdenken will solche normativen Vorentscheidungen aufdecken und reflektieren. Dies ist wichtig, um auch die Wahl der Beschreibung von Globalisierung begründen zu können. Wenn gute Gründe für bestimmte normative Vorentscheidungen angeführt werden, kann damit auch die Globalisierungstheorie als Ganze mehr überzeugen. Dies gilt natürlich auch für die Begründung der Modelle von Weltpolitik, die später noch eigens zu thematisieren sein wird. Im folgenden Kapitel soll es nun aber erst einmal um die Frage nach einer Ethik der Globalisierung gehen.

Ethik ist eine philosophische Teildisziplin, die sich ganz allgemein formuliert mit der Frage nach gutem und schlechtem Handeln beschäftigt. Sie diskutiert Bewertungskriterien für menschliches Handeln und fragt nach dessen Motiven und Folgen. Die Ethik ist dabei noch einmal unterteilt in verschiedene Bereiche. Die deskriptive Ethik will moralische Maßstäbe von Menschen oder einer Gesellschaft beschreiben. Ethik in dieser Variante ist eine beschreibende Wissenschaft. Ein zweiter Bereich beschäftigt sich mit den Hintergründen und Strukturen von moralischen Urteilen. Im 20. Jahrhundert wurde in diesem Bereich der Metaethik beispielsweise moralische Aussagen nach logischen oder semantischen Gesichtspunkten analysiert.

Neben der deskriptiven und Metaethik gibt es als Drittes den Bereich der normativen Ethik. Ethik in diesem normativen Sinne fragt dezidiert nach begründbaren Bewertungskriterien für Handeln. Sie will von unterschiedlichen Standpunkten aus die Möglichkeit von Normbegründungen reflektieren und Handlungsorientierungen geben. Kant fasste diese Zielrichtung der Ethik in dem einfachen Satz zusammen: Was soll ich tun? Welcher argumentative Weg hierfür gewählt wird und ob bzw. inwieweit allgemeingültige Antworten auf diese Frage gegeben werden können – darin unterscheiden sich die Ethikkonzeptionen.

Die theoretischen Überlegungen aus dem Bereich der normativen Ethik stehen in einem Wechselverhältnis zu den konkreten Fragen gesellschaftlichen und individuellen Handelns. Diese werden traditionellerweise in dem Feld der Bereichsethiken verhandelt, beispielsweise der Wirtschafts- und Unternehmensethik, Bio-, Medien- oder Friedensethik. Zwischen den allgemeinen und diesen bereichsbezogenen Fragen der Ethik besteht ein wechselseitiges Verhältnis, das heißt ethische Maßstäbe können nicht eins zu eins von dem einen Bereich auf den anderen übertragen werden. Es geht vielmehr um einen wechselseitigen Prozess des Reflektierens und Anpassens von ethischen Überlegungen, weshalb an dieser Stelle auch von Bereichsethiken und nicht von angewandter Ethik die Rede ist. Ethische Reflexion ist dabei von Beginn an auf die empirischen Gegebenheiten menschlicher Wirklichkeit bezogen.

Zu beachten ist in diesem Zusammenhang auch, dass ethisches Nachdenken weder eine mechanische Technik ist noch zu letzten Gewissheiten vorstoßen kann. Ergebnisse der normativen Ethik sind immer wieder zu hinterfragen, entsprechend den sozialen Entwicklungen neu zu formulieren und in den gesellschaftlichen Diskurs einzuspeisen.

Das Nachdenken über eine Ethik der Globalisierung betrifft sowohl den Bereich der normativen wie der Bereichsethiken. Es geht auf der theoretischen Ebene vor allem um die Frage, inwieweit Menschen weltweit auf gleiche moralische Maßstäbe zur Beurteilung von Handlungen oder Institutionen zurückgreifen können. Die meisten Ethiken, die bis in die 1980er Jahre hinein entwickelt wurden, waren zwar von ihrem Anspruch her universal ausgerichtet. Die empirische Erfahrbarkeit globaler Vernetzungen hat die Frage aber noch einmal zugespitzt: Kann trotz oder vielleicht gerade angesichts der Verschiedenheit von Kulturen, Religionen und moralischen Traditionen für einen universalen ethischen Maßstab argumentiert werden? Viele Ethiker haben sich deshalb seit den 1980er Jahren herausgefordert gesehen, ihre meist vor der Hintergrundfolie einer nationalstaatlich verfassten Gesellschaft entworfenen Ethiken auf die globale Ebene zu übertragen.

Zum anderen spielen im Bereich der Ethik der Globalisierung aber auch Fragen der Bereichsethiken eine wichtige Rolle: Wie sind beispielsweise politische Institutionen auf globaler Ebene ethisch zu bewerten (Staatsphilosophie)? Wie ist ethisch die Entwicklung des Welthandels zu beurteilen (Wirtschaftsethik)? Oder was können ethisch begründete Kriterien für ein friedvolles Zusammenleben der Menschen weltweit sein (Friedensethik)?

Drei Grundformen einer Ethik der Globalisierung

Auf der Ebene der normativen Ethik wird gefragt, ob Menschen auf globaler Ebene universal gültige Normen begründen können. In der Philosophie gibt es auf diese Frage keine eindeutige Antwort. Es kristallisieren sich allerdings einige zentrale Argumentationsweisen heraus, die man letztlich in drei Gruppen einteilen kann: (1) Die relativistische Antwort, die betont, dass es keine global verallgemeinerbaren Normen gibt; (2) die kommunitaristische Antwort, die ebenfalls die Vielfalt kulturell bedingter Normen betont, darüber hinaus aber eine so genannte schwache (oder dünne) kulturübergreifende Moral anerkennt und (3) die universalistischen Antworten, die in unterschiedlichen Schattierungen für allgemein gültige ethische Kriterien argumentieren. Dieser dritte Typ ethischen Argumentierens ist noch einmal in zwei Gruppen unterteilt, nämlich in eine utilitaristische (3.1) und eine liberale Variante (3.2).

Zu (1): Der Relativist. Relativistische Theorien argumentieren ganz allgemein, dass alles, was Menschen denken, sagen oder urteilen, letztlich nicht einem universalen Anspruch unterstellt werden kann. Dies kann beispielsweise die Relativität von Sprachen betreffen. In dieser Perspektive wird betont, dass Sprachen relativ zueinander sind und letztlich eine sinnvolle Übersetzung von einem in ein anderes Sprachsystem nicht möglich ist.

Der Relativismus kann aber nicht nur auf Sprachen, sondern auch auf wissenschaftliche Theorien bezogen werden. Relativismus im Bereich der Wissenschaften bedeutet, dass wissenschaftliche Theorien nicht mehr von einem übergeordneten Maßstab her beurteilt werden können. Auch hier gilt: Wissenschaftliche Theorien können zwar in sich schlüssig oder konsistent sein, aber es gibt keinen universalen Maßstab, von dem aus eine übergeordnete Beurteilung der einzelnen Theorien begründet werden könnte. Für den wissenschaftlichen Fortschritt werden deshalb ganz andere Bedingungen als wichtig identifiziert – beispielsweise Macht oder Geld.

Relativistische Argumente finden sich auch im Bereich der Ethik wieder. In Bezug auf die Frage nach einer Ethik der Globalisierung ist der normative Relativismus die wichtigste Form. Dieser besagt, dass normative Urteile letztlich nur Ausdruck des einzelnen Menschen sind, aber keine universale Geltung beanspruchen können. Moralische Urteile können deshalb nicht auf einer übergeordneten Ebene abgewogen, sondern vielmehr nur als Ausdruck der moralischen Identität einer Person verstanden werden.

Der Relativismus kann aber nicht nur auf die einzelne Person, sondern auch auf eine größere Gruppe, Gesellschaft oder eine ganze Kultur bezogen werden. Indem die Globalisierung Multikulturalität direkt erfahrbar macht, wird von einigen Autoren die These aufgestellt, dass einzelne Kulturen das primäre Bezugssystem für normative Aussagen sind. Ob Menschen bestimmtes Handeln als gut oder schlecht beurteilen, hängt dann von den jeweiligen kulturellen Traditionen und Sichtweisen ab. Diese Form des Kulturrelativismus ist zu einem festen Bestandteil der Debatte über eine Ethik der Globalisierung geworden. Die moralischen Traditionen von Franzosen, Indonesiern und Kolumbianern sind beispielsweise grundverschieden und können nicht untereinander vermittelt werden – so die Grundidee des Kulturrelativisten. Von der Erfahrung der Unterschiedlichkeit von Kulturen und deren moralischen Vorstellungen wird also geschlossen, dass es keinen übergreifenden Maßstab geben kann, der ein Abwägen zwischen den kulturellen Moraltraditionen ermöglicht. Der Kulturrelativist wird bei seiner Beschreibung globaler Prozesse deshalb natürlich vor allem auf solche unterschiedlichen kulturellen Formen achten und diese betonen.

Bezugspunkt für eine solche kulturrelativistische Perspektive ist beispielsweise Johann Gottfried Herder (1744–1803), der die philosophische Debatte des 18. Jahrhunderts geprägt hat. In seiner Geschichtsphilosophie betont er, dass die Geschichte und Entwicklung einzelner Kulturen aus einer übergeordneten Perspektive immer etwas Einzigartiges sei. Auch normative Potenziale der jeweiligen Kulturen können deshalb nur schwer gegeneinander abgewogen werden. Kulturelle Entwicklungen sind darüber hinaus von außen überhaupt schwer zu verstehen. Von dem Außenstehenden ist hierzu deshalb ein divinatorischer Akt des sich Hineinversetzens gefordert. Aber auch dieser Akt ermöglicht kein vollständiges Abwägen, kein Vordringen in eine universale Moral. Er ermöglicht letztlich nur ein annäherndes Verstehen fremder Kulturen. Das subjektive Moment der jeweiligen Kulturen ist letztlich nicht überwindbar. Zum einen wegen der Eigendynamik der jeweiligen Kultur, zum anderen aufgrund der Standortgebundenheit des Betrachters. Trotzdem nimmt Herder selbst an, dass es möglich ist, sich von seinem eigenen Standort aus mit entsprechender Mühe in fremde Kulturen hineinzuversetzen. Der Kulturrelativist par excellence würde dies ablehnen.

Problematisch erscheint an einer stark verstandenen kulturrelativistischen Perspektive vor allem, dass sie der menschlichen Intuition zumindest teilweise widerspricht. Menschen stellen sowohl in ihrem alltäglichen Kontext als auch auf globaler Ebene fest, dass kulturelle Grenzen keine hermetischen Abriegelungen sind. Menschen aus verschiedenen Kulturen können miteinander sprechen und auch fremde Traditionen und Argumentationsmuster wechselseitig verstehen. Gerade die Globalisierung verstärkt die Erfahrung, dass Menschen gemeinsam den Planeten Erde bewohnen und sich angesichts gemeinsamer Herausforderungen verständigen können. Auch wenn ein vollständiges Verstehen der Kulturen sicherlich immer an Grenzen stößt, so ist doch eine wechselseitige Annäherung an die andere Kultur sehr wohl möglich. Die vielen globalen Institutionen, die sich in den vergangenen Jahrzehnten zu Themen wie Welthandel, Umweltschutz oder Migration herausgebildet haben, sind ein Beispiel für solche wechselseitige Annäherungen zwischen den Kulturen. Weil Menschen in allen Kulturen diese Themen für wichtig erachten, können sie sich auf globaler Ebene darüber verständigen und politisch organisieren.

Die Frage bleibt allerdings, ob über ein annäherndes Verstehen hinausgehend auch eine wechselseitige Kritik moralischer Traditionen denkbar ist. Der Kulturrelativist behauptet ja nicht nur die wechselseitige Geschlossenheit von Kulturen, sondern auch die Unmöglichkeit einer übergeordneten Kritik. Dürfen Menschen bestimmte Verhaltensmuster in anderen kulturellen Kontexten als schlecht verurteilen? Dürfen beispielsweise Europäer Kritik am Verhalten gegenüber Frauen in arabischen Staaten üben? Der Kulturrelativist muss im Grunde diese Frage verneinen, weil kein übergeordneter Maßstab hierfür existiert.

Zu (2): Der Kommunitarist. Die kommunitaristischen Positionen, die seit den 1980er Jahren in der philosophischen Debatte formuliert wurden, haben teilweise eine gewisse Nähe zur kulturrelativistischen Position. Kommunitaristen wie Charles Taylor (*1931) oder Alasdair MacIntyre (*1929) betonen, dass Normen immer rückgebunden sind an die sprachlich, kulturell oder religiös definierte Gemeinschaft. In jeder Gemeinschaft existieren geteilte und gelebte Moralvorstellungen, welche die Basis für die Beurteilung von Handlungen in dieser Gemeinschaft sind.

Mit dieser Perspektive soll erstens betont werden, dass der Mensch nicht als ein vereinzeltes Individuum gedacht werden kann, wie das in der philosophischen Tradition der Neuzeit oft üblich gewesen ist. Die aristotelische Sozialnatur des Menschen wird also stark in Anschlag gebracht, wogegen sich insbesondere Vertreter einer kantischen Tradition wehren. Zweitens will der Kommunitarismus die Vielfalt normativer Argumente und Traditionen betonen. Weil Menschen immer Teil einer bestimmten Gemeinschaft sind, sind deren moralische Vorstellungen auch immer an diese Gemeinschaft rückgebunden, vor allem auch, wenn es um die Begründung von Normen geht.

Gleichzeitig implizieren die Kommunitaristen gegenüber den Kulturrelativisten allerdings auch ein universales Element. Autoren wie Michael Walzer verweisen darauf, dass Menschen aus verschiedenen Kulturen im transkulturellen Raum eine wechselseitige Annäherung vollziehen. Daraus entsteht eine neue globale Gemeinschaft, in der sich ebenfalls gemeinsame Handlungsnormen herausbilden. Diese neue globale Moral ist so etwas wie ein gemeinsamer Nenner zwischen den beteiligten Gemeinschaften. Dieser kleinste gemeinsame Nenner mag zwar klein und brüchig sein. Trotzdem zeigt gerade die Globalisierung, dass in transnationalen oder transkulturellen Räumen genau solche Moralvorstellungen eine wichtige Rolle spielen. Weil Menschen sich immer häufiger nicht nur als Teil einzelner Kulturen, sondern als Weltbürger erfahren, bilden sie auch eine zwar schwache, aber doch globale und universale Moral heraus. Von dieser aus wird zumindest ansatzweise eine wechselseitige Kritik der normativen Traditionen der einzelnen Gesellschaften oder Kulturen möglich.

Ein Beispiel hierfür ist der Diskurs über Menschenrechte unter dem Dach der Vereinten Nationen. Auch wenn immer wieder betont wird, dass Menschenrechte aus der westlichen Tradition herausgewachsen sind, dienen sie heute doch vielen Menschen weltweit als universaler Maßstab, mit dem eine Kritik anderer Kulturen möglich ist. Eine solche ethische Einsicht ist gut anschlussfähig an das Verständnis der Globalisierung als Netzwerk.

Der Vorteil dieser Position liegt darin, die intuitiv schwer zugängliche Idee der vollkommenen Geschlossenheit von Kulturen aufzubrechen. Das Problem liegt allerdings darin, dass oft nicht klar ist, was zur universalen Position zu rechnen ist, wie diese entsteht oder wie sie begründet werden kann. Teilweise wird nur beschrieben, dass an einigen Stellen diese universale Moral entsteht, aber es bleibt unklar, welche Argumente für sie sprechen und wie weit sie überhaupt reicht.

Zu (3.1): Der Utilitarist: Der erste universalistisch argumentierende Typ einer Ethik der Globalisierung ist der utilitaristische Ansatz. Auch dieser hat eine lange Tradition in der Philosophiegeschichte, Jeremy Bentham (1748–1832) oder John Stuart Mill (1806–1873) sind seine bekanntesten Vertreter. Der Utilitarismus geht vom Nutzen oder Glück des einzelnen Menschen aus. Zielpunkt der Argumentation ist eine größtmögliche Maximierung dieses individuellen Nutzens. Es wird also ein Nutzenkalkül entwickelt, mit dem die einzelnen Handlungen dahingehend abgewogen werden, welche den größtmöglichen Nutzen hervorbringen kann. Aus ethischer Perspektive sind dann die Handlungen zu bevorzugen, die den Nutzen über einen bestimmten Zeitraum hinweg maximieren. Bentham formulierte paradigmatisch dieses utilitaristische Ziel: Es ist das ethisch gerechtfertigte Ziel, „das größte Glück der größten Zahl“ zu verwirklichen. Bei aller Unterschiedlichkeit der verschiedenen Varianten dieser utilitaristischen Argumentation geht es grundsätzlich immer darum, die Folgen menschlichen Handelns oder gesellschaftlicher Regeln hinsichtlich ihres Nutzens abzuschätzen.

Man sieht schnell, dass diese utilitaristische Position über den Kulturrelativismus hinausgeht. Denn sie impliziert die Annahme, dass Menschen ein universales Kriterium zur Beurteilung von Handlungen auf globaler Ebene haben, und zwar die Maximierung des Nutzens. Dieses Kriterium kann über alle Gesellschaften hinweg angewendet und Handlungen können danach beurteilt werden. Auch wenn der Utilitarist nicht zu inhaltlichen Normen kommt, so gibt er doch ein formales Kriterium an: den Nutzen. Dieses Kriterium ist auf alle Fälle ethischen Nachdenkens anwendbar. Damit eröffnet der Utilitarist eine universale Perspektive.

Eine solche ethische Argumentation ist leicht an die ökonomische Logik anschließbar, denn auch die Ökonomie zielt letztlich auf eine Maximierung des Nutzens der jeweiligen Wirtschaftssubjekte. Gerade in der Diskussion über die Globalisierung (verstanden als weltwirtschaftlicher Prozess) spielen deshalb utilitaristische Argumente eine wichtige Rolle. Es wird argumentiert, dass eine Ausweitung des globalen Handels mit Gütern oder Finanzen den Nutzen aller Menschen weltweit fördere. Genau aus diesem Grund sei deshalb auch eine Liberalisierung des Welthandels ethisch rechtfertigbar. Ja noch mehr: Die Liberalisierung sei gefordert, weil damit der größtmögliche Nutzen für die Weltgemeinschaft entstehe.

Die utilitaristische Position bringt allerdings einige Schwierigkeiten mit sich. Erstens ist nicht klar, ob man sich auf einer globalen Ebene überhaupt auf die Bestimmung des Nutzens einigen kann. Würde man Vertreter verschiedener Kulturen fragen, was für sie Nutzen oder Glück bedeutet, so würde man wahrscheinlich zu sehr unterschiedlichen Antworten gelangen. Der Utilitarist ist deshalb immer mit dem Problem konfrontiert, zu begründen, was unter Nutzen zu verstehen ist. In den meisten utilitaristischen Ansätzen wird auf einen konsumorientierten Begriff zurückgegriffen und damit Nutzen letztlich monetär verstanden. Deshalb achten Globalisierungstheorien, die sich für eine utilitaristische Ethik entscheiden, oftmals auf die ökonomischen Aspekte globaler Prozesse, weil diese mit einem monetären Nutzenkonzept erklärt werden können, womit sich ein weiteres Mal die Bedeutung normativer Vorentscheidungen hinsichtlich der Beschreibung von Globalisierung zeigt. Gegenüber dem Utilitaristen würde außerdem der Kulturrelativist einwenden, dass ein monetäres Nutzenverständnis an das westliche Zivilisationsmodell gebunden ist. Eine solche Verallgemeinerung des Nutzenverständnisses stößt aus dieser Sicht schnell an Grenzen.

Der zweite Nachteil besteht darin, dass der Nutzen auf globaler Ebene meist als der Nutzen einer Gruppe (bzw. der Weltgemeinschaft insgesamt), das heißt als eine zusammengefasste Größe verstanden wird. Der Utilitarist tut sich schwer danach zu fragen, für wen denn die Maximierung des Nutzens einen Vorteil bringt. Wenn sich die Situation der gesamten Weltgemeinschaft insgesamt nicht verschlechtert, die Nutzensteigerung aber vor allem den Menschen in den Industrienationen zugute kommt, erscheint das utilitaristische Kriterium beispielsweise aus der Perspektive Afrikas alles andere als ethisch einleuchtend. Verteilungsfragen innerhalb einer Gesellschaft bzw. der Weltgemeinschaft kommen für den Utilitaristen also kaum in den Blick, was problematisch ist.

Zu (3.2): Der Liberale. Die liberale Form des Universalismus steht in der Tradition Kants. Der Mensch als freies und vernünftiges Wesen ist das Zentrum dieser Überlegungen. Die liberalen Ethiker behaupten, dass es gute Gründe gibt, vom einzelnen Menschen ausgehend für universale Handlungsmaßstäbe zu argumentieren.

So hatte bereits Kant betont, dass der mit Vernunft und Wille ausgestattete Mensch, das universale Handlungsprinzip aus sich selbst heraus einsehen kann. Der kategorische Imperativ ist die Schlussfolgerung dieser Überlegung: „Handle nur nach derjenigen Maxime, durch die du zugleich wollen kannst, dass sie ein allgemeines Gesetz werde." Damit wird ein universales Kriterium zur Grundlage ethischen Nachdenkens. Wichtig dabei ist, dass gegenüber den theologisch abgesicherten Ethiken des Mittelalters, keinerlei inhaltliche Normen vorgegeben werden. Auch der kategorische Imperativ ist lediglich ein formales Prinzip; als solches aber ist es ein universales.

Viele praktische Philosophen haben im 20. Jahrhundert diese kantische Idee aufgenommen und neu ausbuchstabiert. John Rawls hat in seiner Theorie der Gerechtigkeit begründet, dass sich vernunftbegabte Menschen in einem fiktiven Urzustand für formale Gerechtigkeitsgrundsätze entscheiden würden. Gewissermaßen aus rationalem Eigeninteresse würden die Menschen in diesem Urzustand für größtmögliche Freiheiten und Chancengleichheit als politische Prinzipien votieren.

Solche liberalen Ethiken betonen gegenüber den Kulturrelativisten und auch den Kommunitaristen, dass ethisches Nachdenken primär beim einzelnen Mensch ansetzt. Dieser ist mit Vernunft ausgestattet, und letztlich erst in zweiter Hinsicht Teil einer Normengemeinschaft. In globaler Perspektive können Menschen deshalb auch zu gemeinsamen normativen Handlungsmaßstäben gelangen, weil Menschen überall auf der Welt vernünftig sind. Egal mit welcher Begründungsfigur (hierfür gibt es auch in dem Feld der liberalen Ethiken eine große Vielzahl) wird argumentiert, dass es letztlich keine vernünftigen Argumente gegen verallgemeinerbare Spielregeln des Zusammenlebens gibt, die gleichzeitig jedem Menschen einen größtmöglichen Handlungsspielraum eröffnen.

In politischer Perspektive wird dann danach gefragt, welche Regeln grundlegende Freiheiten einschränken oder mit welchen Institutionen soziale Gerechtigkeit am Besten realisiert werden kann. Gegenüber dem Utilitaristen wird betont, dass es nicht nur um die Maximierung des Nutzens geht, sondern um allgemeine Spielregeln, die sich in Rechten niederschlagen. In den Beschreibungen von Globalisierung finden sich liberale Ethikansätze oft in zwei Richtungen: Entweder sie achten vor allem auf den Staat oder staatsähnliche Politikformen, weil mit diesen am besten Gerechtigkeit durch Recht hergestellt werden kann. Oder aber sie betonen das soziale Moment des Menschen und denken dann stärker in Netzwerken und formalen politischen Verfahren zur kooperativen Lösung globaler Probleme.

Ein wichtiger Vorteil dieser liberalen Ethikansätze ist, dass sie weitgehend Wertaussagen vermeiden. Dass, was Menschen in ihrem privaten Lebensraum tun, bleibt dem ethischen Urteil letztlich entzogen. Liberale Ethiken sind damit Ausdruck eines modernen Pluralismusverständnisses. Mittels gerechtigkeitstheoretischer Überlegungen wird nach verallgemeinerbaren (aber meist sehr formalen) Prinzipien zur politischen Gestaltung weltgesellschaftlicher Strukturen gefragt.

Problematisch an diesem Ansatz ist, dass er letztlich auf zwei Stützpfeilern westlichen Denkens aufbaut: Dem Individuum und einem bestimmten einheitlichen Verständnis von Rationalität. Von Vertretern anderer Kulturen wird genau dies moniert. Andere kulturelle Traditionen – so das Argument der interkulturellen Philosophie – bauen weder auf einem atomistisch gedeuteten Individuum auf noch kennen sie einen so starken Vernunftbegriff. Das Verhältnis der Gestaltung der Institutionen zu den kulturellen Prägungen der einzelnen Gemeinschaften werde außerdem zu wenig beachtet.

Eine Philosophie der Globalisierung wird nicht nur auf einem dieser Ethikansätze alleine aufbauen können. Die kritischen Anmerkungen zeigen, dass jeder dieser Zugänge Vor- und Nachteile hat. Die Nachteile einer kulturrelativistischen und utilitaristischen Konzeption sind allerdings so groß, dass diese beiden weniger dafür in Frage kommen.

Für die vorliegende Ethik der Globalisierung wird daher eine Mischform aus liberaler und kommunitaristischer Position vorgeschlagen. Auch wenn diese beiden oftmals als idealtypische Gegensätze konstruiert wurden, zeigt sich gerade im Kontext der Globalisierung, dass sie sich im Grunde wechselseitig ergänzen können. Mit der kommunitaristischen Perspektive kann betont werden, dass Unterschiede in einer globalisierten Welt bei der Suche nach einer globalen Moral immer zu achten sind. Die Verankerung in moralischen Traditionen empfinden weltweit Menschen als wichtig. Noch mehr: Sie sind ein zentraler Bestandteil der Identität der Menschen und auch wichtig für die Motivation der Weltbürger zur Beteiligung an weltpolitischen Prozessen. Gleichzeitig fordert die Globalisierung aber auch zur Suche nach einer überzeugenden Begründung für eine allgemein gültige Moral heraus. Menschen leben nicht nur in abgeschlossenen Gemeinschaften, sondern können aufgrund unterschiedlicher Erfahrungen (beispielsweise ihrer Sprachfähigkeit) nach übergreifenden Normen fragen und diese auch anerkennen. Die liberale Form ethischen Nachdenkens kann – wenn die beiden Voraussetzungen der Individualität und Rationalität abgeschwächt werden – eine überzeugende Strategie bei der Suche nach allgemein gültigen moralischen Spielregeln für das Zusammenleben in der Kosmopolis sein.

Globale Dimensionen von Gerechtigkeit

Das Nachdenken über ethische Fragen hat mit der *Theorie der Gerechtigkeit* von John Rawls 1971 einen enormen Schub erhalten. Sicherlich auch deswegen ist die Frage nach der Gerechtigkeit bis heute ein Dreh- und Angelpunkt der ethischen Debatte. Egal ob von liberaler oder kommunitaristischer Seite – es taucht immer wieder an zentraler Stelle die Frage auf, inwieweit Gerechtigkeit der Maßstab für die Beurteilung globalen Handelns sein kann bzw. sein soll. Inwieweit Gerechtigkeit dabei einen universalen Anspruch erheben kann und welche Rolle kulturelle Prägungen von Gerechtigkeit spielen – darüber besteht freilich nicht immer Einigkeit unter den Philosophen.

Es erscheint für eine Ethik der Globalisierung sinnvoll und wichtig, dieser in der praktischen Philosophie zentralen Frage nach Gerechtigkeit eigens nachzugehen. Ziel ist es, die verschiedenen Facetten von Gerechtigkeit in der aktuellen Diskussion herauszuarbeiten und danach zu fragen, welche für eine Ethik der Globalisierung besondere Bedeutung haben. Wurden im vorangehenden Kapitel wichtige ethische Argumentationsfiguren mehr aus einer deskriptiven Sicht vorgestellt, so soll nun am Beispiel der Gerechtigkeit die Frage nach einer normativen Grundlage für eine Ethik der Globalisierung diskutiert werden.

Das Nachdenken über Gerechtigkeit basiert letztlich auf der alltäglichen Erfahrung, dass Menschen oder Gruppen nicht immer die gleichen Ziele verfolgen. Ihre Ziele sind oftmals auch nicht einfach harmonisierbar, da es unweigerlich auch um konkurrierende Ansprüche und Interessen geht. Da nicht alle Ansprüche zugleich und in vollem Umfang befriedigt werden können, braucht es ethische Leitbilder, die im Konfliktfall eine angemessene Verteilung von Interessen oder Ansprüchen ermöglichen. Gerechtigkeit ist im gegenwärtigen philosophischen Diskurs das Leitbild schlechthin, das eine Orientierung für einen solchen Ausgleich bereitstellen will.

Menschen bilden auf globaler Ebene eine Weltgemeinschaft. Auch wenn manche Philosophen diese Einsicht deutlicher machen als andere, so scheint dies eine erste zentrale Annahme in allen Ansätzen zu sein, die sich mit Globalisierung beschäftigen. Aus ethischer Sicht ist eine erste wichtige Facette von Gerechtigkeit deshalb die Forderung, dass alle Menschen dieser Gemeinschaft eine Chance zum Überleben bekommen. Globale Gerechtigkeit bezieht sich dann vor allem darauf, dass möglichst das Überleben aller Menschen gesichert wird. Damit stehen die Grundbedürfnisse der Menschen im Zentrum der Frage nach Gerechtigkeit. Das Prinzip der Bedarfsgerechtigkeit besagt, dass die globale Gemeinschaft sich dann als gerecht erweist, wenn sie das Überleben aller ihrer Mitglieder zu sichern versucht. Aus diesem Prinzip der Bedarfsgerechtigkeit heraus ergibt sich die Forderung, dass Folgen der Globalisierung insbesondere dort zu problematisieren sind, wo sie das Überleben der Menschen im Sinne einer Versorgung mit überlebensnotwendigen Grundgütern gefährden. Nach diesem Prinzip hat die Befriedigung fundamentaler menschlicher Bedürfnisse stets höchste Priorität.

Zu klären ist dabei freilich im Einzelnen, was zu den menschlichen Grundbedürfnissen zu zählen ist. Mit Blick auf die Vielfalt menschlichen Lebens ist es denkbar, dass Bedarfsgerechtigkeit in verschiedenen Kulturen unterschiedlich gefasst wird. Fest dürfte jedenfalls stehen, dass Grundbedürfnisse sich nicht nur auf das nackte Überleben beziehen, sondern sie entsprechend eines umfassenden Verständnisses von Menschsein weiter zu fassen sind.

Sowohl innerhalb eines Landes als auch auf globaler Ebene spielt daneben das Prinzip der Chancengerechtigkeit eine wichtige Rolle. In den allermeisten Ethikansätzen wird betont, dass eine gerechte Gesellschaft möglichst vielen Menschen die Chance einräumen sollte, sich an politischen Prozessen zu beteiligen und Zugang zu ökonomischen Austauschvorgängen zu erhalten. Dabei geht es also um eine möglichst faire Gestaltung der Chancenverteilung innerhalb einer Gesellschaft bzw. der Weltgesellschaft als Ganzer. Politische Beteiligungsrechte, Rechtssicherheit oder Zugang zu Bildung, Gesundheitsversorgung und sozialen Sicherungssystemen sind Aspekte einer solchen Chancengerechtigkeit.

Es ist offensichtlich, dass zuerst die jeweilige Gemeinschaft bzw. der Staat diejenigen sind, die diese Rechte sichern sollten. Allerdings spielt Chancengerechtigkeit nicht nur auf dieser Ebene eine Rolle. Wenn von politischer Beteiligung auf globaler Ebene die Rede ist, weltpolitische Institutionen aber so strukturiert sind, dass vor allem einige wenige mächtige

Länder die Entscheidungen dominieren, dann bieten sich den anderen Ländern grundsätzlich weniger Chancen zu einer aktiven Beteiligung. Gleiches gilt auch für die Chancen, sich aktiv an weltwirtschaftlichen Ausgangsprozessen zu beteiligen. Chancengerechtigkeit bezieht sich als normative Forderung also auch auf die globale Ebene. Dieses ethische Argument spricht auch dagegen, auf der Beschreibungsebene zu stark auf den Staat zu schauen und die staatsübergreifende Ebene zu vernachlässigen.

Dieser Gedanke leitet über zu einer weiteren Facette globaler Gerechtigkeit, nämlich der Verfahrensgerechtigkeit. Gerechtigkeit zeichnet sich in globaler Hinsicht dadurch aus, dass politische Institutionen und Verfahren entwickelt werden, an denen möglichst alle Betroffenen gleichermaßen beteiligt werden. Die Gerechtigkeit von Ordnungsstrukturen hängt in hohem Maße davon ab, wie politische Rahmenbedingungen zustande kommen und wer entscheidet, welche Regeln zu welchem Zeitpunkt gelten bzw. außer Kraft gesetzt werden. Deshalb kommt dem Prinzip der Verfahrensgerechtigkeit, das beispielsweise in der Systemtheorie zu schwach veranschlagt wird, entscheidende Bedeutung zu.

Bei weltpolitischen Entscheidungen wird heute noch immer zu wenig auf die Mitsprache armer Länder geachtet, die oft weniger Möglichkeiten besitzen, ihre Ansichten in den politischen Prozess einzubringen. Sowohl in personeller als auch finanzieller Hinsicht stehen ihnen meist deutlich weniger Ressourcen zur Beteiligung an internationalen Verfahren zur Verfügung. Solche Defizite sind aus Gründen globaler Verfahrensgerechtigkeit als negativ zu bewerten und möglichst zu beheben.

Ein anderer Aspekt der Verfahrensgerechtigkeit betrifft den Bereich des globalen Handels. Gerechtigkeit im Welthandel bedeutet, dass ein gerechter Tausch zwischen allen Marktteilnehmern ermöglicht wird. Gerade schwächere Marktteilnehmer sind darauf angewiesen, dass sie gemäß ihrer Leistung an den gesamtwirtschaftlichen Wohlfahrtseffekten teilhaben. Die weltwirtschaftlichen Rahmenbedingungen sollten darum einen gerechten wirtschaftlichen Austausch garantieren. Bei der Achtung des Prinzips der Tauschgerechtigkeit geht es beispielsweise darum, dass reiche Länder nicht auf der einen Seite Forderungen nach weitreichenden Handelsliberalisierungen stellen (beispielsweise im Bereich des Handels mit Dienstleistungen), auf der anderen Seite für sie sensible Bereiche wie den Handel mit Agrargütern aber weiterhin massiv schützen.

Damit sind die zentralen Aspekte globaler Gerechtigkeit skizziert. Blickt man auf die Ausgangsbeschreibung von Globalisierung, ist natürlich schnell klar, dass damit noch lange nicht für alle globalen Interessenskonflikte Gerechtigkeitsprinzipien entwickelt sind. Die Globalisierung bringt offensichtlich noch viele weitere Herausforderungen mit sich. Der Umgang mit kolonialer Vergangenheit und den damit verbundenen Machtasymmetrien zwischen Nord und Süd, die Feminisierung der Migration oder auch die aktuellen Diskussionen um die Bewältigung der Klimafolgen sind Beispiele hierfür. Sie zeigen deutlich, dass die genannten Facetten von Gerechtigkeit nur ein Grundraster bieten, das jeweils neu auszubuchstabieren ist.

Einige solcher Weiterentwicklungen von Gerechtigkeit seien hier kurz genannt. Gerechtigkeit bezieht sich in vielen Ansätzen zuerst auf die gegenwärtige weltgesellschaftliche Situation. Gerechtigkeit ist allerdings nichts rein Statisches, sondern hat immer auch eine zeitliche Dimension, nicht zuletzt, weil bereits in der jeweils aktuellen Situation mehrere Generationen miteinander leben. Deshalb ist also die Solidargemeinschaft zeitlich auszuweiten. Intergenerationelle Gerechtigkeit ist dabei sowohl in einer Rückperspektive auf die Vergangenheit als auch in einer Vorwärtsperspektive auf die Zukunft hin bezogen.

Aus dem Prinzip der intergenerationellen Gerechtigkeit kann beispielsweise geschlussfolgert werden, dass heute bestimmte politische Maßnahmen zu ergreifen sind (Klimaschutz), um zukünftigen Generationen bestmögliche Überlebens- und Gestaltungschancen zu hinterlassen. Das Prinzip der Umweltgerechtigkeit flankiert diese Überlegung. Die Lasten von Umweltveränderungen treten nämlich aufgrund der Vernetzungen des globalen Ökosystems nicht notwendig dort auf, wo sie verursacht wurden. Das Prinzip der Umweltgerechtigkeit besagt, dass die faktisch in einer Region auftretenden negativen Auswirkungen von Umwelteinflüssen mit den verursachenden Faktoren in ein Verhältnis zu setzen sind und eine möglichst gerechte Verteilung der Lasten anzuvisieren ist. Aus Überlegungen der Umweltgerechtigkeit heraus erscheint es daher ethisch problematisch, dass die Folgen des Klimawandels vor allem von den Ländern des Nordens verursacht werden, aber deutlich häufiger in den Ländern des Südens ihre Wirkung zeigen.

Oftmals mehrfach benachteiligt sind Frauen, nämlich als Arme, als Frauen und manchmal noch als Angehörige ethnischer oder religiöser Minderheiten. Sie haben nicht nur weniger Zugang zu wirtschaftlichen Ressourcen, zu Bildung oder Einrichtungen des Rechtsstaats, sondern sind vielfach selbst von Entscheidungsprozessen ausgeschlossen. Entsprechend dem Prinzip der Geschlechtergerechtigkeit ist einer solchen Ungleichverteilung zwischen den Geschlechtern entgegenzuwirken. Auch dieses Prinzip richtet sich in erster Linie an die jeweiligen Gemeinschaften bzw. Staaten. Da sich die Benachteiligung von Frauen aber auch immer stärker als ein globales Problem zeigt, ist Geschlechtergerechtigkeit auch eine wichtige Facette einer Ethik der Globalisierung.

In den vergangenen Jahren haben Forschungen beispielsweise herausgefunden, dass Frauen mehr migrieren als Männer, und dies teils schwer bewältigbare Folgen für Frauen mit sich bringt. Aufgrund des Gleichheitsgrundsatzes zwischen den Geschlechtern und dem daraus abgeleiteten Prinzip der Geschlechtergerechtigkeit zeigt sich die ungleiche Betroffenheit der Geschlechter von solch globalen Problemen als ethisch äußerst relevantes Problem.

Die genannten Aspekte sind Facetten des grundlegenden Prinzips der Gerechtigkeit, gleichwohl diese Liste entsprechend der vielfältigen globalen Probleme sicherlich noch weiter zu präzisieren ist. Verschiedene Ethikansätze setzen dabei natürlich unterschiedliche Schwerpunkte. Liberale Ansätze machen den universalen Aspekt von Gerechtigkeit stark, wohingegen Kommunitaristen vor allem die Bedeutung einzelner kultureller Traditionen des Nachdenkens über Gerechtigkeit betonen. Entsprechend der oben skizzierten Verschränkung der beiden Argumentationen ist auch beim Nachdenken über Gerechtigkeit eine Berücksichtigung beider Perspektiven auf die einzelnen Teilprinzipien wichtig.

Dem Prinzip der Bedarfsgerechtigkeit kommt dabei eine grundlegende Bedeutung zu, weil damit die grundlegendste Form des Überlebens der Menschen anvisiert wird. Chancen- und Verfahrensgerechtigkeit verstehen sich auf gleich geordneter Ebene als Präzisierung. Insbesondere der Verfahrensgerechtigkeit erscheint hinsichtlich des Aufbaus weltpolitischer Strukturen besondere Bedeutung zuzukommen, weil an dieser Stelle noch ein erheblicher Nachholbedarf besteht. Gerechtigkeit als anvisiertes Ziel ist weder technisch planbar noch jemals vollständig herstellbar. Dies ist eine Grundspannung, die jeder ethischen Argumentation zu Grunde liegt. Gerechtigkeit ist deshalb für Derrida eine Erfahrung der Unmöglichkeit, die dennoch gerade in dieser Form eine orientierende und motivierende Funktion für die Weltgesellschaft hat.

Institutionen- und tugendethische Brille

Eine wichtige Frage der Ethik ist seit jeher, ob das Verhalten des einzelnen Menschen oder die institutionelle Gestaltung der Gesellschaft als Ganzes wichtiger ist. Übersetzt für das Nachdenken über eine Ethik der Globalisierung könnte man diese Diskussion wie folgt fassen: Richten sich die aufgezeigten Maßstäbe der Gerechtigkeit in erster Linie an den einzelnen Menschen, an den Weltbürger, oder sind sie vielmehr Handlungsregeln zur politischen Gestaltung globaler Institutionen und Verfahren? Auch diese Fragen spiegeln sich wiederum in den unterschiedlichen Beschreibungen von Globalisierung wider: Wird eher auf den Weltbürger und seine Möglichkeiten zur Gestaltung globaler Prozesse geachtet (tugendethische Brille) oder werden politische Institutionen zur Realisierung globaler Gerechtigkeit betont (institutionenethische Brille)?

Will eine Ethik der Globalisierung überzeugen, so scheinen beide Pole gleichermaßen zentral. So wie nämlich der Mensch als Einzelner handelt, ist er gleichzeitig immer auch Teil der Weltgemeinschaft und deshalb betroffen von den Folgen globaler Institutionen. Beide Aspekte gehören zusammen und können nicht voneinander getrennt werden.

Eine Welt, die sich intensiv um den Aufbau gerechter Institutionen bemüht, in der die Menschen selbst aber keinerlei Vorstellungen darüber entwickeln, wie sie auf der individuellen Ebene Gerechtigkeit umsetzen wollen, wird schnell an ihre Grenzen stoßen. Institutionen leben davon, dass Menschen sie in ihrem Alltag mit Leben füllen und gegebenenfalls auch die blinden Flecken von Institutionen durch eigenverantwortliches Handeln korrigieren. Auf der anderen Seite wird eine Welt, die komplex ist und sich schnell verändert, nicht alleine auf das Verhalten der einzelnen Weltbürger setzen können. Gutes Handeln auf der individuellen Ebene gleicht nicht notwendig strukturelle Defizite aus. Die Frage nach gerechten Institutionen ist deshalb genauso notwendiger Bestandteil einer Ethik der Globalisierung.

Im aktuellen Diskurs über globale Gerechtigkeit wird allerdings vor allem über eine gerechte Gestaltung globaler Institutionen nachgedacht. Wie kann nun die individualethische Seite der Medaille dabei stark gemacht und in dieses Nachdenken über globale Gerechtigkeit integriert werden? Ein Blick zurück auf Aristoteles und sein Verständnis der Polis als Zusammenschluss aktiver Bürger ist dabei hilfreich. Denn bei ihm zeigt sich die Betonung des Individuums bei der Frage nach Gerechtigkeit ganz besonders deutlich.

Festgemacht wird dies an der Frage nach der Tugendhaftigkeit des Menschen. Die Tugend ist die durch Einsicht gewonnene Bereitschaft, gesellschaftlich Verantwortung zu übernehmen und gegebenenfalls von den Eigeninteressen Abstand zu nehmen. Ein tugendhaftes Leben ist für die antike Philosophie ein wichtiger Schritt auf dem Weg zu einem gelungenen Leben. Tugenden sollen dem Menschen helfen, sein Leben sich selbst treu und der Gemeinschaft gemäß zu führen. Gleichzeitig helfen diese Tugenden in den Fällen, in denen institutionelle Regelungen notwendig an ihre Grenzen stoßen. Denn Institutionen sind immer vorläufig und haben nur begrenzte Möglichkeiten zur Realisierung universaler Normen.

In der *Nikomachischen Ethik* spricht Aristoteles selbst über solche Grenzen von Institutionen und darüber wie die daraus entstehenden Probleme durch den tugendhaft handelnden Menschen ausgeglichen werden können.

Recht als Realisierung von Gerechtigkeit weist seiner Meinung nach immer schon Lücken auf und ist deshalb immer durch den einzelnen Menschen zu ergänzen.

Wenn die Annahme zutrifft, dass globale Strukturen eine hohe Eigendynamik aufweisen und sehr komplex sind, dann ist offensichtlich, dass besonders globale Institutionen diesem Problem nur bedingt gerecht werden. An den Stellen, an denen Institutionen bei der politischen Gestaltung an ihre Grenzen stoßen, ist deshalb der einzelne Weltbürger aufgefordert, sich auf der individuellen Ebene aktiv in den politischen Prozess einzubringen. Die Tugenden erweisen sich als komplementäre Seite zur Gestaltung von Institutionen.

Otfried Höffe spricht in Anlehnung an dieses antike Tugendverständnis sogar von Weltbürgertugenden. Es geht ihm um eine moralische Begründung von Bürgertugenden, die eine hilfreiche Unterstützung bei der Realisierung allgemeiner Gerechtigkeitsprinzipien bieten. Er nennt vor allem die vier Tugenden des Rechts-, Gerechtigkeits-, Bürger- und Gemeinsinns, die auf der globalen Ebene wichtig sind. Höffe schränkt zwar ein, dass derartige Welttugenden sicherlich nicht genauso stark ausgebildet sein können wie auf der Ebene der einzelnen Gesellschaften. Dennoch sind sie für die zukünftige Gestaltung globaler Dynamik ein sinnvolles und notwendiges Element der politischen Beteiligung auf der Ebene der Weltbürger. Globale Strukturmaßnahmen werden letztlich nur erfolgreich sein, wenn die Weltbürger diese nicht nur passiv hinnehmen, sondern aktiv mit gestalten. Die Idee einer globalen Zivilgesellschaft setzt genau an dieser Stelle an.

Im Sinn einer umfassenden Perspektive kann also mit Aristoteles darauf aufmerksam gemacht werden, dass Institutionenethik immer auf einer grundlegenden Ebene mit Individualethik verbunden ist. Beides gehört ursprünglich zusammen, denn die Gestaltung weltgesellschaftlicher Strukturen ist nicht nur eine Aufgabe von Institutionen, sondern baut letztlich auf dem Verhalten der einzelnen Menschen auf. Soll globale Dynamik nach bestimmten Normen gestaltet werden, sind auch die einzelnen Teile der Gesellschaft – in diesem Falle die Weltbürger – angehalten, die Gestaltung mit zutragen und sich dementsprechend zu verhalten. Dabei geht es nicht nur in einem reglementierenden Sinn um eine Beschränkung von bestimmtem Verhalten, sondern in einem positiven Sinn um die inhaltliche Füllung des eröffneten Handlungsspielraumes.

Fazit: Zwischen Universalismus und Partikularismus

Ergebnis der Frage nach einer überzeugenden Beschreibung von Globalisierung war, dass die Weltgesellschaft als ein komplexes und dynamisches Geflecht von Beziehungen und Interaktionen verstanden werden muss. In dieses Relationengeflecht sind unterschiedlichste Akteure, Gruppen und Institutionen eingebunden. Menschen sind Teil dieser Prozesse und damit Teil der Weltgemeinschaft. Auf verschiedenen Ebenen wird dies positiv wie negativ immer mehr erfahrbar. Menschen sind Teil einer Schicksalsgemeinschaft und suchen nach Möglichkeiten gemeinsamen Handelns.

Gleichzeitig macht die Globalisierung auch das Gegenteil erfahrbar. Je mehr Menschen erleben, dass sie Teil der Weltgemeinschaft sind, desto wichtiger wird ihnen oftmals der kulturelle Bezug zu der Gruppe, aus der sie herausgewachsen sind. Die Gemeinschaft, in der Menschen mit ihrer Sprache, Geschichte, Kultur und auch mit ihren moralischen Vorstellungen leben, ist der Bezugspunkt, den viele Menschen weltweit als enorm wichtig einstufen.

Eine Ethik der Globalisierung sollte beide Erfahrungswelten ernst nehmen. Auf der einen Seite erweist sich aus ethischer Sicht die Annahme universaler Normen auf globaler Ebene als überaus überzeugend. Menschen sind Teil einer globalen Gemeinschaft und erkennen bereits auf der deskriptiven Ebene, dass sie eine gemeinsame globale Moral teilen. Als Teil der Weltgesellschaft ist dies für alle Weltbürger heute erfahrbar. Hinsichtlich der Begründung dieser universalistischen Ethik ist es allerdings wichtig, sie möglichst offen zu halten gegenüber der Vielfalt kultureller Traditionen. Deshalb ist auch ein ausschließlicher Ausgang vom Individuum in der philosophischen Argumentation oder eine zu starke Betonung eines bestimmten Rationalitätsverständnisses zu vermeiden, weil beide Vorstellungen Kernannahmen der westlichen Kultur- und Philosophiegeschichte sind.

Eine Ethik der Globalisierung sollte daher für einen ethischen Universalismus argumentieren, der Normen als universal rechtfertigbar ansieht, denen Menschen in einem interkulturellen Diskurs unter Berücksichtigung ihrer eigenen Traditionen zustimmen können. Eine utilitaristische Ausrichtung am Nutzenkriterium kann diese Vermittlung zwischen universaler Moral und kulturellen Unterschieden genauso wenig leisten wie der Kulturrelativist. Sowohl kommunitaristische als auch liberale Ethiken sind an dieser Stelle deutlich überzeugender.

Ein so verstandener ethischer Universalismus ist herausgefordert zu beachten, dass globale Dynamik immer durch verschiedene Akteure und Systeme gekennzeichnet ist. Diese Unterschiede und Werthorizonte sind auch in einer normativen Perspektive als wesentlicher Bestandteil globaler Dynamik zu interpretieren. In den kulturell bedingten Werthorizonten und Lebensformen findet die universale Argumentation letztlich ihre lokale Verankerung. Einheit (universale Moral) und Differenz (Vielfalt normativer Traditionen) stehen in einem unauflösbaren wechselseitigen Verhältnis zueinander – dies ist ein zentrales Merkmal der Ethik der Globalisierung. In dieser Sichtweise zeigt sich eine Ethik der Globalisierung als ein weicher Kosmopolitismus, wie Nida-Rümelin ihn folgendermaßen formuliert: „Auch wenn Normativität ohne universellen Geltungsanspruch nicht zu haben ist, so sind die normativen Begründungen in den Partikularitäten der Lebensformen und der Kulturen verankert“ (Nida-Rümelin 2006, 236).

Wenn der Kosmopolitismus Unterschiede nicht anerkennt, steht er in der Gefahr, gewalttätige Konflikte auf globaler Ebene zu fördern, denn Menschen wollen genau mit diesen ihren Traditionen ernst genommen werden – seien es Brasilianer, Inder oder Schweizer. Damit würde letztlich das universalistische Projekt selbst in Gefahr gebracht werden. Wenn andererseits aber die Welt in einzelne Teile zerfällt, die sich kaum verstehen oder geschweige denn auf gemeinsame ethische Maßstäbe einigen können, so widerspricht dies genauso der Grunderfahrung des Menschen. Denn in allen Kulturen und genauso auf globaler Ebene suchen Menschen nach gemeinsamen ethisch begründeten Regeln, die ein gerechtes und friedliches Zusammenleben ermöglichen sollen.

Die Ethik der Globalisierung zeigt sich nun also als ein universalistischer und gleichzeitig kulturoffener Kosmopolitismus. Damit wird die Notwendigkeit einer Anerkennung von Differenzen zwischen Akteuren, Systemen und kulturellen Kontexten betont und gleichzeitig Universalismus und Partikularismus als wechselseitig verschränkt gedacht.

In dieser Perspektive ist auch das Nachdenken über Gerechtigkeit zu deuten. Gerechtigkeit bedeutet, die Beziehungen der Weltbürger so zu gestalten, dass universale Aspekte (wie die Befriedung von Grundbedürfnissen aller Menschen) genauso anvisiert werden wie die Erhaltung verschiedener kultureller Traditionen in globalen Verfahren (verschiedene Formen der Demokratie). Das Verhältnis der verschiedenen Aspekte von Gerechtigkeit ist vor dem Hintergrund dieses Spannungsfelds je neu an den konkreten politischen Fragen auszubuchstabieren. Dabei gilt, dass Gerechtigkeit als Ziel immer wieder neu anzuvisieren ist, in dem Wissen, dass eine vollständige Realisierung niemals möglich ist. Gerechtigkeit bleibt ein Leitbild.

Diese kosmopolitische Ethik der Globalisierung steht in einem offensichtlichen Zusammenhang mit dem favorisierten Modell der Beschreibung von Globalisierung als Relationengeflecht. Weltbürger erfahren sich als Teil dieses Beziehungsgeflechts und können dieses gleichzeitig niemals vollständig reflexiv einholen. Diese erkenntnistheoretische Grenze führt jedoch nicht zu einem Kulturrelativismus. Sich der Grenzen der Vernunft bewusst zu sein, impliziert vielmehr ein Bewusstsein der Zusammengehörigkeit der Menschen und gleichzeitig eine Offenheit für die Dynamik der Welt. Steigt das Bewusstsein für die Vernetztheit globaler Wirklichkeit, so wird sich auch das Humane durchsetzen – so die Hoffnung vieler Philosophen, die sich mit Globalisierung beschäftigen. Die Dialektik von Einheit und Differenz annehmen heißt nicht, in einen Partikularismus oder Relativismus zu verfallen, sondern beinhaltet einen ethischen Universalismus, der um seine eigenen Begrenzungen weiß und die Verantwortung gegenüber Andersheit und Verschiedenheit betont. Gerade in dieser Einsicht zeigt sich das universal Menschliche, das zur Handlungsorientierung für die Weltbürger werden kann.

Kapitel II und III machen zusammen deutlich, dass die Beschreibung globaler Prozesse in einer Wechselwirkung mit den Vorentscheidungen über bestimmte ethische Fragen steht. Gleiches gilt auch für die Modelle von Weltpolitik. Ethische Ansätze spannen Orientierungsrahmen auf, innerhalb derer politische Konzepte und Strategien sich bewegen. So kommen kulturrelativistische und liberale Ethikansätze sicherlich zu ganz verschiedenen Konsequenzen hinsichtlich weltpolitischer Modelle.

So wie es innerhalb der Ethik unterschiedliche Modelle gibt, für die es Pro- und Contra-Argumente gibt, so gibt es auch mehrere weltpolitische Modelle. Im Folgenden geht es um eine Analyse der wichtigsten philosophisch begründeten Modelle von Weltpolitik. Dabei soll wiederum auch nach den Verbindungen der jeweiligen weltpolitischen Konzepte zu den entsprechenden ethischen Ansätzen und Beschreibungen globaler Prozesse gefragt werden.

IV. Weltpolitische Modelle

Vom Weltstaat bis zur Hegemonie – Kants Optionen

Will man sich einen Überblick über die wichtigsten weltpolitischen Modelle verschaffen, die Philosophen vorgelegt haben, ist abermals ein Blick auf Kant hilfreich. Seine Gedanken aus der Schrift *Zum ewigen Frieden* (1795) sind bis heute gewissermaßen Klassiker der Optionen weltpolitischen Handelns.

Ausgangspunkt seiner Überlegungen ist – wie bereits im Titel der Schrift erkennbar – der Zustand des Friedens. Damit rückt der philosophisch bis dahin oft nur ungenau bestimmte Begriff des Friedens in das Zentrum der Überlegungen. Kant fragt weniger danach, wieso die Staaten auf globaler Ebene einen scheinbar anarchischen Kampf nach dem Motto ‚jeder gegen jeden' führen, sondern er fragt vielmehr nach den Bedingungen für ein friedliches Zusammenleben der Staaten. Durch seine Friedenstheorie will er sich nicht einfach mit dem internationalen Spiel der politischen bzw. militärischen Kräfte abfinden, sondern den kategorischen Imperativ als politischen Friedensimperativ umsetzen. Frieden als Idealzustand wird zur philosophisch begründeten Leitidee politischen Handelns.

Frieden herzustellen ist durch unterschiedliche politische Strategien möglich. Kant nennt die Demokratisierung der Staatenwelt als eine erste Möglichkeit. Eine globalisierte Welt, in der es nur Demokratien (Kant spricht von Republiken) geben würde, könnte eine friedliche Welt sein, so seine Überlegung. Sein Argument zielt vor allem auf die Bürger, die sich in einer Republik bewusst für einen Krieg entscheiden müssten. Da die Bürger aber weder die Leiden, die Kriege mit sich bringen, noch seine Kosten auf sich nehmen wollen, werden sie sich konsequenterweise gegen einen Krieg entscheiden. Deshalb sind republikanisch verfasste Gesellschaften Kants Einschätzungen nach friedvoller als solche, bei denen das Volk nicht an der politischen Entscheidungsfindung beteiligt ist. Weil Demokratien in der Regel freien Handel fördern und einen öffentlichen Raum zum Meinungsaustausch der Bürger etablieren, könnten in globaler Perspektive der Welthandel oder eine globale Öffentlichkeit ebenfalls eine friedensfördernde Wirkung haben.

Kant meint allerdings, dass die Demokratisierung der Staaten alleine nicht ausreicht. Denn bei der Interaktion von Staaten spielt immer auch die Bösartigkeit der Menschen eine Rolle. Um Frieden in globaler Perspektive herstellen zu können, sind deshalb zusätzliche rechtliche und politische Anstrengungen notwendig, um sich gegen diese Bösartigkeit abzusichern. Kant fordert hierzu ein Friedensgebot für die Staaten, den Abbau der Heere oder ein Nichteinmischungsgebot in nationale Angelegenheiten.

Doch Kant geht noch einen Schritt weiter. Um seine Position zu verdeutlichen, zeigt er drei weitere Modelle von Weltpolitik auf. Man könnte erstens alle Völker einer Herrschaftsmacht gewaltsam unterwerfen, zweitens ein komplexes System des wechselseitigen Machtausgleichs schaffen oder drittens einen Weltstaat gründen. Diese drei Optionen von Weltpolitik – Weltherrschaft eines Staates, internationales System unabhängiger Staaten und Weltstaat – werden bis heute diskutiert.

Kant entscheidet sich auf der Basis eines liberalen Ethikansatzes für eine Variante zwischen dem zweiten und dritten Weg und damit für das Modell eines Staatenbundes (genauer: für einen Föderalismus freier Staaten). Er begründet dies mit einer Analogie zwischen Individuum und Staat. So wie Individuen ihre Selbstständigkeit bewahren wollen und gleichzeitig das Zusammenleben dennoch gestalten müssen, so sind auch die Staaten aufgefordert, ihre Beziehungen politisch ohne Zwangsausübung zu organisieren. Als ein negatives Surrogat tritt deshalb der Staatenbund an die Stelle eines Zwangsverbundes oder eines homogenen Weltstaates. Damit können die einzelnen Völker ihre Souveränität behalten und dennoch durch die Form des Bundes weltweit Frieden durch rechtliche Mittel hergestellt werden. Die Welt wird damit einerseits nicht zu einem homogenen Ganzen gezwungen und andererseits durch die Stärkung des Rechts auf globaler Ebene den aktuellen Herausforderungen entsprochen.

Der Föderalismus freier Staaten ist für Kant also das anvisierte Ziel der Weltpolitik. Allerdings ist die Entwicklung dahin nicht in einem technischen Sinne planbar. Kant meint vielmehr, dass die Geschichte der Weltgemeinschaft gewissermaßen hinter dem Rücken des einzelnen Weltbürgers schon auf dem Weg dorthin ist. Der Staatenbund zur Sicherung des weltweiten Friedens ist eine Zukunftsvision, die bereits in der aktuellen gesellschaftlichen Realität und dem Handeln der Weltbürger angelegt ist.

Auch wenn Kants Optionen schon über 200 Jahre alt sind – sie sind bis heute noch immer wichtige Optionen auf der weltpolitischen Bühne. Ist Globalisierung faktisch als Hegemonie einzelner weniger Staaten zu deuten, wie beispielsweise der USA, Chinas oder vielleicht Europas? Oder sind die

Menschen auf dem Weg zu einem Weltstaat, in dem früher oder später Nationalstaaten nur noch als Bundesstaaten eines gemeinsamen politischen Gebildes auftauchen? Oder ist das System der Vereinten Nationen nicht genau das, was Kant anvisiert hat: Ein Föderalismus freier Staaten, in dem die Souveränität der Einzelstaaten zentraler Ausgangspunkt ist und mit Verträgen und Kooperationen ein gemeinsames globales Dach gebaut wird? Entsprechend der skizzierten Beschreibung von Globalisierung soll nun diesen verschiedenen Modellen von Weltpolitik im Einzelnen nachgegangen werden.

Politischer Realismus: Kampf der Staaten

Ausgangspunkt des Philosophen Hobbes im 17. Jahrhundert ist die Annahme, dass der Mensch im Grunde ein Egoist ist. Weil jeder nur sein eigenes Interesse verfolge, herrsche im Naturzustand der Krieg aller gegen alle. Da alle Menschen aber auch einen Wunsch nach Sicherheit und Selbsterhaltung haben, entschließen sie sich für den Staat. Um Frieden zu sichern oder Verträge zu schützen, sollte dem Staat (Hobbes nennt ihn den Leviathan) eine besondere Macht zukommen. Eine staatsübergreifende Ordnung zur Sicherung des Friedens könne es jedoch nicht geben. Zwischen den Staaten zeige sich vielmehr wieder der Naturzustand als prägendes Element. Es herrscht ein Kampf nach dem Motto: Jeder Staat gegen jeden.

Das in diesen Überlegungen implizierte Modell der politischen Gestaltung der Globalisierung wird heute meist als politischer Realismus bezeichnet. Diese Sichtweise basiert letztlich auf zwei Annahmen, nämlich erstens dass Staaten die maßgeblichen Akteure internationaler Politik sind und zweitens der stärkste Staat sich bei der politischen Gestaltung durchsetzen wird. Staatliche Grenzen sind räumlich gesehen also die zentralen Bezugspunkte des Realismus. Sie werden als undurchlässig und schützenswert angesehen. Fragen der Sicherheit sowohl an den Grenzen als auch im Inneren eines Staates spielen für den politischen Realisten eine große Rolle, weil sie seine Handlungsmacht als globalen Akteur bestimmen.

Staatenübergreifende Entwicklungen werden als ein anarchisches Spiel von Kräften gedeutet. Das Ziel der einzelnen Staaten ist es, durch entsprechende Maßnahmen des Machterhalts das Überleben des eigenen Staates zu sichern bzw. die eigene Position zu stärken. Frieden wird in diesem Modell durch die Spannung von Macht und Gegenmacht erzeugt. Der erreichte Friedenszustand ist letztlich aber sehr fragil, weil er sofort wieder einer neuen Gegenmacht ausgesetzt ist. Weltpolitik wird bestimmt durch die

Staaten, die sich in diesem Spiel der Kräfte durchsetzen und den anderen Staaten ihren Willen diktieren können. Ethisch betrachtet spielen im politischen Realismus globale Gerechtigkeit oder ein Kosmopolitismus nur eine untergeordnete Rolle. Es geht letztlich um eine Nutzenmaximierung, aber nur für den einzelnen Staat.

Gerade nach dem 11. September scheint diese Deutung von Weltpolitik relativ plausibel. Besonders hegemonial agierende Staaten wie die USA scheinen ein evidenter Beleg für eine solche Deutung von Weltpolitik zu sein. Die Verfolgung von politischen Zielen mit militärischen Mitteln, die steigenden Rüstungsexporte weltweit oder die Blockadepolitik einzelner Länder gegenüber der UNO verstärken diesen Eindruck.

Zwei Aspekte sprechen allerdings gegen diesen politischen Realismus: Erstens lässt sich empirisch die Bedeutung des Staates, auf der das Modell des Realismus fußt, nur bedingt bestätigen. Darauf wurde bereits bei den Überlegungen zum Souveränitätskonzept hingewiesen. Auch wenn Länder wie die USA ein starkes hegemoniales Interesse verfolgen, so kann man die gesamte globale Landschaft überblickend festhalten, dass Staaten heute nicht (mehr) die alleinigen globalen Akteure sind. Zudem verfolgen viele Staaten auch nicht mehr ein rein national ausgerichtetes Interesse. Sie sind vielmehr eingebunden in unterschiedliche netzwerkartige Konstellationen von Interessen. Sowohl die Existenz einer Vielzahl nichtstaatlicher Akteure als auch die supranationaler Organisationen sprechen gegen den Realismus. Dies gilt letztlich auch für Staaten wie die USA.

Zweitens sprechen auch die ethischen Überlegungen gegen einen politischen Realismus. Ethisch betrachtet basiert der Realismus nämlich auf der Absolutsetzung von Unterschieden, er leugnet im Grunde einen ethischen Universalismus. Er betont stattdessen ausschließlich die Macht einzelner Staaten und ihre partikularen moralischen Interessen. Für die ethische Rechtfertigung einer Weltpolitik, die alle Menschen gleichermaßen betrifft, erscheint dies nicht plausibel.

Außerdem erweist sich der Realismus auch in einer praktischen Perspektive bei der Lösung globaler Probleme oftmals als kontraproduktiv: Die durch einen hegemonialen Akteur erzwungene Friedensordnung ist nämlich nur allzu brüchig, provoziert weltweit Gegenreaktionen und lässt beispielsweise immense Rüstungsausgaben auf Kosten notwendiger Sozialreformen entstehen. Früher oder später dürften sich deshalb realistische Modelle von Weltpolitik selbst überholen, weil die von ihnen hervorgerufenen bzw. geförderten Spannungen (innen- wie außenpolitisch) zu groß werden. Der politische Realismus hat deshalb auch in praktischer Perspektive wohl kaum lange Überlebenschancen in einer globalisierten Welt.

Föderale Weltrepublik als Version eines Weltstaates

In den aktuellen philosophischen Diskussionen über Weltpolitik argumentieren nur sehr wenige Vertreter dezidiert für einen einheitlichen Weltstaat. Bedeutend wichtiger und besser vertreten ist die leicht abgeschwächte Position einer Weltrepublik, die in eine ähnliche Richtung tendiert, allerdings den letzten Schritt hin zu einem Weltstaat nicht mitgeht. Prominentester Vertreter einer Weltrepublik ist der Sozial- und Rechtsphilosoph Otfried Höffe. Da seine Position im aktuellen Diskurs sehr oft als markanter Eckpunkt der philosophischen Debatte über Globalisierung auftaucht, soll sie im Folgenden als Beispiel für eine abgeschwächte Version eines Weltstaates vorgestellt und diskutiert werden.

Höffes Konzeption steht in der Tradition des Ethikansatzes von Kant. Er ist damit einer universalen Ethik liberaler Prägung zuzuordnen. Mit Kant geht er dabei vom einzelnen Menschen aus. Grundidee ist, dass Menschen im Sinne eines Urvertrages wechselseitig ihre Interessen tauschen. Durch diesen Tausch erkennen sie ihre Gegenüber als Menschen an, tauschen wechselseitig Rechte und Pflichten und ermöglichen somit ein Gemeinwesen. Dieser Tausch ist also nicht im Sinn einzelner Verträge zu verstehen, sondern in einer grundsätzlichen Perspektive als ein Tausch allgemeiner Interessen. Die Wechselseitigkeit ist dabei von zentraler Bedeutung, weil ohne dieses Moment kein wirklicher Tausch stattfinden würde.

Aus einem solchen Tausch ergeben sich nach Höffe eine Reihe von grundlegenden Prinzipien, die das Fundament seiner Überlegungen zur Globalisierung darstellen. Solche Prinzipien sind das Recht, die Freiheit, Gerechtigkeit und Demokratie. Um ein gerechtes und friedliches Gemeinwesen zu schaffen, werden sich die Menschen letztlich aus einem rationalen Eigeninteresse für diese Prinzipien entscheiden. Denn nur wo das Recht herrscht, die Freiheit der Menschen anerkannt und eine Demokratie aufgebaut wird, kann letztlich Gerechtigkeit politisch umgesetzt werden. In ethischer Perspektive steht deshalb Gerechtigkeit im Zentrum der Argumentation von Höffe, vor allem die Verfahrensgerechtigkeit. Diese wird über den Staat auf eine globale Perspektive ausgedehnt.

Sein Modell von Weltpolitik entwickelt er besonders deutlich an der Diskussion um Kants These, ob Demokratien friedfertiger sind als andere Staaten. Höffe lässt Kants Argumente zum Teil gelten, beispielsweise dass Handel treibende Demokratien friedvoller sind oder sie gewohnt sind, Toleranz gegenüber Andersdenkenden zu üben. Gegen das Argument der Friedfertigkeit von Demokratien führt er allerdings auch einige Gegenargumente an: Ökonomische Gründe sprechen nicht notwendigerweise gegen einen Krieg, wie der Hinweis auf die Bedeutung des Öls in den Kriegen der Golfregion in den vergangenen Jahrzehnten zeigt. Auch haben Sozialwissenschaften und Sozialpsychologie mehrfach belegt, dass Gruppen, die nach innen tolerant sind, dies nicht notwendigerweise nach außen sind. Außerdem zeigen die Erfahrungen des 20. Jahrhunderts, dass Demokratien eine hohe Motivation in Kriegen entwickeln können. Demokratische Staaten wie Frankreich, Großbritannien oder die USA haben in den vergangenen 200 Jahren denn auch die meisten kriegerischen Handlungen begonnen – wenn auch meist gegen undemokratische Staaten. Deshalb sprechen diese Argumente Höffes Ansicht nach eine eindeutige Sprache: Die Demokratisierung der Staaten reicht nicht aus, um weltweit Frieden herzustellen.

Wenn dem so ist, scheint der Aufbau globaler Institutionen zur Sicherung des Friedens noch einmal deutlich wichtiger zu sein als Kant dies meinte. Kant entscheidet sich auf der Weltebene ja nur für eine Minimallösung im Sinn eines Bundes von Staaten. Die Staaten geben damit nur wenige Souveränitätsrechte an die globale Ebene ab, weshalb supranationale Institutionen und eine Gewaltenteilung im kantischen Modell von Weltpolitik eine untergeordnete Rolle spielen.

Höffe hingegen votiert für eine sozialstaatliche Demokratie auf globaler Ebene, weil seiner Meinung nach nur so Gerechtigkeit und Frieden umfassend realisiert werden können. Diese Position begründet er mit dem Hinweis, dass Kants Argumente gegen die Weltrepublik und für den Staatenbund letztlich nicht konsistent sind. Einerseits betone Kant auf der Ebene der Staaten das republikanische Element zur Herstellung von Frieden, auf der anderen Seite weise er eben genau dieses auf der globalen Ebene zurück. Wieso geht Kant hier nicht den konsequenten Schritt und fordert auch eine globale Gewaltenteilung?

Diesen Widerspruch will Höffe durch die Konzeption der föderalen Weltrepublik auflösen. Im Zug der wachsenden Komplexität globaler Dynamik und der Zunahme globaler Probleme erscheint die Einrichtung einer Weltdemokratie als die einzig sinnvolle und moralisch gebotene Antwort. Wenn die These zutrifft, dass Rechtsstaatlichkeit und Demokratie Frieden und Gerechtigkeit fördern, dann sind diese beiden politischen Prinzipien auch auf globaler Ebene politisch umzusetzen.

Höffe fordert damit allerdings keinen einheitlichen Weltstaat. Im Gegenteil: Den Einzelstaaten wird eine wichtige Rolle zugestanden, denn sie sind seiner Meinung nach die zentralen Akteure. Auch aus ethischen Überlegungen heraus ist die Handlungsmacht des Staates, die sich in Rechtsstaatlichkeit, Gewaltenteilung und demokratischen Institutionen ausdrückt, besonders wichtig. Im Gegensatz zu einer realistischen Position betont er allerdings die ethisch wie politisch gebotene Integration der Staaten in eine föderale Weltrepublik.

Außerdem argumentiert er gegenüber der Forderung nach einem einheitlichen Weltstaat, dass auch der Weltstaat kein Zweck an sich selbst sein darf, sondern politische Entscheidungen immer zum Wohl der Menschen getroffen werden müssen. Deshalb betont er das Recht auf Unterschiede und das Prinzip der Subsidiarität im Modell der Weltrepublik. Jede Kultur hat dabei das Recht, die grundlegenden Gerechtigkeitsprinzipien in der ihr angemessenen Weise auszubuchstabieren, beispielsweise eine Feinjustierung der Menschenrechte im jeweiligen kulturellen Kontext vorzunehmen – Höffe nennt dies einen kulturoffenen Universalismus. Der Staat ist hierfür der primäre Ansprechpartner.

Damit wird deutlich, dass die von Höffe geforderte Weltrepublik föderal sein und nicht in einem homogenen Weltstaat aufgehen soll. Deshalb hebt er auch die Bedeutung so genannter Zwischenstufen als notwendige, politische Einheiten hervor, um durch diese Angelegenheiten, die nur einzelne Kontinente betreffen (beispielsweise Europa), angemessen regeln und damit dem Recht auf Differenz entsprechen zu können. Auch könnte damit die Weltrepublik rein pragmatisch von unnötigen Aufgaben entlastet werden.

Höffe will eine globale Rechtsordnung etablieren, diese auf den Nationalstaaten aufbauen und lediglich an den Stellen, an denen globale Entscheidungen erforderlich sind, ein Mindestmaß an weltdemokratischen Strukturen installieren. Auch diese Betonung von Rechten passt sehr gut in den Rahmen des liberalen Ethikansatzes, der besonders auf solche formalen, und demokratisch legitimierten Spielregeln des gesellschaftlichen Zusammenlebens setzt.

Politisch könnte eine solche föderale Weltrepublik analog zu der Bundesrepublik Deutschland strukturiert sein. Höffe denkt an die Etablierung einer zweistufigen Volksvertretung der Weltgemeinschaft, genauer: die Einrichtung eines Weltrates (als Vertretung der Staaten) und eines Welttages (als Vertretung der Weltbürger). Die Aufgabenverteilung für beide Kammern ergibt sich aus den jeweiligen Politikfeldern. Der Weltrat wäre vor allem für völkerrechtliche Fragen des globalen Friedens zuständig, wohingegen das Weltparlament Fragen wie der sozialen und ökologischen Gestaltung der Weltwirtschaft nachgehen könnte. Bei der Wahl des Weltparlaments will Höffe allerdings das One-country-one-vote-Prinzip zugunsten des Kriteriums der proportionalen Bevölkerungsverteilung aufgeben, womit er sich für eine kosmopolitische Perspektive auf die Weltgemeinschaft als Ganze stark macht.

Die Grundlage eines solchen politischen Systems der föderalen Weltrepublik sieht Höffe in der UNO bereits angelegt. So versteht sich die UNO bereits als eine Rechts- und Friedensordnung, die auf den Menschenrechten aufbaut, und sie verwirklicht auch ansatzweise das Prinzip der Gewaltenteilung. Die Generalversammlung übernimmt nämlich bereits schon heute Funktionen der Legislative, der Generalsekretär und der Sicherheitsrat haben Züge einer Exekutive und die internationalen Gerichtshöfe und Tribunale sind erste Ansätze einer Judikative.

Gegenüber dieser Konzeption einer föderalen Weltrepublik wurden viele kritische Anfragen geäußert. Es wurde beispielsweise auf die Unregierbarkeit eines solchen politischen Gebildes hingewiesen oder auf das Problem, dass es für eine solche Weltrepublik keine funktionierende interkulturell anschlussfähige Rechtsbasis gebe.

Vor der skizzierten Ethik der Globalisierung zeigt sich jedoch eine andere Frage als zentral. Beachtet Höffe das Besondere und damit die kulturellen und gesellschaftlichen Eigenheiten zu wenig und betont er stattdessen das universale Moment zu stark? Er selbst hebt zwar immer wieder heraus, dass Differenzen innerhalb der Weltrepublik eine große Bedeutung haben. Die Prinzipien der Subsidiarität und des Föderalismus versuchen dem politisch gerecht zu werden. Letztlich können diese Hinweise die Anfrage aber nur teilweise entkräften, denn im Grunde werden die moralischen Traditionen und sozialen Identitäten der einzelnen Gesellschaften der universalen Einheit der föderalen Weltrepublik nachgeordnet.

Höffe achtet also zu wenig auf die Vernetzungen zwischen den verschiedenen Akteuren und Ebenen. Stattdessen ist das Konzept der föderalen Weltrepublik ein Modell, das aus universalen Prinzipien abgeleitet wird und die Welt als eine klar gegliederte politische Ordnung konzeptualisiert. Das Gebilde der Weltrepublik wirkt daher auch leicht statisch und der Komplexität und Dynamik globaler Beziehungen nur teilweise angemessen. Sowohl die Mehrdimensionalität globaler Dynamik als auch die Möglichkeiten alternativer politischer Steuerungsformen (beispielsweise zivilgesellschaftlicher Steuerung) werden von Höffe zu wenig stark gemacht.

Auch wenn Höffe sich immer wieder deutlich und überzeugend gegen einen einheitlichen Weltstaat wendet, so bleibt doch die kritische Anfrage an ihn bestehen, die der US-amerikanische Philosoph Stephen Toulmin (*1922) folgendermaßen formulierte (1991). In der (wenn auch abgeschwächten) Idee eines Weltstaates trete seiner Ansicht nach die typische Denkform der Moderne zu Tage. Diese Denkform suche nach sehr stabilen Strukturen für die Gesellschaft (nunmehr die Weltgesellschaft) analog dem Vorbild des funktional klar strukturierten Planetensystems. Weil solche Formen der relationalen globalen Wirklichkeit nicht gerecht würden, lehnt Toulmin das Projekt eines Weltstaates ab. Gleiches gilt wohl auch für die Idee einer Weltrepublik.

Systemtheorie und Marx zur Weltpolitik

Die systemtheoretische Beschreibung von Globalisierung betont die Geschlossenheit und Selbstreferenzialität der Weltsysteme. Dies hat zur Folge, dass eine gezielte Beeinflussung der Systeme nur bedingt möglich ist. Systeme entziehen sich vielmehr einer Steuerung von außen. Luhmann war daher selbst sehr skeptisch gegenüber jeglicher politischen Steuerung.

Die Systemtheoretiker heute neigen demgegenüber dazu, diesen starken Steuerungsskeptizismus aufzugeben und eine Neukonzeptualisierung von Politik entlang der systemtheoretischen Annahmen vorzunehmen. Die Politik, so die oben bereits vorgestellte Argumentation, muss sich der Dynamik der funktional ausdifferenzierten Weltgesellschaft stellen und sich an diese anpassen, wenn sie handlungsfähig bleiben will. Politik ist dabei keine übergeordnete Steuerungsinstanz mehr, sondern nur noch ein Weltsystem unter vielen anderen.

Wenn die Politik diese Einsicht ernst nimmt, kann sie allerdings sehr wohl die Kontexte der Systeme gestalten. Die Beeinflussung der Kontexte führt auf indirektem Weg zur Selbststeuerung, denn die Teilsysteme reagieren auf diese Veränderung, indem sie ihre Kommunikationen den veränderten Kontexten anpassen. Die zentrale Aufgabe einer an das Konzept der Kontextsteuerung angelehnten Politik sieht Willke deshalb darin, die Reflexionsfähigkeit der Teilsysteme immer wieder neu anzuregen. Durch die Reflexion des eigenen Kontextes werden die externen Überlebensbedingungen in die eigene Systemlogik integriert und damit eine Selbststeuerung im Sinne einer Selbstbeschränkung, das heißt eine Zivilisierung der Funktionssysteme unterstützt. Weltpolitik hat in dieser Perspektive die Aufgabe, die Weltsysteme anzuregen, ihre eigenen Bedingungen, sowohl bezüglich ihrer weltgesellschaftlichen Kontexte als auch ihre Wechselwirkungen zu den anderen Weltsystemen, wahrzunehmen und diese Beobachtungen in die eigene Systemkommunikation zu integrieren.

Paradigmatisches Beispiel für eine globale Kontext- bzw. Selbststeuerung ist die Welthandelsorganisation, beispielsweise deren Verfahren zur Streitschlichtung. Handelskonflikte gehören seit jeher zum politischen Alltag des Welthandels. Deshalb wurde innerhalb der WTO ein eigenes Streitschlichtungsverfahren etabliert. Länder können sich hierbei gegenseitig in einem mehrstufigen Verfahren verklagen. Wenn die Streitschlichtungsstelle zu dem Ergebnis kommt, dass die Vorwürfe berechtigt sind, können Gegenmaßnahmen in Form von Strafzöllen eingeleitet werden. Damit wird auch die Strafe also in einer ökonomischen Logik umgesetzt. Mit diesem Instrument – so die systemtheoretische Deutung – wird die Eigendynamik der Weltwirtschaft bei der Frage nach politischer Steuerung anerkannt. Eine so verstandene indirekte Weltwirtschaftspolitik verspricht zudem den größten Erfolg bei einer Zivilisierung der Weltwirtschaft.

Schon bei der Beschreibung von Globalisierung zeigte sich die auf den ersten Blick überraschende Verbindung zwischen diesem systemtheoretischen und dem von Marx inspirierten Nachdenken über Globalisierung. Diese Nähe findet sich auch bei einem Vergleich der weltpolitischen Modelle. Der bereits erwähnte Desai liest Marx zum Beispiel weniger als einen Verfechter der Kontrolle und Regulation der Ökonomie (und damit nicht als Revolutionstheoretiker). Marx wollte – so Desai – dem Kapitalismus kein planwirtschaftliches Korsett aufzwängen. Vielmehr hat er die globale Dynamik des Kapitalismus erkannt und deshalb auch die Unaufhaltbarkeit des freien Welthandels und die Dynamik globalen Kapitals betont.

Das Verständnis von Weltpolitik, das hinter dieser Marxinterpretation steht, zielt vor allem auf den selbststeuernden Charakter der Weltgesellschaft. Der marktwirtschaftliche Wettbewerb kann und darf möglichst wenig gesteuert werden – so die Schlussfolgerung, die Desai aus der Analyse des globalen Kapitalismus von Marx zieht. Eine wirtschaftspolitische Strategie, welche diese Dynamik in einem technischen Sinne kontrollieren will, übersieht die Eigendynamik des Kapitalismus, denn solange Gewinn erzeugt werden kann, wird sich das kapitalistische System erhalten. Die Forderung nach einer weitreichenden Liberalisierung des Welthandels ist die schlüssige Konsequenz. Politisch ist auch für ihn die WTO das Paradebeispiel einer Institution, die sich der organischen Dynamik des globalen Kapitalismus stellt und auf Selbstregulation zielt.

Dass damit der systemtheoretische und der von Marx inspirierte Vorschlag zur Konzeptualisierung von Weltpolitik sehr ähnlich sind, ist offensichtlich. Beide setzen auf Selbstregulierung und Kontextsteuerung und wollen dabei nationalstaatliche Politik zurückdrängen. Sicherlich richtig ist an dieser Einschätzung, dass aufgrund der Komplexität weltgesellschaftlicher Vernetzungen einfache hierarchische Steuerungsmechanismen an Grenzen stoßen. Weltpolitik wird in Zukunft die Autonomie und Eigenverantwortlichkeit der einzelnen Systeme ernst nehmen müssen. Ein wichtiges Ziel dabei ist die Gestaltung der Rahmenbedingungen und die Förderung eigenverantwortlichen Engagements. Im Gegensatz zu liberalen Ethikansätzen spielen allerdings in systemtheoretischen Ansätzen Gerechtigkeit und Recht eine zu untergeordnete Rolle. Ethik wird grundsätzlich nur als ein geschlossenes System gedeutet, womit die Bedeutung normativer Entscheidungen insgesamt zu gering veranschlagt wird.

Außerdem bleibt sowohl bei den Systemtheoretikern als auch den von Marx inspirierten Ansätzen oft unklar, was genau mit Selbst- und Kontextsteuerung gemeint ist. Zudem ist nicht notwendigerweise gesagt, dass damit bessere Folgen zu erwarten sind. Während bei dem Modell der Weltrepublik kritisiert wurde, dass es sehr stark auf das Recht setze, so könnte man hier einwenden, dass das Recht und der Staat vernachlässigt werden. Die Deutung der WTO als Paradebeispiel der selbstregulierenden Ökonomie übersieht beispielsweise, dass auch diese Organisation stark von nationalstaatlichen Interessen geleitet ist und im Übrigen nicht immer gut funktioniert, was später noch einmal ausführlich diskutiert werden soll. Wenn außerdem auf globaler Ebene die Lösung eines Problems durch eine Selbststeuerung der Teilsysteme nicht in einem angemessenen Zeitraum erreicht werden kann, erscheint aus normativen Überlegungen eine direkte politische Intervention sehr wohl legitim wie sinnvoll.

Global Governance – Welt regieren ohne Weltregierung

Die bislang skizzierten Modelle von Weltpolitik bilden drei zentrale Pole der Debatte über weltpolitische Optionen. An dem einen Ende steht der Vorschlag, den Staat als primären Akteur im internationalen Machtkampf zu verstehen. Jeder Staat versucht dabei, für sich das Beste herauszuholen – so könnte man die Grundintention des politischen Realismus zusammenfassen. Am anderen Ende steht die Idee eines Weltstaates. Da im aktuellen Diskurs die Idee eines homogenen Weltstaates nur selten vertreten wird, wurde dieses Modell mittels der abgeschwächten Variante einer föderalen Weltrepublik skizziert. Diese baut zwar auch auf dem Staat auf, will aber für die darüber hinausgehenden globalen Probleme ein rechtliches und demokratisches Institutionengebäude schaffen. Das dritte Modell der von Systemtheorie bzw. Marx inspirierten Weltpolitik sieht die Möglichkeiten des Staates demgegenüber als sehr beschränkt an. Die Politik kann deshalb nur noch Kontext- und Selbststeuerung betreiben und sollte lediglich versuchen, globale Kontexte indirekt zu gestalten.

Das vierte Modell, das diskutiert werden soll, stellt sich als Mittelpunkt des durch diese drei Positionen aufgespannten Dreiecks dar. Es baut auf der Beschreibung von Globalisierung als Netzwerk auf. Dieses Modell von Weltpolitik wird in der Wissenschaft meist mit dem Begriff „Global Governance“ bezeichnet.

Den Begriff „Global Governance“ in die deutsche Sprache zu übersetzen ist allerdings alles andere als einfach, weil es letztlich kein passendes Wort in der deutschen Sprache dafür gibt. Die Frage, was Global Governance bedeute, wird deshalb oft negativ beantwortet. Global Governance darf weder mit Weltregierung noch mit Weltordnungspolitik umschrieben werden. Weltregierung würde eine Welteinheit voraussetzen, die aber abgelehnt wird, weil die Welt keine gesellschaftliche Einheit ist, die Basis für einen solchen Weltstaat sein könnte. Der Begriff Weltordnungspolitik könnte wiederum mit hegemonialen (das heißt realistischen) Politikkonzepten gleichgesetzt werden, was ebenfalls nicht die Intention von Global Governance ist.

Governance meint grundsätzlich weniger eine staatsanaloge, direkte Steuerung gesellschaftlicher Prozesse durch eine politische Institution, sondern zielt vielmehr auf ein komplexes Einfluss- und Regelsystem ab, das aus dem pluralen Zusammenspiel unterschiedlicher Akteure entsteht. Deshalb wird auch nicht von Regierungshandeln, sondern von Steuerung oder Einfluss gesprochen. Damit kristallisiert sich nun indirekt eine positive Bestimmung von Global Governance heraus: „Governance ist die Gesamtheit der zahlreichen Wege, auf denen Individuen sowie öffentliche und private Institutionen ihre gemeinsamen Angelegenheiten regeln. Es handelt sich um einen kontinuierlichen Prozess, durch den kontroverse oder unterschiedliche Interessen ausgeglichen werden und kooperatives Handeln initiiert werden kann (...). Eine wirksame globale Entscheidungsfindung muss daher auf lokal, national und regional getroffenen Entscheidungen aufbauen und diese ihrerseits beeinflussen und muss auf die Fähigkeiten und Ressourcen unterschiedlichster Menschen und Institutionen auf vielen Ebenen zurückgreifen“ (Commission on Global Governance/Stiftung Entwicklung und Frieden 1995, 4ff.). Deshalb ist der Europäische Einigungsprozess der letzten Jahrzehnte genauso ein gutes Beispiel für gelungene Formen von Global Governance wie die vielen Weltkonferenzen der Vereinten Nationen zu ganz unterschiedlichen Themen.

In dem Vokabular von James Rosenau meint Global Governance eine Einflussnahme vieler Autoritätssphären auf unterschiedlichen Ebenen und zeigt sich in Regierungskonzepten, die auf netzwerkartige politische Steuerung bauen. Global Governance gleicht einem Möbiusband, das aus ineinander verschachtelten Formen unterschiedlicher politischer Mechanismen besteht.

Global Governance impliziert also genauso wie die systemtheoretische Variante von Weltpolitik eine Verabschiedung von hierarchischen Politikformen. Deshalb ist von Governance und nicht Government die Rede. Die Welt regieren ohne eine (traditionelle) Regierung – das ist das anvisierte Ziel. Global Governance bezeichnet Regelungsversuche, in denen staatliche und nicht-staatliche Akteure von der lokalen bis zur globalen Ebene zusammenwirken und sich daraus ein Relationengeflecht unterschiedlicher Steuerungen entwickelt, die eine Lösung globaler Probleme anvisieren.

Weltpolitik kann also nur als ein Mehrebenensystem unter besonderer Berücksichtigung informeller Akteure und Mechanismen gedeutet werden. Global Governance ist kein Projekt, das nur von Staaten betrieben wird oder auf einen Weltstaat hinausläuft.

Ethisch formuliert ist Global Governance eine Mischung aus kommunitaristischen und liberalen Ethikansätzen. Einerseits wird von den Kommunitaristen die Betonung von (kulturellen) Differenzen übernommen und andererseits wird von den liberalen Ansätzen die Idee globaler Gerechtigkeit in das Modell von Weltpolitik integriert. Deshalb finden sich in vielen Global Governance-Ansätzen auch gleichermaßen Hinweise auf Autoren wie Michael Walzer und Jürgen Habermas.

Global Governance wurde insbesondere hinsichtlich seines Steuerungsverständnisses heftig kritisiert. Indem Government durch Governance ersetzt wird, verliere politisches Handeln seine Legitimation, die durch Gewaltenteilung und demokratische Kontrolle gekennzeichnet ist. Machtstrukturen werden ignoriert und einer rein ökonomischen Strukturierung der Weltgesellschaft Vorschub geleistet. Global Governance trage zudem durch seine Betonung von Kooperation in Netzwerken und Ausblendung von Machtfragen zur Zementierung globaler Ungleichgewichte bei. Außerdem würden die Global Governance-Ansätze dabei die Bedeutung der Zivilgesellschaft überbetonen.

Der Unterschied zwischen den Kritikern und den Vertretern von Global Governance besteht darin, dass die Kritiker stärker von einem traditionellen, an Max Weber (1864–1920) angelehnten Verständnis von Macht ausgehen. Macht wird hier als Eigenschaft einer Person, Gruppe oder Institution verstanden, den eigenen Willen auch gegen Widerstreben durchzusetzen. Dagegen betont Global Governance, dass Macht nicht als Eigenschaft eines Akteurs oder Systems interpretiert werden darf, sondern als ein Geflecht von Abhängigkeiten, das jedem politischen Handeln zugrunde liegt. Ein strukturelles Verständnis versteht Macht daher als dynamisches Beziehungsverhältnis zwischen den Menschen.

Ein solches Machtverständnis ist normativ auf Kooperation ausgerichtet. Strukturelle Macht, die sich im Modell von Global Governance zeigt, beugt Gewalt vor, will diese vermeiden und durch Kooperation Weltpolitik gestalten. Diese Form von Governance ist mit den Worten von Ernst-Otto Czempiel (*1927) gesprochen – einem der geistigen Väter des Global Governance-Modells – „sehr viel flexibler, anpassungsfähiger und deswegen erfolgreicher. (…) In der Beherrschung von Governance manifestiert sich die postmoderne Macht schlechthin“ (Czempiel 1999, 96).

Global Governance bevorzugt also einen strukturellen Machtbegriff. Dieses Machtverständnis scheint auch durch das Konzept von Hannah Arendt

(1906–1975) hindurch, die die Macht einer Gesellschaft darin gesehen hat, sich zusammenzuschließen und miteinander kooperativ anstehende Probleme anzugehen. Dirk Messner hat ein solches Machtverständnis sehr treffend auf die Frage nach Weltpolitik übertragen. Macht basiert im 21. Jahrhundert seiner Ansicht nach „nicht mehr auf der Beherrschung großer Territorien und nur sekundär auf Gewaltandrohung oder der Höhe des Rüstungsetats, sondern primär auf der strategischen, organisatorischen, wissensbasierten und auf gemeinsame Problemlösung ausgerichteten Kompetenz, komplexe Interaktionen zu steuern, Kooperationen zu organisieren und durch Strukturbildung die Richtung des Wandels aktiv und zielorientiert (mit) zu gestalten" (Messner 2001, 29).

Zwei Dinge sind an dieser Stelle klarzustellen: (a) Das Plädoyer für strukturelle Macht meint nicht eine Absage an demokratisch legitimierte und rechtlich abgesicherte Macht. Dort, wo es möglich ist, demokratische Institutionen zu etablieren oder (völker-)rechtliche Bestrebungen zu stärken, ist dies auch von Global Governance aus geboten. Aber Globalisierung kann nicht ausschließlich über diesen Weg gestaltet werden. Damit wird auch ein Globalismus zurückgewiesen, der zu stark auf eine Welteinheit setzt und nationalstaatliche Politikinstrumente auf die globale Ebene ausweiten will. (b) Dass diese strukturelle Macht immer fragil und gefährdet ist, das betonen die Global Governance-Modelle selbst sehr deutlich. Die aktuellen Hegemoniebestrebungen der USA weichen sicherlich bereits bestehende multilateraler Strukturen auf und sind damit ein Angriff auf die politischen Ziele von Global Governance. Global Governance-Theoretiker betonen angesichts derartiger Entwicklungen allerdings, dass Gegenstrategien nicht auf denselben Machtbegriff rekurrieren dürfen, mit dem hegemonial ausgerichtete Akteure operieren. Politischen Realismus mit politischem Realismus zu beantworten ist weder ethisch rechtfertigbar noch eine effektive Weise, globale Probleme zu lösen. Stattdessen sind die Potenziale einer Politik der Kooperation herauszustellen.

Chancen und Grenzen des Rechts

In den vier aufgezeigten Modellen von Weltpolitik ist eine Frage immer schon implizit mitgestellt gewesen: Inwieweit kann das Recht, das in der Tradition des demokratisch organisierten Nationalstaates eine so wichtige Rolle spielt, auch auf globaler Ebene eine effektive Steuerungsrolle übernehmen? Was sind die Chancen, was die Grenzen eines weltweiten Rechtes als Umsetzungsform von Weltpolitik? Eine systematische Antwort auf diese

Querschnittsfrage steht in diesem Kapitel zu den weltpolitischen Modellen noch aus.

Auch hier ist wieder ein erster Blick auf Kant zur Begriffsklärung hilfreich. In den Definitivartikeln der Schrift *Zum ewigen Frieden* unterscheidet er (wie bereits gesehen) das Staats- vom Völker- und Weltbürgerrecht. Während das Staatsbürgerrecht die rechtliche Regelung des Zusammenlebens innerhalb eines Staates betrifft, beziehen sich Völker- und Weltbürgerrecht dezidiert auf die globale Ebene. Das Völkerrecht regelt die Beziehung der Völker bzw. der Staaten untereinander. Das Weltbürgerrecht will dagegen die Weltgemeinschaft als Ganze in den Blick nehmen und thematisiert die Rechte, die Menschen als Weltbürgern unabhängig von ihrer Zugehörigkeit zu Staaten zukommen.

Historisch betrachtet spielt das Völkerrecht als Regelungssystem zwischen Staaten bzw. staatsähnlichen Gebilden sicherlich die wichtigere Rolle als das Weltbürgerrecht. Staaten haben in der Menschheitsgeschichte schon sehr früh begonnen, mittels rechtlicher Verträge ihr Zusammenleben zu ordnen. Bereits im 15. Jahrhundert v.Chr. entstanden so zwischen den Großmächten Ägypten, Babylonien, Assyrien und dem Hethiter-Reich komplexe völkerrechtsähnliche Verträge zu Verkehr und Handel. Ähnliche Abkommen gab es zwischen den griechischen Stadtstaaten.

Systematisch betrachtet finden sich die Ursprünge des heutigen Völkerrechts als Regelungssystem moderner Staaten allerdings vor allem im 16. und frühen 17. Jahrhundert. Ideengeschichtlich ist dabei die Ablösung eines religiös fundierten Naturrechts durch einen neuzeitlichen Rechtspositivismus besonders wichtig. So wurde im 16. Jahrhundert vor dem Hintergrund des Renaissancedenkens und dessen Betonung des selbstständigen Individuums begonnen, ein universal gültiges (Natur-)Recht zu begründen, ohne dabei auf theologische Begründungsmuster zu rekurrieren. Francisco Vitoria (1483–1546) gestand beispielsweise in den Auseinandersetzungen um eine angemessene Politik bezüglich der neu entdeckten Gebiete in Lateinamerika den Indianerfürsten gleiche Rechte wie den Spaniern zu und lieferte damit eine konkrete praktische Ausweitung des naturrechtlichen Denkens. Autoren wie Francisco Suarez (1548–1617) oder Hugo Grotius (1583–1645) haben diese Entwicklung noch einmal entscheidend vorangetrieben. Sie bereiteten einem positivistischen Verständnis des Völkerrechts den Weg, das immer weniger nach einem übergeordneten normativen Ziel fragt, sondern die Geltung von Normen allein durch ihre positive Setzung und soziale Funktion begründet.

Innerhalb des 19. und 20. Jahrhunderts ist die Entwicklung des Völkerrechts nicht nur eine Erfolgsgeschichte. Immer wieder wechseln sich Phasen, in denen Staaten rechtliche Kooperationen miteinander eingehen, mit langen Phasen ab, in denen gewalttätige und unrechtmäßige Ereignisse auf der Tagesordnung standen. So wurde die Französische Revolution, die mit den Grundprinzipien der Gleichheit, Freiheit, Brüderlichkeit letztlich auf eine rechtmäßige Gesellschaftsordnung abzielte, durch europäische Kriege unterlaufen. Die sich an diese Kriege anschließende Fixierung auf den Staat als politischen Akteur hat ebenfalls nicht zu einer besonderen Stärkung des Völkerrechts beigetragen.

Zwar entstanden dann in der Phase des Übergangs vom 19. zum 20. Jahrhundert erste völkerrechtlich anerkannte globale Institutionen, wie beispielsweise das Rote Kreuz (1864) und der Weltpostverein (1874), und auf Konferenzen wie der Friedenskonferenz von Den Haag (1899/1907) wurde versucht, eine friedliche Lösung internationaler Streitfälle zu etablieren. In der konkreten politischen Praxis zeigte sich jedoch kein entschlossener Wille, internationale Konflikte rechtlich zu regeln. Der Erste Weltkrieg stellte deshalb in gewisser Weise den vorläufigen Endpunkt völkerrechtlicher Bemühungen dar.

Die Zeit nach 1918 kann dagegen als eine erneute Suche nach friedlichen Konfliktlösungsmechanismen und damit als Ausbau völkerrechtlicher Bemühungen gedeutet werden. Besonders durch die Gründung des Völkerbundes (1919/20) wurden völkerrechtliche Strukturen institutionell verankert. Der Völkerbund – so die Umschreibung in der Präambel – verstand sich als eine Institution „zur Förderung der Zusammenarbeit unter den Nationen und zur Gewährleistung des internationalen Friedens und der internationalen Sicherheit". Auch das von Kant geforderte Gewaltanwendungsverbot wurde nun völkerrechtlich abgesichert. In der Gründung des ständigen Internationalen Gerichtshofes in Den Haag (1922) kommt diese Stärkung des Völkerrechts zum Ausdruck. Nichtsdestotrotz war dieses internationale Völkerrechtssystem noch so fragil und instabil, dass es dem Faschismus und Nationalsozialismus nichts entgegensetzen konnte.

Nach dem Zweiten Weltkrieg versuchte die Staatengemeinschaft mit den Vereinten Nationen abermals, das Völkerrecht zu institutionalisieren. Die Grundprinzipien der territorialen Integrität und der politischen Unabhängigkeit der Staaten sowie das Ziel einer friedlichen Streitbeilegung und des Interventionsverbots in innerstaatliche Angelegenheiten sind Grundpfeiler des völkerrechtlichen Verständnisses dieser Zeit. Die Blockbildung und der Kalte Krieg verhinderten allerdings abermals eine umfassende Stärkung des Völkerrechts. Beides provozierte vielmehr neue Konflikte und schwächte noch einmal aufs Neue das Völkerrecht.

Nach dem Fall der Mauer stand und steht die Weltgemeinschaft erneut vor der Aufgabe, rechtliche Wege zur Ordnung globaler Entwicklungen zu suchen. Die skizzierten weltpolitischen Modelle legen dabei unterschiedliche Akzente: Der politische Realismus setzt vor allem auf das Staatsbürgerrecht und hält an dem Souveränitätsgebot fest. Völkerrechtliche Neuerungen können von Fall zu Fall zwar sinnvoll sein. Der Nationalstaat sollte aber immer sehr vorsichtig und minimalistisch bei der Abgabe rechtlicher Kompetenzen an eine internationale Instanz sein.

Dagegen setzt das Modell der Weltrepublik sehr stark auf den Ausbau und die Stärkung des Völkerrechts. Dieses Modell zielt auf eine rechtliche Basis analog dem Nationalstaatsmodell. Mittels des Rechts sollen effektiv politische Prinzipien auf globaler Ebene rechtlich umgesetzt und abgesichert werden können. Die Forderung nach globaler Gewaltenteilung und einem ausdifferenzierten globalen Rechtssystem ist die logische Schlussfolgerung dieses Modells.

Einer solchen Fortschreibung nationalen Rechts auf der globalen Ebene stehen die anderen Modelle eher skeptisch gegenüber. Sowohl die von Systemtheorie wie die von Marx inspirierten Konzeptionen von Weltpolitik als auch das Global Governance-Modell plädieren dagegen für Mischformen unterschiedlicher Steuerungsmechanismen. Dort wo es möglich ist, rechtliche Steuerung (auch in traditionellen Formen) zu etablieren und stabile Institutionen aufzubauen, ist dies sinnvoll und wichtig. Ein einheitliches Rechtssystem für die gesamte globale Ebene analog der Organisation des Staates kann und darf aber in der Perspektive dieser Modelle nicht das Ziel sein.

Willke argumentiert beispielsweise, dass aus dem flächendeckenden Scheitern rechtlicher Steuerung die Schlussfolgerung zu ziehen ist, dass globales Recht seine Steuerungsleistung nur erbringen kann, wenn es Eigenlogiken und Autonomien der Systeme und Akteure beachtet und erhält. Wenn das globale Recht diesem Anspruch gerecht werden will, muss es sich ausdifferenzieren und wird damit notwendigerweise selbst heterogen. Das Ziel des globalen Rechts ist es dann nicht mehr, die eine Ordnung herzustellen, sondern kompetent mit Unordnungen umzugehen – so Willke.

Gerade die Vielfalt rechtlicher Steuerung auf globaler Ebene erscheint ein Vorteil im Umgang mit globaler Heterogenität. Der Philosoph Georg Lohmann (*1948) hat diesen Vorteil auf den Punkt gebracht: „Das globale Recht ist (...) stärker episodisch, weniger stabil und normativ vereinheitlicht als das klassische innerstaatliche Recht, dafür aber hat es die Vorteile größerer Geschmeidigkeit, Reaktionsschnelligkeit und hinsichtlich der Kosten größere Effizienz, und empfiehlt sich daher der rationalen Interessenverfolgung der Akteure“ (Lohmann 2002, 57). Aus der Perspektive der aufgezeigten Beschreibung von Globalisierung als Netzwerk und der ethischen Reflexion globaler Prozesse ist ein solches Verständnis von Recht auf globaler Ebene sehr überzeugend.

Eine starke Vereinheitlichung des Rechts auf globaler Ebene analog dem Nationalstaatsmodell ist dabei schon alleine aus pragmatischen Gründen zu langwierig und wenig geeignet, mit der globalen Heterogenität umzugehen. Auch bleibt fraglich, ob überhaupt unterschiedliche Rechtssysteme so leicht vereinheitlicht werden können, wie das Vertreter eines Weltstaates vor Augen haben. Ein Blick auf die Europäische Union lässt hier Bedenken aufkommen. Auch die jahrelange Diskussion zwischen Common Law und Civil Law sind ein Indiz hierfür. Eine globale Verschmelzung des in vielen englischsprachigen Ländern geltenden Common Law, das sich weniger auf Gesetze als auf vergangene richterliche Urteile stützt, mit der kontinentaleuropäischen Tradition des kodifizierten Rechtes stellt für Juristen wie Politiker eine große Herausforderung dar. All dies deutet auf grundlegende Spannungen zwischen den Rechtssystemen hin, die einer globalen Vereinheitlichung eher hinderlich als dienlich sind. Im Sinne der Wahrung des Partikularen sind auch diese Unterschiede im globalen Kontext zu achten.

Diese Hinweise bedeuten allerdings nicht, dass völkerrechtliche Bemühungen von vornherein zum Scheitern verurteilt sind und deshalb erst gar nicht unterstützt werden sollten. Völkerrechtliche Institutionalisierungen sind wichtige und notwendige Formen, auf globaler Ebene universale Normen umzusetzen und abzusichern. Hier sind die Forderungen liberaler Ethikansätze nach formalen Rahmenbedingungen und rechtlichen Steuerungsmechanismen durchaus überzeugend und sinnvoll. Allerdings muss dieses völkerrechtliche System auch in seiner Form der Heterogenität und Dynamik der globalen Dynamik entsprechen, wenn es effektiv und nachhaltig wirken soll. Das Global Governance-Modell erscheint hier abermals überzeugend, weil es dem Recht als Steuerungsform letztlich mehr zutraut als Systemtheorie oder marxsche Weltpolitik, ohne das Recht dabei zu stark vereinheitlichen zu wollen.

Aus der Perspektive der skizzierten Ethik der Globalisierung ist noch auf einen weiteren Aspekt hinzuweisen. Kant hatte, wie gesehen, in seine Systematik auch das Weltbürgerrecht aufgenommen, allerdings dieses auf ein sehr allgemein gefasstes Besuchsrecht der Weltbürger eingeschränkt. Die Idee hinter dem Weltbürgerrecht ist allerdings trotzdem beachtlich und für die Diskussion über Globalisierung enorm wichtig. Denn die Idee eines Weltbürgerrechts bringt zum Ausdruck, dass alle Menschen nicht nur qua Staatszugehörigkeit, sondern als Weltbürger eine Gemeinschaft bilden. Daher macht es auch Sinn, an dem Aufbau eines globalen Rechtssystems zu arbeiten, das für alle Menschen als Weltbürger gilt.

Die Menschenrechte sind heute sicherlich das wichtigste Beispiel hierfür. Sie umfassen dabei drei Generationen. Die erste Generation sind die bürgerlichen und politischen Rechte des so genannten Zivilpakts. Diese umfassen neben Schutz- und Abwehrrechten die Meinungs- und Vereinigungsfreiheit sowie das Recht auf politische Partizipation. Die zweite Generation umfasst wirtschaftliche, soziale und kulturelle Rechte, die im Sozialpakt formuliert sind. Dazu gehören das Recht auf Nahrung und einen angemessenen Lebensstandard, soziale Sicherheit, menschenwürdige Arbeit, Gesundheitsversorgung und Bildung sowie die Teilnahme am kulturellen Leben. Die dritte Generation der Menschenrechte umfasst kollektive Ansprüche. Zu diesen gehört beispielsweise das Rechte auf Entwicklung, Frieden, eine eigene Sprache sowie ein Recht auf eine intakte Umwelt und einen gerechten Anteil an den natürlichen Ressourcen. Erst zusammen bilden die drei Generationen der Menschenrechte den Rahmen für ein Weltbürgerrecht.

An dieser Gestalt der Menschenrechte wird zweierlei deutlich: Zum einen sind die Menschenrechte kein einheitlicher oder schlechthin universaler Ausdruck der Idee des Weltbürgerrechtes. Denn sie sind selbst ein komplexes und unabgeschlossenes Gebilde, das erst im Laufe der Zeit zu seiner heutigen Form gewachsen ist. So wie die Menschenrechte in der Vergangenheit immer wieder fortgeschrieben wurden, so bedürfen sie auch in Zukunft einer ständigen Weiterentwicklung im Hinblick auf neue gesellschaftliche Herausforderungen.

Zum anderen wird gerade in dem Verhältnis von erster und dritter Generation das Spannungsverhältnis von Universalismus und Partikularismus deutlich. Menschenrechte sind der Versuch, einen globalen Universalismus zu stärken, wobei gleichzeitig immer auch ihre kulturelle Umsetzung in lokalen Institutionen und das Verhaltensmuster der Menschen mit im Blick bleiben muss. Die konkrete Realisierung der Menschenrechte ist deshalb immer auch auf den gesellschaftlichen Diskurs angewiesen. Menschenrechte sind immer wieder neu im Plural auszubuchstabieren.

Fazit: Welches Modell von Weltpolitik überzeugt?

Die Überlegungen zu den verschiedenen Modellen von Weltpolitik legen den Schluss nahe, dass das Global Governance-Modell nicht nur die besten Aussichten auf Erfolg haben dürfte, sondern dieses Modell auch aus den ethischen Überlegungen heraus zu favorisieren ist.

Weltpolitik im Sinne von Global Governance hat dabei vor allem eine vernetzte Vielfalt unterschiedlicher Steuerungsformen vor Augen. Dies schlägt sich auch in der Bandbreite der konkreten politischen Forderungen nieder: Die Stärkung des Völkerrechts wird genauso anvisiert wie regionale Kooperationen (beispielsweise in der Europäischen Union) oder die Förderung von Nichtregierungsorganisationen und die Kooperation von Unternehmen mit der öffentlichen Hand (so genannten Public-Private-Partnerships). Erst durch eine Mischung der verschiedenen Formen kann eine auf Kooperation ausgerichtete Weltpolitik realisiert werden. Die in diesem Konzept implizierte Skepsis gegenüber politischen Allmachtsphantasien ist ein überzeugendes Element von Global Governance.

Dem Global Governance-Konzept liegt ein Verständnis von Globalisierung zu Grunde, das viele Ähnlichkeiten mit dem skizzierten Verständnis der Globalisierung als Netzwerk hat. Die Anerkennung, dass globale Wirklichkeit ein relationales Gefüge ist, impliziert auch die Annahme, dass Menschen immer miteinander verbunden sind und einzelne Teile der Menschheit (oder politische Institutionen) nicht von anderen losgelöst werden können. Jedes Handeln kann Auswirkungen auf andere Teile des Relationengefüges haben. Das Global Governance-Modell akzeptiert diese Ausgangssituation und versucht, sie produktiv für eine konstruktive Gestaltung von Weltpolitik fruchtbar zu machen.

Gleichzeitig teilen viele Global Governance-Theoretiker mit dem relationalen Ansatz auch den erkenntnistheoretischen Vorbehalt, der besagt, dass globale Welt letztlich immer auch ein Moment des Unverfügbaren impliziert. Welt als relationales Gefüge ist komplex und dynamisch und kann nicht vollständig oder objektiv erkannt werden. Globalisierte Welt entzieht sich deshalb im Letzten immer einer absoluten Erkenntnis.

Schlussendlich impliziert Global Governance auch einen ethischen Universalismus, der sich an einer universalen Idee orientiert (kooperative Lösung globaler Probleme), gleichzeitig aber auch die Differenzen der Weltgesellschaft angemessen beachten will. Global Governance als politisches Konzept sucht nach neuen Verfahren zur Umsetzung des ethischen Spannungsverhältnisses von Universalismus und Partikularismus. Hierzu wird ein Verständnis von Politik entwickelt, das sich gegen ein technisches Machbarkeitsdenken stellt und auf die Mehrdimensionalität von Steuerungsinstrumenten setzt. Damit wird sozialphilosophisch von Macht auf Einfluss umgestellt. Das dialektische Verhältnis von Einheit und Differenz und der relationale Ansatz schlagen sich hier in einem strukturellen Machtverständnis nieder. Global Governance impliziert ethisch dabei sowohl kommunitaristische wie liberale Spuren, wohingegen utilitaristische und kulturrelativistische Ansätze als zu kurz greifend zurückgewiesen werden.

Damit ist der systematische Teil der Philosophie der Globalisierung abgeschlossen. Bevor der Blick auf einzelne Facetten der Globalisierung gelenkt werden soll, werden im folgenden Kapitel fünf prominente Philosophen daraufhin befragt, was sie zur Globalisierung zu sagen haben.

V. Philosophen über Globalisierung

Globalisierung und Gerechtigkeit (John Rawls)

Mit der *Theorie der Gerechtigkeit* (1971) hat John Rawls eines der wichtigsten, vielleicht sogar das wichtigste Werk der praktischen Philosophie des 20. Jahrhunderts vorgelegt. Seine Grundfrage ist sehr einfach: Wie sollen die Institutionen einer gerechten Gesellschaft aussehen und welche Argumente lassen sich hierfür angeben? Rawls entwickelt damit eine Argumentation für eine gerechte Gesellschaftsordnung. Er fragt weniger danach, was eine gerechte Handlung ist oder wodurch sich ein gerechter Mensch auszeichnet. Der erste Gegenstand der Gerechtigkeit ist die Grundstruktur der Gesellschaft als solche. Gerechtigkeit ist – wie er selbst sagt – die erste Tugend sozialer Institutionen. Dabei will er keineswegs eine einheitliche Moral, Religion oder Weltanschauung voraussetzen, sondern eine möglichst allgemeine philosophische Begründung einer gerechten Gesellschaftsordnung liefern.

Um zu begründen, was eine gerechte Gesellschaft ausmacht, stellt Rawls ein Gedankenexperiment an: In der Tradition der Vertragstheorien stehend und mit einer kantischen Brille fragt Rawls danach, für welche Gesellschaftsordnung Menschen sich in einem fiktiven Urzustand entscheiden würden. Die Menschen im Urzustand haben, so seine Annahme, einerseits eine individuelle Vorstellung von ihrem eigenen Lebensplan und wollen diesen bestmöglich verwirklichen. Menschen sind dabei in gewisser Weise eigennützig, denn bei der Verteilung von Grundgütern will jeder lieber mehr als weniger haben. Andererseits haben alle Menschen auch ein Interesse daran, sich als freie Menschen für eine bestmögliche Gesellschaftsordnung zu entscheiden.

Um ein möglichst gerechtes Verfahren zur Verteilung von Gütern und Rechten innerhalb einer Gesellschaft zu gewährleisten, nimmt Rawls an, dass die Menschen im Urzustand kein Wissen über persönliche Anlagen und Fähigkeiten, äußere Umstände, gesellschaftliche Positionen oder Generationenangehörigkeit haben. Sie befinden sich hinter einem „Schleier des Nichtwissens“ in diesem Urzustand und wissen nichts über ihre gesellschaftliche Ausgangssituation. In einem Abwägungsprozess würden die Menschen nun hinter diesem Schleier des Nichtwissens überlegen, welchen allgemeinen Prinzipien sie zustimmen würden, um sowohl ihren Lebensplan wie eine gerechte Gesellschaft bestmöglich verwirklichen zu können.

Am Ende dieses Prozesses würden sich die Menschen auf zwei Gerechtigkeitsgrundsätze einigen. Der erste Grundsatz besagt, dass Grundfreiheiten das Wichtigste sind, für das sich Menschen aus rationalen Überlegungen entscheiden würden. Alle Menschen würden für das umfangreichste System gleicher Grundfreiheiten votieren – so der erste Grundsatz. Der zweite Grundsatz würde die Verteilung bzw. den Zugang zu materiellen und gesellschaftlichen Grundgütern regeln. Soziale und wirtschaftliche Ungleichheiten wären dann zulässig, wenn erstens eine faire Chancengleichheit gewahrt würde, das heißt Ämter und gesellschaftliche Positionen allen offen stünden, und zweitens die Unterschiede denen, die am wenigsten begünstigt sind, am meisten zugute kommen würden. Mit dem zweiten Aspekt unterscheidet sich Rawls deutlich von utilitaristischen Positionen, die für eine Nutzenmaximierung votieren, ohne zu fragen, wem die Vorteile zugute kommen. Damit nimmt Rawls die Verteilungsgerechtigkeit in den Blick.

Rawls legt mit seiner Gerechtigkeitstheorie den liberalen Ethikansatz des 20. Jahrhunderts schlechthin vor. Sie ermöglicht letztlich eine ethische Begründung des demokratischen sozialen Rechtsstaats. Denn das System der größtmöglichen Grundfreiheiten und das Verteilungsprinzip von Grundgütern führen, wenn man es politisch ausbuchstabiert, letzten Endes zu einem sozialstaatlich demokratischen Modell.

In Bezug auf eine Philosophie der Globalisierung fällt natürlich auf, dass mit diesen Überlegungen noch nichts über eine gerechte Gestaltung der Weltgesellschaft ausgesagt ist. Rawls hat dieses Problem selbst gesehen und deshalb in den letzten zehn Jahren seines Schaffens vorgeschlagen, wie die Gerechtigkeitstheorie, die primär für eine nationalstaatlich verfasste Gesellschaft gedacht war, globalisiert werden kann. Besondere Bedeutung kommt dabei seiner Schrift *Das Recht der Völker* von 1999 zu.

Wer allerdings erwartet, dass Rawls damit eine klar strukturierte globale Gerechtigkeitstheorie analog seinen Überlegungen zu Gerechtigkeit in nationalstaatlich verfassten Gesellschaften vorlegen würde, der muss enttäuscht werden. Dies mag zuerst erstaunen, denn man könnte sich vorstellen, die Theorie der Gerechtigkeit inklusive ihres Begründungsweges einfach global auszuweiten. Könnten nicht alle Menschen weltweit als Teilnehmer eines globalen Urzustandes verstanden werden, die sich auf Prinzipien für eine gerechte Gestaltung globaler Institutionen einigen?

Rawls meint nein. Er entwickelt demgegenüber vielmehr ein zweigeteiltes Verfahren: Zuerst versucht jede Gesellschaft, für sich gerechte Prinzipien und Regeln entsprechend der Theorie der Gerechtigkeit zu etablieren. Danach suchen die Vertreter dieser Gesellschaften ihren Umgang untereinander zu regeln. Rawls bleibt damit also im Rahmen des kantischen Denkens und konzeptualisiert die Frage nach Gerechtigkeit vor allem als eine Frage des Verhältnisses von Gesellschaften und weniger als Frage der Weltgesellschaft als Ganzer.

Dabei fällt allerdings auf, dass Rawls von Völkern (peoples) und nicht von Staaten spricht. Damit will er sich letztlich von einem politischen Realismus absetzen, der, wie gesehen, den Staat als alleinigen Akteur ansieht, der notfalls mit Gewalt seine Interessen vertritt. Staaten verkörpern damit oft überzogene Souveränitätsansprüche, die nicht selten Frieden verhindern. Um sich von einer solchen Position abzugrenzen, spricht Rawls von Völkern, die er in den Mittelpunkt des globalen Aushandlungsprozesses über Gerechtigkeit stellt. Man muss allerdings festhalten, dass damit natürlich im Grunde Staaten gemeint sind.

Rawls unterscheidet fünf Typen von Gesellschaftsordnungen auf globaler Ebene: (1) Vernünftige liberale Völker, (2) achtbare Völker, die zwar die Menschenrechte achten, letztlich aber nichtliberale Formen der Demokratie etablieren, (3) ‚outlaw-regimes', die die Menschenrechte und völkerrechtliche Bestimmungen missachten, (4) durch ungünstige Umstände belastete Gesellschaften (beispielsweise durch mangelndes Know-how oder instabile politische Führungen) und (5) absolutistische Gesellschaften.

Für die Frage nach einem gerechten Verhältnis der Völker untereinander argumentiert Rawls für eine zweistufige Urzustandsüberlegung, wobei in die erste deutlich weniger Völker einbezogen werden als in die zweite. In den ersten Urzustand sind nämlich nur die wohlgeordneten liberalen Völker eingebunden, wobei bei der Lektüre von Rawls nicht klar wird, wer darüber entscheidet, wer zu dieser Gruppe gehört und wer nicht. Entsprechend einer rationalen Abwägung würden sich diese liberalen Völker für die Anerkennung der aufgezeigten Gerechtigkeitsprinzipien und die Etablierung eines völkerrechtlichen Rahmens zur Sicherung dieser Prinzipien einigen. Der Bezugspunkt hierfür wären weniger die einzelnen Individuen als die Völker als Ganze. Die rationalen Eigeninteressen der Völker sind nach Rawls ihre politische Unabhängigkeit, der Schutz der eigenen politischen Kultur, ihre territoriale Integrität und der Wohlstand ihrer Bürger.

In dem zweiten Urzustand würden sich dann liberale und achtbare Völker miteinander auf globale Spielregeln einigen. Letztlich läuft auch dieser Einigungsprozess auf eine gemeinsame Achtung des Völkerrechtes hinaus, denn eine solche Gestaltung globaler Prozesse ist für beide Parteien von

Vorteil. Der Unterschied zum ersten Urzustand ist allerdings vor allem in der Tatsache begründet, dass liberale Völker noch einmal mehr herausgefordert sind, die Selbstständigkeit anderer Völker zu respektieren. Aus rationalen Gerechtigkeitsüberlegungen würden sie sich für eine Tolerierung der achtbaren Völker und deren politischer Modelle entscheiden.

Liberale und achtbare Völker würden Gerechtigkeit also vor allem durch völkerrechtliche Spielregeln politisch realisieren, weil eine so abgesicherte Kooperation für alle Beteiligten vorteilhaft ist. Inhaltliche Grundpfeiler des Völkerrechts, auf das sich die Völker in dieser zweistufigen Urzustandsüberlegung einigen würden, sind unter anderem die Anerkennung der Freiheit und Unabhängigkeit der Völker, die Pflicht, Verträge zu erfüllen, die Pflicht der Nichteinmischung, das Recht auf Selbstverteidigung, die Pflicht, Menschenrechte anzuerkennen oder die Pflicht, Völkern zu helfen, die unter ungünstigen Bedingungen leben, welche eine gerechte oder achtbare politische und soziale Ordnung verhindern.

Damit finden sich im Wesentlichen die Grundprinzipien der Vereinten Nationen bei Rawls wieder. Allerdings nimmt er insofern eine Transformation vor, als er das Nichteinmischungsverbot gegenüber gesetzlosen und verbrecherischen Regimen, welche die Menschenrechte nicht achten, relativiert. Solche Regime dürfen für ihr Handeln bestraft werden. Krieg ist hier in einer beschränkten Weise als gerechter Krieg erlaubt. Zur Verteidigung liberaler demokratischer Institutionen und der Pluralität von Lebensformen kann es notwendig sein, militärische Mittel anzuwenden. Rawls schränkt allerdings ein, dass Kriege zur Mehrung von Wohlstand oder Erschließung natürlicher Ressourcen nicht legitim sind, weil sonst das liberale Volk letztlich selbst zu einem Unrechtsregime werden würde.

Das Ziel von Rawls liegt im Grunde ganz in der kantischen Tradition. Es geht ihm um eine Etablierung bzw. Stärkung des Völkerrechtes im Sinne einer rechtlichen Kooperation souveräner Völker. Ziel ist ein friedliches Zusammenleben der Völker durch Einhaltung von als fair anerkannten Regeln. Dies entspricht letztlich einem globalen Friedensvertrag zwischen den Völkern, der von allen Beteiligten aus rationalen Gründen geschlossen wird. Gerechtigkeit durch Recht ist gewissermaßen das Motto der Argumentation von Rawls. Dabei sind die Völker der primäre Bezugspunkt. Seine Position liegt deshalb zwischen einem politischen Realismus und dem Modell eines föderalen Weltstaates.

Postnationale Konstellation (Jürgen Habermas)

Das philosophische Werk von Jürgen Habermas hat die geisteswissenschaftliche und sicherlich auch die öffentliche Debatte in Deutschland über die letzten vier Jahrzehnte hinweg entscheidend mitbestimmt. Als ein Denker des gesellschaftlichen Ganzen verwundert es nicht, dass er sich seit Jahren verstärkt auch mit dem Phänomen der Globalisierung beschäftigt. Die Bände zur *Postnationalen Konstellation* (1998) und zum *Gespaltenen Westen* (2004) sind Kristallisationspunkte seines Nachdenkens über Globalisierung. Auch diese Überlegungen stehen wie sein gesamtes philosophisches Schaffen unter einem aufklärerischen Fokus: Er möchte Emanzipation und Demokratie fördern, Menschen zur Beteiligung an gesellschaftlichen Prozessen bewegen und zu mehr Verständigung beitragen.

Seine philosophische Grundidee setzt bei der alltäglichen Situation des Gesprächs an. Er stellt fest, dass Menschen nicht *nicht* miteinander sprechen können. Im Gespräch suchen Menschen in unterschiedlicher Weise nach Verständigung. Sie wollen, dass man ihnen zuhört, ihre Äußerungen ernst nimmt und dass der Gegenüber diese auch in sein eigenes Handeln einbezieht. Wahrheit ist in dieser Perspektive nichts fest Vorgegebenes mehr, sondern das kann als wahr gelten, auf das sich Menschen in einem gemeinsamen Gespräch einigen. Habermas entwickelt damit eine Konsenstheorie von Wahrheit. Diese erkenntnis- und sprachphilosophische Einsicht überträgt Habermas auf die Frage nach der Deutung des Sozialen paradigmatisch in der *Theorie des kommunikativen Handelns* (1981).

Soziologisch betrachtet ist die Basis dieser Theorie ein dreigeteiltes Gesellschaftskonzept, das Lebenswelt, Öffentlichkeit und Systeme unterscheidet. Die Lebenswelt legt die Formen menschlicher Verständigung fest. In den lebensweltlichen Kontexten des Alltags handeln Menschen intuitiv kommunikativ und suchen nach Verständigungen. Die Öffentlichkeit wiederum hat die Aufgabe, die Problemlagen, die in der Lebenswelt entstehen, aufzunehmen, lautverstärkend in den öffentlichen Raum einzuspeisen und Druck auf das politische System auszuüben. Teilsweise bilden sich hierfür auch Organisationen heraus wie Kirchen, Sport- und Freizeitvereine oder Bürgerinitiativen. Der Bereich der Systeme trägt der Einsicht Rechnung, dass Menschen auch strategisch handeln, das heißt funktional ein bestimmtes Ziel verfolgen. Deshalb bilden sich in ausdifferenzierten Gesellschaften Systeme heraus wie Ökonomie oder Politik. Im Gegensatz zur Systemtheorie sind die Systeme bei Habermas allerdings nicht geschlossen, sondern sie stehen in einem dynamischen Verhältnis zueinander und zur Öffentlichkeit.

Was bedeutet dies nun für den Bereich der Ethik? Habermas kommt in seinen ethischen Überlegungen zu dem Schluss, dass es keine absoluten Normen unabhängig vom Menschen geben kann, wie früher Philosophen oft meinten. Deshalb sind Normen allerdings nicht vollkommen relativ, sondern mit Blick auf die grundlegende Erfahrung des Sprechens erkennen Menschen, dass die Normen als legitimiert anerkannt werden können, denen alle zustimmen. Der diskursethische Grundsatz von Habermas lautet, dass nur die Normen Geltung beanspruchen können, die die Zustimmung aller Betroffenen in einem Diskurs finden.

Dahinter steht die Einsicht, dass wer zu argumentieren anfängt, schon immer bestimmte Regeln respektiert, hinter die er oder sie nicht mehr zurückgehen kann. Wer redet, muss diese Regeln immer schon akzeptieren, denn sonst verwickelt er sich in einen Selbstwiderspruch. Solche Diskursregeln sind beispielsweise: Kein äußerer Zwang darf das Gespräch behindern, Geltung hat das beste Argument oder: jeder sollte die gleiche Chance zur Beteiligung am Gespräch haben. Zur Umsetzung dieser Regeln sind Verfahren zu institutionalisieren, die eine Beteiligung möglichst aller Betroffenen an Aushandlungen über normative strittige Fragen ermöglichen und garantieren.

Die Diskursethik von Habermas setzt also bei der erfahrbaren Lebenswirklichkeit der Menschen an. Sie ist dabei eine formale Ethik, denn sie geht davon aus, dass es keine vom Menschen unabhängigen oder ewig existierenden Normen gibt. Ganz in der kantischen Perspektive nimmt Habermas aber natürlich auch an, dass Menschen rational kommunizieren und sich in einem (wenn auch hypothetischen) Diskurs einigen können. Diese kommunikative Rationalität – so betont er immer wieder – begründet dabei entgegen Kant oder Rawls allerdings eine dialogische und keine monologische Ethik. Normen für das Zusammenleben können nur aus dem dialogischen Argumentieren selbst begründet werden und nicht aus einer monologischen Vernunftspekulation.

Habermas hat in vielen Schriften aufgezeigt, wie diese philosophische Einsicht politisch umgesetzt werden kann. „Deliberative Demokratie" ist das Schlagwort, das über diesen Überlegungen steht. Damit will er sich einerseits gegen die kommunitaristische Position abgrenzen, die ihm zu stark auf die geteilte Wertetradition einer Gemeinschaft abzielt und Politik realitätsfern scheinbar nur als normative Selbstverständigung einer Gemeinschaft versteht. Andererseits positioniert sich Habermas auch gegen eine rein liberale Sicht, welche die soziale Dimension des Bürgers zu wenig betont, und in welcher Politik scheinbar nur den Schutz bzw. die Durchsetzung von Privatinteressen vor Augen hat. Rechte sind seiner Ansicht nach nicht nur zum Schutz des Bürgers gegenüber dem Staat da.

Demgegenüber will die deliberative Demokratie Meinungs- und Willensbildungsprozesse institutionalisieren, durch die möglichst alle Betroffenen einer Gesellschaft an den Diskussionen über kritische Fragen des Zusammenlebens beteiligt werden. Die sich spontan bildende, kreative und dezentrale Öffentlichkeit sichert dabei die Pluralität von Meinungen. Das Ziel solcher Verfahren ist ein kommunikativ erzeugter vernünftiger Konsens. Nur so können die Normen für unser Zusammenleben legitimiert und die Menschen dazu veranlasst werden, diese auch in ihrer eigenen Lebenswelt mit zu tragen. Damit verändert sich letztlich auch die Legitimation demokratischer Verfahren. Demokratie bedeutet – so Habermas – nicht nur, dass gewählte Politiker gesellschaftliche Prozesse steuern, sondern impliziert auch eine besondere Beachtung der Zivilgesellschaft. Das demokratische Verfahren zieht „seine legitimierende Kraft nicht mehr nur, und nicht einmal in erster Linie, aus Partizipation und Willensäußerung, sondern aus der allgemeinen Zugänglichkeit eines deliberativen Prozesses, dessen Beschaffenheit die Erwartung auf rational akzeptable Ergebnisse begründet. Ein solches diskurstheoretisches Verständnis von Demokratie verändert die theoretischen Anforderungen an die Legitimitätsbedingungen demokratischer Politik" (Habermas 1998, 166).

Schon vor dem 11. September, aber auch besonders danach, hat Habermas im wissenschaftlichen wie öffentlichen Diskurs die Frage gestellt, ob und wie diese Einsichten auf die globale Ebene der Weltpolitik übertragen werden können. In dem wegweisenden Aufsatz zur *Postnationalen Konstellation* arbeitet er diese Frage paradigmatisch heraus. Die Globalisierung fordert seiner Ansicht nach das herkömmliche Verständnis deliberativer Demokratie besonders heraus. Der mit Souveränität ausgestattete Territorial- bzw. Sozialstaat, der früher auf mehr oder weniger homogenen sozialen Identitäten aufbaute, ist gegenwärtig großen Transformationsprozessen ausgesetzt: Kollektive Identitäten zerfallen, die Rechtssicherheit und Effektivität des Verwaltungsstaates sinkt durch neue Risiken und die herkömmliche Souveränität des Territorialstaates wird mit neuen Ansprüche von außen wie innen konfrontiert. Die demokratische Legitimation des Nationalstaates wird dabei grundsätzlich in Frage gestellt.

Historisch betrachtet gab es zwar immer schon Phasen der Ausdifferenzierung mit einem Wechsel von Öffnungs- und Schließungstendenzen der Gesellschaften. Der Liberalisierungsschub, der mit der gegenwärtigen Globalisierung einhergeht, bringt jedoch nach Habermas noch einmal eine besonders große Gefahr der Entfremdung von der eigenen Lebenswelt mit sich. Die Systemintegration wird immer stärker, beispielsweise indem die menschliche Alltagswelt immer mehr einem ökonomischen Diktat unterstellt wird. Deshalb spricht Habermas auch von einer drohenden Entgleisung moderner Gesellschaften, weil die Basis ihrer eigenen Institutionen, (die kommunikative Verständigung) brüchig zu werden droht. Deshalb wirbt Habermas für eine Stärkung der Lebenswelt und des kommunikativen Handelns in Zeiten der Globalisierung.

Habermas warnt zudem angesichts globaler Entwicklungen davor, einer erneuten Festschreibung eines Freund-Feind-Schemas auf globaler Ebene à la Carl Schmitt den Weg zu bereiten und damit kommunikative Prozesse zu blockieren. Stattdessen will er eine transnationale Weltinnenpolitik fördern, die nach demokratischen Legitimationen von Entscheidungen jenseits des Nationalstaates sucht. Dazu sind auch auf globaler Ebene die wechselseitigen Interessen und Argumente der unterschiedlichen Akteure zu beachten. Dabei gilt auch hier: Politik kann nur durch Argumente und Austausch zu einer kooperativen Lösung anstehender Weltprobleme gelangen.

Der globalen Zivilgesellschaft kommt in diesem Prozess eine besondere Rolle zu. Akteure der Weltöffentlichkeit können Probleme der Menschen weltweit hörbar machen und so einen gemeinsamen Diskussionsprozess über deren Lösung anstoßen. Dies ist allerdings nur möglich, solange die globalen Medien die Botschaft der Zivilgesellschaft nicht durch eine rein ökonomische Logik verzerren und damit deren gestalterisches Potenzial unterlaufen. Als politisches Sprachrohr sind Nichtregierungsorganisationen ein wichtiger Teil des globalen Mehrebenensystems, das es zu stärken und schützen gilt.

Die Geschichte der Europäischen Union ist für Habermas ein Paradebeispiel eines globalen Mehrebenensystems. Nach den Erfahrungen des Krieges hat Europa einen vorbildhaften Weg gesucht, die unterschiedlichen politischen Meinungen in gemeinsamen Aushandlungsprozessen miteinander in Beziehung zu setzen. Es entstanden politische Institutionen, die sich entsprechend dem Prinzip der Subsidiarität durch mehrere Ebenen durchziehen. Dies führte letztlich auch zu einer Transformation nationalstaatlicher Kompetenz in Europa. Die Institutionen der EU sind heute komplementär zu den Nationalstaaten ein wichtiger Baustein, um grenzüberschreitende Probleme gemeinsam anzugehen.

Die zentrale politische Frage auf globaler Ebene ist, wie auch dort solche deliberative Verfahren organisiert oder institutionalisiert werden können. Hierfür ist – und hier gehen die Argumente von Habermas Hand in Hand mit dem Global Governance-Modell – eine Mischung von Steuerungsmechanismen auf verschiedenen Ebenen geboten: Der Nationalstaat als wichtiges Element internationaler Institutionen wird von ihm gleichermaßen betont wie eine Stärkung des Völkerrechts und der globalen Zivilgesellschaft. Die politisch verfasste Weltgesellschaft ist realistisch nur als ein Mehrebenensystem vorstellbar.

Natürlich sieht Habermas auch die Probleme, die solche Verfahren eher blockieren als fördern. Der globale Terrorismus, der die Verwundbarkeit komplexer Systeme durch Angriffe auf symbolhafte Ziele ausnutzt, stellt beispielsweise eine große Herausforderung für eine an dem Prinzip der deliberativen Demokratie ausgerichtete Weltpolitik dar. Den Terrorismus deutet Habermas letztlich als eine kommunikative Pathologie, insofern er Kommunikation abbricht, Misstrauen stärkt und die Spirale der Gewalt beschleunigt. Trotzdem spricht für Habermas der Terrorismus nicht grundsätzlich gegen die Einsichten der Diskursethik und deliberativen Demokratietheorie. Terroristische Gewalt ist zwar eine zynische Ausnutzung der Verwundbarkeit der westlichen Welt, die unter anderem ermöglicht wird durch das Fehlen entsprechender ökonomischer und rechtlicher globaler Sicherungssysteme. Der Terrorismus spricht aber nicht grundsätzlich dagegen, dass auch auf globaler Ebene eine diskursive Verständigung möglich ist. Denn diskursive Verständigung findet sich nach Habermas in allen Kulturen gleichermaßen in den Alltagserfahrungen der Menschen. Das Diskursmodell hat sich im Alltag über so lange Zeit und in so vielen Kulturen bewährt – wieso sollte es im globalen interkulturellen Diskurs versagen?

Deshalb sind kommunikative politische Modelle auf der globalen Ebene aus Sicht der deliberativen Theorie zu fördern. Es geht Habermas letztlich darum, dass sich die Menschen dabei als aktive Weltbürger den Herausforderungen globaler Dynamik stellen. Auch deshalb ist es für ihn wichtig, nicht nur den Staat oder kollektive Akteure bei der Konzeption von Weltpolitik zu beachten, sondern auch den einzelnen Menschen. Diese Einsicht spiegelt sich in seiner Reflexion des kantischen Weltbürgerrechts wider. Kant hatte mit der Idee des Weltbürgerrechtes die Individuen als Träger von Rechten unabhängig von Staaten interpretiert. Allerdings hatte er (wie bereits gesehen) die Potenziale des Weltbürgerrechtes zu gering veranschlagt und stattdessen den Staaten ein zu großes Gewicht gegenüber den Weltbürgern eingeräumt. Diese theoretische Entscheidung Kants greift für Habermas zu kurz, denn die Pointe des Weltbürgerrechts besteht gerade darin, dass die Bedeutung der einzelnen Weltbürger als solche gestärkt wird. Die Deutung der globalisierten Welt als Assoziation freier und gleicher Weltbürger sollte deshalb in gegenwärtigen Fragen der Weltpolitik stärkere Beachtung finden.

Die liberale Ironikerin im globalen Kontext (Richard Rorty)

Rortys Denken ist vor dem geistesgeschichtlichen Hintergrund der Postmoderne zu verorten. Die voranschreitende Ausdifferenzierung heutiger Gesellschaften, die Betonung von Individualisierung und Selbstverwirklichung und die Erfahrung des Pluralismus prägen Rortys philosophisches Schaffen zutiefst.

Zu Beginn seiner Karriere ist Rorty allerdings fest verwurzelt in der analytischen Philosophie US-amerikanischer Provenienz, die beim Nachdenken über Sprache zu möglichst eindeutigen und präzisen Aussagen über Wirklichkeit gelangen möchte. Nach dem Studium in Chicago bei Rudolf Carnap lernt er in Yale und Princeton die Argumentation analytischer Philosophen gut kennen. Deren Suche nach einer möglichst exakten Sprache geht Rorty allerdings im Laufe der Jahre deutlich zu weit. Immer mehr bildet er demgegenüber seine eigene philosophische Position heraus. Seine Grundidee dabei ist, dass es nicht nur eine exakt fassbare Wahrheit gibt, sondern Wahrheit nur im Plural zu denken ist. Weil Menschen Wahrheiten untereinander nicht mehr endgültig abwägen können, bleibt ihnen gar nichts anderes übrig, als die Wahrheit, die sie vor dem Hintergrund ihrer eigenen Geschichte und Kultur am plausibelsten halten, zu vertreten. In seinem Falle ist das der Pluralismus der westlichen Demokratien. Das ist seine politische Wahrheit, von der er überzeugt ist und die er in den globalen Diskurs einbringt.

Auch in seinem konkreten beruflichen Werdegang zeigt sich die Abwendung von den Grundannahmen der analytischen Philosophie. Rorty will immer mehr Philosophie nicht als analytische Wissenschaft betreiben, sondern vielmehr als Literaturwissenschaft, das heißt als eine Auslegung des eigenen geschichtlich-kulturellen Kontextes. Deswegen kehrt er dem klassischen philosophischen Universitätsbetrieb analytischer Prägung schlussendlich den Rücken und wird 1982 erst Professor für Geisteswissenschaften in Virginia und 1998 Professor für vergleichende Literaturwissenschaft an der Universität in Stanford.

Zentrales Themenfeld der Begründung dieser Wende ist für ihn die Metaphysik. Die traditionelle Metaphysik im Allgemeinen und die metaphysischen Implikationen der analytischen Philosophie im Besonderen bieten seiner Meinung nach nur eine Scheinsicherheit und vergessen, dass alles menschliche Sprechen und Denken immer kontextgebunden ist. Es gibt keine absolute Wahrheit – so die Grundannahme, die Rorty immer wieder vorbringt. Die Vielfalt von Interpretationsmöglichkeiten und ihre Kontextgebundenheit anerkennen heißt für ihn letztlich, eine Haltung der Ironie annehmen. Ironie wird dabei nicht in einem umgangssprachlichen Sinne verstanden, sondern im Anschluss an die Philosophie der Romantik als Kontingenzbewusstsein. Ironisch sein heißt, Kontingenz anerkennen und skeptisch gegenüber überzogenen Wahrheitsansprüchen werden.

Der traditionelle Metaphysiker allerdings will an universaler Wahrheit festhalten, sucht nach Argumenten für die Ewigkeit und will damit den scheinbar sicheren Pfad der Philosophie gehen. Rorty hingegen bevorzugt den Typ Philosophen, der stark literarische Züge aufweist. Dieser erkennt an, dass es keine absolute Wahrheit gibt und schreibt stattdessen Satiren oder Aphorismen, die zum ursprünglichen philosophischen Staunen verhelfen sollen. Der von Rorty favorisierte Typ Philosoph reagiert auf Kontingenz also schöpferisch und kreativ.

Rortys politische Philosophie baut auf dieser Dekonstruktion metaphysischen Denkens auf. Angelpunkt ist dabei die Unterscheidung von öffentlich und privat. Diese Unterscheidung wird seiner Ansicht nach heute von vielen Menschen nicht ernst genommen und der Bereich der individuellen Selbstverwirklichung mit dem Bereich der Öffentlichkeit zu stark verbunden. Stattdessen schlägt Rorty vor, literarische Selbsterschaffung und metaphysische Weltdeutung im Bereich des Privaten zu belassen. Er schätzt diesen Bereich nicht gering, aber aus dem Bereich des Privaten können seiner Ansicht nach keine politischen Forderungen abgeleitet werden. Im Privaten erschaffen Menschen ihre eigene Wahrheit, aber sie sollten nicht so tun, als ob es sich hierbei um eine philosophisch verallgemeinerbare Einsicht handeln würde, aus der sogar noch politische Schlussfolgerungen abgeleitet werden könnten. Eine Verschränkung von Lebenswelt und Öffentlichkeit, wie Habermas sie vor Augen hat, würde Rorty deshalb ablehnen.

Politische Forderungen lassen sich für Rorty heute nicht mehr mit metaphysisch abgesicherten Gesellschaftsdeutungen oder Werten begründen. Sie fußen alleine in der allgemein menschlichen Erfahrung, dass Grausamkeit das Schlimmste ist, was Menschen tun können. Solche Grausamkeiten gilt es zu überwinden, das heißt solidarisch zu sein mit denen, die leiden. Solidarität ist dabei nicht ein metaphysisch gedachtes Widererkennen des Menschlichen in allen Menschen, sondern die Einsicht, dass alle kulturellen oder politischen Unterschiede letztlich vernachlässigbar sind im Hinblick auf die Leiderfahrung. Die Form von Solidarität, die als Reaktion auf die Erfahrung von Leid gewählt wird, ist letztlich zwar auch historisch kontingent, aber sie ist die einzige Möglichkeit mit dem umzugehen, was Menschen im Bereich der Öffentlichkeit angeht. Wer dies anerkennt, ist ein wahrhaft Liberaler, womit sich Rorty deutlich in die Tradition liberaler Ethikansätze einreiht.

Ziel des philosophischen Nachdenkens von Rorty ist es, diese Konzeption der liberalen Ironikerin zu stärken: Gegen traditionelle Metaphysik und für die Achtung der historischen Kontingenz des Denkens und Sprechens bzw. eine solidarische Überwindung von Leid. Die westliche Demokratie und in besonderer Weise die Menschenrechte sind Ausdruck dieses liberalen Denkens – Rortys eigenem kulturellen Kontext. Natürlich kann es für ihn keine metaphysische Letztbegründung für Menschenrechte geben, sondern sie stellen vielmehr eine ethnozentrisch bedingte Anleitung zur Leidüberwindung dar. Theoretische Diskussionen über die Begründung der Menschenrechte führen seiner Meinung nach deshalb nicht weiter. Die Philosophie sollte die Menschheit nicht durch derartige a-historischen Wahrheiten entlasten, sondern aus der liberalen Sicht zu verantwortlichem Handeln ermutigen. Die Menschenrechte können hierfür eine Hilfe sein.

Wie wendet nun aber Rorty seinen philosophischen Ansatz auf die Globalisierung an? In dem Aufsatz *Stolz auf unser Land* (1999) findet sich ein Hinweis darauf. Seine Überlegungen zur Globalisierung und Weltpolitik entwickelt Rorty dort in der Auseinandersetzung mit den US-amerikanischen Linksintellektuellen. Er bemängelt an diesen, dass ihnen eine Gefühlsbindung an das eigene Land und die politische Tradition – im Falle der USA zum politischen Liberalismus – fehle. Eine solche Bindung ist allerdings wichtig für die Bildung sozialer Identitäten im Zeitalter der Globalisierung. Problematisch ist Rortys Meinung nach zwar, wenn Nationalstolz in militärischen Chauvinismus umkippt, wie das seit dem 11. September immer wieder der Fall ist. Nichtsdestotrotz darf dies nicht dazu führen, dass deshalb das eigene liberale Vokabular der Gemeinschaft in Vergessenheit gerät.

Die Linksintellektuellen in den USA stehen nach Rorty genau in dieser Gefahr. Sie betreiben nur noch Kulturpolitik und entwickeln keine Vision für das eigene Land. Mit Blick auf Michel Foucault interessieren sie sich nur noch für ein inhaltsleeres Theoretisieren über Gesellschaft und fixieren sich auf die Frage nach der Macht. Dabei können sie aber keine wirklichen Alternativen zu dem Modell einer liberalen Marktwirtschaft aufzeigen.

Gerade Intellektuelle sollten für liberale Freiheiten und Grundrechte in globalen Fragen eintreten, weil sie das beste Mittel gegen Grausamkeit sind. In der Geschichte hat sich noch kein adäquateres Mittel zur politischen Umsetzung von Solidarität gefunden. Deshalb sollten Menschen für das Programm ‚Frieden durch globale Marktwirtschaft' und die Notwendigkeit einer Weltpolizei zur Verwestlichung der Welt im Sinne einer liberalen Überwindung von Grausamkeit eintreten. Weltweit ist für Unterdrückte die Förderung liberaler Werte – auch teilweise mit militärischen Mitteln – die einzige Hoffnung zur Überwindung von Leid und Grausamkeit. Deshalb rät

Rorty den Linksintellektuellen: Das Theoretisieren aufgeben und die Überreste des liberalen Nationalstolzes für eine liberale Gestaltung der Weltgesellschaft mobilisieren.

Beispielhaft zeigt sich Rortys liberal geprägtes Verständnis von Globalisierung und Weltpolitik außerdem an den Diskussionen zum Krieg gegen den Terror nach dem 11. September. Rorty hat es (in seiner Verantwortung als liberaler Ironiker) als seine Pflicht angesehen, sich in diese Diskussion einzubringen. Seine Position ist dabei keine vollkommen geschlossene Argumentation, sondern der Versuch, das Anliegen der liberalen Ironikerin in sich verändernden Kontexten immer wieder neu einzufordern.

Im Februar 2002 sympathisiert Rorty zuerst mit den 60 amerikanischen Wissenschaftlern, unter ihnen Francis Fukuyama (*1952) und Samuel Huntington (*1927), die in einem öffentlichen Statement unter dem Titel *What we are fighting for* den Afghanistankrieg als einen moralisch gerechtfertigten Krieg interpretieren. Rorty greift in seinen Äußerungen dieses Votum auf, betont allerdings, dass es ihm weniger um die moralische Rechtfertigung des Krieges geht (weil damit wieder nur nach letzten Wahrheiten gesucht würde), als um die Verbreitung westlichen Denkens und den Einsatz für Menschenrechte, bei dem notfalls auch Gewalt erlaubt ist.

Ziel von Weltpolitik ist für ihn auch hier eine Verwestlichung der Welt und damit die Ausbreitung des Liberalismus. Mit Feinden des Liberalismus kann und muss man dabei nicht unbedingt solidarisch sein. Aus dieser Haltung heraus begründet sich auch eine gewisse Skepsis gegenüber den Möglichkeiten einer Verständigung über kulturelle Grenzen hinweg, denn letztlich hilft Rortys Ansicht nach ein solcher interkultureller Dialog wenig, um Leid zu mindern. In einem Gespräch in der Süddeutschen Zeitung vom 20.11.2001 streicht Rorty diese Einsicht besonders stark heraus: „Ich verspreche mir nichts von solch einem Dialog. In den zwei Jahrhunderten seit der Französischen Revolution ist in Europa und Amerika eine säkulare humanistische Kultur gewachsen, in der viele gesellschaftliche Ungleichheiten beseitigt wurden. Es gibt noch viel zu tun, aber der Westen ist grundsätzlich auf dem richtigen Weg. Ich glaube nicht, dass er von anderen Kulturen etwas zu lernen hat. Unser Ziel sollte es vielmehr sein, den Planeten zu verwestlichen." Diese Äußerungen zeigen einen deutlichen Zug des politischen Realismus, der letztlich auch hegemoniale Bestrebungen der USA (als Verwestlichung der Welt) rechtfertigt.

Demgegenüber steht allerdings noch eine andere Facette des Denkens von Rorty, die sich insbesondere mit Blick auf seine Deutung der innenpolitischen Entwicklungen in den USA in Zeiten des Terrors zeigt. Eine der größten Wirkungen des Terrors ist für ihn nämlich die Reaktion der westlichen Welt darauf: der Angriff auf die liberale Ordnung durch massive Eingriffe in Grundfreiheiten und Grundrechte.

Hintergrund seiner Einschätzung ist die Tatsache, dass der Terrorismus begrifflich für westliche Politiker mit dem traditionellen Vokabular schwer zu fassen ist. Im Unterschied zum herkömmlichen Krieg hat der Terrorismus keine festen Ziele, wie beispielsweise einen Landgewinn. Es geht vielmehr um einen Angriff auf die Symbole der westlichen Welt bzw. das Zivilisationsmodell als Ganzes. Terroristen sind zudem nicht mehr an Länder gebunden, sie sind weder feindliche Soldaten noch Verbrecher im üblichen Sinn. Rorty schlussfolgert deshalb, dass die westliche Welt aufgrund dieser unscharfen Bestimmung des Terrors große Probleme damit hat, wie sie dem Terrorismus politisch begegnen kann und soll.

Bestes Beispiel für Rorty sind die Politiker in den USA, denn sie tun sich offensichtlich extrem schwer, mit der Mehrdeutigkeit von Terrorismus umzugehen. Zum einen interpretieren die USA Terror als Krieg, was eigentlich im Kern am Terrorismus vorbeigeht. Zum anderen tut die amerikanische Außenpolitik so, als könne mit dem Krieg gegen den Terror und durch den Einsatz von militärischer Macht Sicherheit wieder vollständig hergestellt werden. Dies ist Rortys Ansicht nach aber unmöglich. Gerade deshalb äußert er sich zum Irakkrieg dann auch in eine andere Richtung als noch zum Afghanistankrieg. Der militärische Einsatz für den Liberalismus hat sich für ihn nämlich in der Zwischenzeit selber als unliberal erwiesen, womit er sich letztlich ad absurdum geführt hat.

Der Verdacht, dass der Krieg gegen den Terror potenziell gefährlicher als der Terrorismus selbst ist, ist für Rorty deshalb vollkommen berechtigt. In den USA legt der Staat große Härte an den Tag und untergräbt die Trennung von privat und öffentlich, für die Rorty so leidenschaftlich eintritt. Der Patriot Act der Bush-Regierung gleicht ihm einer Überwachung und Zensur à la George Orwells (1903–1950) Big-Brother-Staat. Die demokratischen Institutionen stehen in der Gefahr, fragil zu werden. Die USA vergessen ihre eigene liberale Tradition und werden zum Tyrannen. Stattdessen votiert Rorty dafür, den Bereich des Privaten wieder mehr zu schützen und mit den Menschen solidarisch zu sein, die aufgrund der Missachtung der Trennung von Privatem und Öffentlichem Leid erfahren. Die Aufgabe von Geheimhaltungspolitik, das Ende von antiliberalen innenpolitischen Maßnahmen und die Stärkung einer kritischen Öffentlichkeit hält er deswegen für enorm wichtig.

Letztlich sind beide – Terrorismus und der Krieg gegen den Terror – ein Angriff auf die für Rorty fundamentale Unterscheidung von öffentlich und privat. Der 11. September war ein Anschlag auf die Reinheit dieser Unterscheidung, die antiliberale Politik der US-amerikanischen Regierung der vergangenen Jahre ist dies allerdings genauso. Rorty hält zwar dennoch an dem politischen Ziel der Verwestlichung der Welt fest. Statt die Welt aber in einen dauerhaften innen- wie außenpolitischen Kriegszustand zu versetzen, sollte die Unterscheidung von privat und öffentlich wieder betont und Grausamkeit solidarisch bekämpft werden. Europa sollte deshalb beispielsweise nicht länger um die Gunst der USA buhlen, sondern selbstbewusst als Gegengewicht zu den USA liberales Denken stärken.

Wiederholender Universalismus (Michael Walzer)

Michael Walzers philosophische Position muss gelesen werden vor dem Hintergrund der Debatte zwischen Liberalisten und Kommunitaristen in den 1980er Jahren. Walzer steht dabei auf der Seite des Kommunitarismus – eine ethische Tradition, die in ihren Grundannahmen im Kontext der Ethik der Globalisierung bereits skizziert wurde. Walzers wichtigstes Werk in der Hochphase dieser Debatte hat er unter dem Titel *Sphären der Gerechtigkeit* 1983 veröffentlicht. Es ist eine kommunitaristische Antwort auf die *Theorie der Gerechtigkeit* von Rawls.

Als Gegenentwurf zur liberalen Gerechtigkeitstheorie von Rawls argumentiert Walzer, dass Philosophie keine universalen Regeln begründen kann, nach denen Güter gerecht verteilt werden können. Soziale Güter werden vielmehr in verschiedenen Sphären unterschiedlich bewertet und nach je eigenen Kriterien zugeteilt. Walzer will also weniger eine abstrakte und allgemeingültige Theorie der Gerechtigkeit entwickeln, sondern vielmehr ein konkreteres Konzept von Gerechtigkeit, das soziale Kontexte bedenkt.

Bezugspunkt für sein Nachdenken über Gerechtigkeit ist die jeweilige politische Gemeinschaft, die durch ein gemeinsames Bewusstsein von Sprache, Geschichte und Kultur geprägt ist. Gerechtigkeit ist deshalb immer ein relativer Begriff in Bezug auf diese Tradition und Struktur der jeweiligen Gemeinschaft. Gegen Rawls wendet Walzer ein, dass Gerechtigkeitsprinzipien nicht hinter einem Schleier des Nichtwissens gesucht werden können, sondern nur vor dem konkreten Hintergrund kultureller und geschichtlicher Erfahrungen. Gerechtigkeit wurzelt also in all den Dingen, die eine gemeinsame Lebensweise ausmachen. „Sich über dieses Verständnis hinwegzusetzen, bedeutet (immer) ungerecht zu sein" – so Walzers prägnante These.

Jede Gemeinschaft hat also eine eigene Vorstellung von Gerechtigkeit, die es zu beachten und eigens zu reflektieren gilt. Gerechtigkeit gibt es nie als abstraktes zeitloses Prinzip, sondern nur als konkrete Realisierung. Deshalb geht Walzer auch davon aus, dass es keine allgemeingültigen Prinzipien zur Verteilung von Güter geben kann, sondern die soziale Bedeutung der Güter ihre Verteilung mit bestimmt: Verteilung kann nur in Bezug auf die Bedeutung der Güter innerhalb einer Gesellschaft gerecht sein. Diese soziale Bedeutung ändert sich im Laufe der Zeit kontinuierlich – und damit natürlich auch der Begriff von Gerechtigkeit

Walzer illustriert diese Überlegung an den westlichen Gesellschaften. Er stellt fest, dass in vielen westlichen Gesellschaften oft ein Gut verabsolutiert wird, und zwar das Geld. Weil oftmals Geld über alle anderen Güter gestellt wird, kommt es zu einer Dominanz dieses einen Gutes. Walzer spricht auch von der Dominanz des Geldes als einer Ideologie. So deutet er den freien Warenverkehr als Ideologie derer, die über den beweglichen Reichtum herrschen. Walzer wendet sich gegen solche Dominanzen einzelner Güter, weil sie der Vielfalt von Gütern nicht entsprechen. Auch in den Gemeinschaften gibt es vielmehr unterschiedliche Güter, und damit auch verschiedene Sphären von Gerechtigkeit. In jeder einzelnen Sphäre finden sich unterschiedliche Prioritäten von Gütern. Diese Sphären der Gerechtigkeit sind zu beachten und zu respektieren, andernfalls nimmt eine Gesellschaft ideologische oder gar totalitäre Züge an.

Die verschiedenen Sphären der Gerechtigkeit dürfen also nicht in einer abstrakten Überlegung harmonisiert werden, wie Rawls dies tut. Es ist vielmehr ein komplexer Ausgleich zwischen den Sphären der Gerechtigkeit herzustellen. Walzer bezeichnet diesen Zustand als komplexes Gleichgewicht. Ein solches Gleichgewicht meint den Erhalt einer größtmöglichen Vielfalt von Gerechtigkeiten. Diese Forderung nach einer Unabhängigkeit der Sphären der Gerechtigkeit impliziert für die jeweilige Gesellschaft natürlich eine große Herausforderung. Gerechtigkeit kann nämlich nicht nach einem einheitlichen Schema verwirklicht werden. Güter der einzelnen Sphären müssen nach ihrer Beschaffenheit analysiert, bewertet und verteilt werden. Am ehesten kann ein solcher Ausgleich in einem Wohlfahrtsstaat mit hoher Bürgerbeteiligung und einer großen Bedeutung von Bildung realisiert werden. Walzer votiert daher für einen „dezentralisierten demokratischen Sozialismus".

Der kommunitaristische Zug seiner Theorie kommt in diesen Überlegungen deutlich zum Ausdruck. Gegenüber den liberalen Theorien betont Walzer vor allem die gesellschaftlichen Unterschiede in Form von Bindung an Familien, Kulturen, Staaten oder moralische Gemeinschaften. Liberale Theorien betonen seiner Meinung nach zu sehr das Individuum und unterbelichten die Gemeinschaft. Außerdem halten sie an einer scheinbar allgemein gültigen Rationalität fest, die (wie im Fall von Rawls) allgemeine Gerechtigkeitsprinzipien begründen soll. Selbst bei Habermas, der Rationalität als kommunikative Vernunft interpretiert, zeigt sich dieser Glaube an eine Harmonisierung der Unterschiede im rational geführten Gespräch. Kulturelle Prägungen als Teil gesellschaftlicher Diskurse werden auch von ihm viel zu wenig beachtet.

Was folgt nun aus dieser Betonung der unterschiedlichen Sphären von Gerechtigkeit für das Nachdenken über Globalisierung? Walzer hat seine Position in den vergangenen Jahren immer wieder für globale Fragen durchbuchstabiert, und es wird dabei sehr schnell deutlich, dass er bei aller Betonung von Unterschieden kein Relativist ist. Er betont zwar, dass kulturelle Prägungen von Werthorizonten auch im Zeitalter der Globalisierung enorm wichtig sind. Allerdings zeigt er gleichzeitig, dass Menschen weltweit ausgehend von ihren lokalen Verankerungen auch eine gemeinsame globale Moral heraus bilden.

Walzer unterscheidet deshalb zwischen einer dichten und einer dünnen Moral. Mit dem Begriff dichte Moral ist die von einer Gemeinschaft geteilte Moral gemeint. Walzer will gerade angesichts globaler Dynamik diese dichte Moral der einzelnen Gruppen ernst nehmen und die Unterschiede zwischen den Moralvorstellungen nicht selbstverständlich in einer übergeordneten Moral aufgehen lassen. Es ist für ihn evident, dass es keine umfassende Gemeinschaft der Menschheit gibt, die sich auf eine solche dichte Moral stützen könnte. „Dies bedeutet auch, dass unser gemeinsames Menschsein uns niemals zu Mitgliedern eines einzigen, allumfassenden ‚Stammes' machen wird. Die entscheidende Gemeinsamkeit der menschlichen Rasse ist der Partikularismus: Wir alle nehmen Anteil an unseren eigenen ‚dichten' Kulturen" (Walzer 1996, 110).

Dies eröffnet die Ebene für die zweite, dünne Moral. Diese hat sich auf globaler Ebene als eine Moral geteilter Minimalnormen herausgebildet. Sie speist sich aus den dichten Moralvorstellungen und lebt von diesen. Walzer deutet globale Protestbewegungen als Ausdruck dieser dünnen Moral, die Menschen vor dem Hintergrund ihrer eigenen dichten Moral entwickeln. Die Bilder von den Demonstrationen 1989, auf denen Menschen zu sehen sind, die für eine freie Welt auf die Straße gehen, sind ein Paradebeispiel hierfür, weil sie weltweit unabhängig von kulturellen Traditionen sofort und intuitiv verständlich sind.

Menschen sind also Teil dichter lokaler Moralgemeinschaften und gleichzeitig auch der Weltgemeinschaft, die durch eine geteilte dünne Moral gekennzeichnet ist. Angesichts der Ausdifferenzierung moderner Gesellschaften und Individualisierung ist aber auch dieses Verhältnis komplizierter als gedacht. Denn Menschen sind auch auf der lokalen Ebene immer schon von Beginn an Teil verschiedener politischer und gesellschaftlicher Gruppen. Auch die kulturellen Gemeinschaften (wie Staaten) haben ja nicht nur eine Moral, sondern sind durch vielfältige Gemeinschaften und Wertvorstellungen gekennzeichnet. Meist sind Menschen gleichzeitig Teil mehrere solcher Gemeinschaften. Absolut geschlossene Gemeinschaften gibt es dabei heute (fast) nicht mehr. Der Weltbürger stellt daher fest, dass er letztlich eine Art geteiltes Selbst hat, weil er zu verschiedenen Traditionen dazugehört.

Soll Weltpolitik diesem Sachverhalt entsprechen, ist sie herausgefordert, ein komplexes Gleichgewicht zwischen den verschiedenen Versionen von Selbstbestimmung in der eigenen und in der globalisierten Gesellschaft zu finden. Dazu ist ein ständiger Ausgleich zwischen den dichten Moralvorstellungen der Kulturen und der dünnen globalen Moral notwendig.

Auf diesem dynamischen Austausch von dichter und dünner Moralvorstellung aufbauend entwickelt Walzer ein Verständnis eines ethischen Universalismus, den er keineswegs aufgeben will, der allerdings auf die Unterschiede der dichten Moralvorstellungen achtet. Das, was Menschen in globaler Dimension als dünne Moral bilden, muss sich nämlich immer wieder neu an den einzelnen Entwicklungen der Weltgesellschaft bewähren. Globaler Universalismus ist nach Walzer deshalb einer der Wiederholung. Ständig neu entsteht dünne Moral und wird wieder konfrontiert mit anderen dichten Moralvorstellungen und weltgesellschaftlichen Entwicklungen. Man könnte sagen, der Universalismus wird damit dynamisiert. „Der Universalismus der Wiederholung wirkt größtenteils innerhalb durch ‚wir und sie' gezogener Grenzen – er handelt von ‚unserer' Vernunft und ‚ihrer Vernunft', nicht von der Vernunft als solcher. Er erfordert Achtung vor den anderen, die nicht weniger Bildner von Moral sind als wir selbst. Das heißt nicht, dass die von ihnen und die von uns geschaffenen Moralen den gleichen Wert (oder Unwert) haben. Es gibt keinen einheitlichen oder ewigen Wertmaßstab (...), die Wiederholung ist eine beständige und beständig umstrittene Tätigkeit. Die umfassendste Forderung der Moral, das Kernprinzip eines jeden Universalismus, muss darum lauten: Wir müssen einen Weg finden, diese streitbare Tätigkeit auszuüben und zugleich mit den anderen Akteuren in Frieden zu leben" (Walzer 1996, 168).

Mit Walzer kann darauf aufmerksam gemacht werden, dass die Achtung von Unterschieden der unhintergehbare Ausgangspunkt jeder Ethik der Globalisierung sein muss. Diese Argumentation findet sich auch im Global Governance-Modell. Neben der Betonung von (kulturellen) Unterschieden zielt Global Governance darauf, Universalismus und Partikularismus, Einheit und Differenz als verschränkt zu verstehen. Damit soll beiden Aspekten gleichermaßen Beachtung geschenkt werden. Walzers Überlegungen intendieren genau eine solche dialektische Verschränkung von Differenz und Einheit, von partikularen Interessen und universalen Ansprüchen.

Kommende Demokratie (Jacques Derrida)

Jacques Derrida hat sich lange Zeit nicht dezidiert als politischer Philosoph geäußert. Die Frage nach Gesellschaft, Politik oder Kultur musste meist indirekt über eine Entschlüsselung seiner allgemeinen philosophischen Überlegungen erfolgen. In den letzten 15 Jahren seines Lebens hat sich dies geändert. Immer wieder hat er sich direkt zu politischen Fragestellungen geäußert und dabei auch einen spannenden Beitrag für die Frage nach der Globalisierung geliefert.

Der Ausgangspunkt seines philosophischen Denkens ist im Kontext der Metaphysikkritik der 1960er Jahre zu verorten. In einer von Martin Heidegger (1889–1976) inspirierten Dekonstruktion menschlicher Sprache zeigt Derrida auf, dass in der Philosophie lange Zeit so getan wurde, als sei die Schrift etwas Sekundäres im Vergleich zum beschriebenen Gegenstand. Die Schrift hinke gewissermaßen dem scheinbar zeitlosen Gegenstand nur hinterher. Dabei verlief auch die Abgrenzung der Gegenstände untereinander (hier der Tisch, dort der Stuhl) scheinbar eindeutig. Deshalb schlussfolgerten viele Philosophen, dass der Mensch in klar fassbaren Gegensätzen denkt.

Demgegenüber zeigt Derrida auf, dass zum einen die Sprache nichts Zweitrangiges gegenüber dem Gegenstand ist und zum anderen jedes Wort immer in einem Netz von geschichtlichen und textuellen Bezügen steht. Bedeutung erklärt sich also nur in komplex verästelnden Differenzen. Schaut man genauer hin, so stellt man fest, dass sich Bedeutungen nie vollständig fixieren lassen. Im Gegenteil: Sie verändern sich ständig. Mit der Dekonstruktion entwickelt Derrida eine Gedankenfigur, die diesem grundlegenden Aspekt menschlichen Denkens und Sprechens gerecht werden will. Es geht ihm vor allem darum, Widersprüche in scheinbar eindeutigen Gegensatzpaaren aufzuspüren. Was sind verdrängte oder ignorierte Gegensätze? Wie widersprüchlich sind scheinbar fixierte Gegensätze? Die Dekonstruktion spürt solchen starken Gegensätzen und versteckten Bedeutungen nach und thematisiert diese.

Auch im Bereich des ethischen oder politischen Sprechens gibt es solche scheinbar eindeutigen Gegensatzpaare, die es zu dekonstruieren gilt. Oftmals wird beispielsweise im alltäglichen Sprachgebrauch Gewalt als ein Äußeres, scheinbar eindeutig beschreibbares Phänomen verstanden. Derrida zeigt auf, dass Gewalt mehr ist und viele verschiedene Aspekte meist zu wenig zur Sprache kommen. Beispielsweise wohnt auch der Schrift selbst eine Gewalt inne. In der Unterdrückung anderer Bedeutungen oder in der

Etablierung von Tabus zeigt sich menschliche Sprache selbst als gewalttätig. Genau solche versteckten Formen von Gewalt gilt es, im ethischen Nachdenken zu thematisieren. Durch Dekonstruktion kann Gewalt in der Sprache aufgedeckt und bewusst gemacht werden. Damit kann Gewalt auch in diesen Formen natürlich nicht automatisch verhindert, aber zumindest erkannt werden. Sich eines Tabus bewusst zu werden, kann dann Ausgangspunkt für ein gewaltfreieres politisches Sprechen sein.

Das wohl berühmteste Beispiel derridascher Dekonstruktion im Bereich der Ethik ist das Nachdenken über – wie sollte es anders sein – Gerechtigkeit. Derridas Anliegen ist es, die scheinbar eindeutige Grenzziehung von gerecht und ungerecht zu hinterfragen und die Möglichkeiten einer überzeugenden Rede von Gerechtigkeit zu diskutieren.

Ausgangspunkt seiner Überlegungen ist das Wechselverhältnis von Recht und Gerechtigkeit. Gerechtigkeit wird in Demokratien mittels des Rechtes realisiert. Das Problem dabei ist allerdings, dass die allgemeine rechtliche Regel nur bedingt dem Besonderen des Einzelfalles gerecht werden kann. Denn jeder Fall ist anders und bedarf deshalb auch einer eigenen Deutung. Eine allgemeine Regel kann dem nur bedingt entsprechen. Deshalb ist die Herstellung von Gerechtigkeit ebenfalls immer begrenzt und bleibt doch gleichzeitig auf das Recht angewiesen. Ein gerechter Richter ist deshalb weder eine Auslegungsmaschine des Rechts noch kann er unentschieden bleiben. Er erweist sich als gerecht, wenn er in seinem Handeln genau diese paradoxe Spannung umzusetzen vermag.

Gerechtigkeit ist also das anvisierte Ziel des Rechts, aber letztlich eine Erfahrung des Unmöglichen. In genau dieser aporetischen Erfahrung zeigt sich indirekt der positive Gehalt von Gerechtigkeit. Niemals kann man sagen, eine Entscheidung oder eine Person ist gerecht, und trotzdem bleibt Gerechtigkeit als Idee das anvisierte Ziel. Gerechtigkeit ist zwar nicht vollkommen herstellbar, aber sie ist ein wichtiger Orientierungsmaßstab für politisches Handeln. Derrida betont deshalb, dass wenn man über Gerechtigkeit spricht, immer das Wort ‚vielleicht' hinzufügen sollte. Gerechtigkeit kann sich nur (vielleicht) ereignen, sie kann nicht technisch geplant oder gemacht werden.

An dieses Verständnis von Gerechtigkeit schließt Derrida seine Überlegungen zur Globalisierung an. Basis der Weltpolitik scheint bis heute die Souveränität des Staates zu sein. Souveränität zeigt sich dabei meist als eine in sich geschlossene Kreisbewegung, die von der Idee her keine Außenlegitimation braucht. Souveränität begründet sich eigentlich immer nur aus sich selbst heraus: Ein Staat ist souverän, weil er souverän ist – so könnte man dies überspitzt ausdrücken. Im Angesicht aktueller globaler Entwicklungen ist dieses Konzept von Souveränität nicht mehr haltbar – wie schon im zweiten Kapitel dieser Einführung aufgezeigt wurde. Die Selbständigkeit eines Staates zeigt sich deshalb auch für Derrida bei genauerem Hinsehen nur noch als komplexes Verhältnis zu unterschiedlichen globalen Einflüssen.

Derridas Vision von Weltpolitik wendet sich gegen jedwede gewalttätige Reaktion auf diese Auflösung klarer Souveränitäten. Das Ziel von Weltpolitik sollte vielmehr eine neue und offene Form von Gastfreundschaft sein. Diese sollte sich als eine unbedingte zeigen, beispielsweise sollten Gesellschaften gastfreundlich gegenüber den Weltbürgern sein, die durch globale Migrationsströme in andere Teile der Welt kommen.

Dies wiederum erfordert auch eine Öffnung des Toleranzverständnisses. Bislang zeichnen sich die meisten westlichen Gesellschaften nämlich nur durch eine bedingte Form von Gastfreundschaft und Toleranz aus. Toleranz wird in Derridas Perspektive oftmals als eine kontrollierte Gastfreundschaft verstanden und in einer Weise praktiziert, die letztlich auf eine Überwachung der eigenen Souveränität abzielt. Problematisch an dieser bedingten Form von Toleranz ist für Derrida, dass damit Ausgeschlossene nicht in die Gesellschaft integriert werden können. Derrida hofft demgegenüber auf eine neue Form von Toleranz, die sich als eine unbedingte Gastfreundschaft für den Besuchenden zeigt. Eine so verstandene Toleranz ist offen für das Unvorhersehbare, sie ordnet Menschen nicht eindeutig in Bezug auf Grenzen zu und toleriert – unbedingt.

Nach dem 11. September hat sich allerdings auf globaler Ebene eine neue Intoleranz breit gemacht, die scheinbar in eindeutigen Gegensätzen Gruppen von Menschen zuordnet. Der Begriff „Schurkenstaat" ist für Derrida paradigmatischer Ausdruck dieses Denkens. Dieser Begriff ist dabei natürlich auch immer eine Interpretation, denn durch ihn wird gedeutet, gegen wen Gewalt gerechtfertigt ist. Problematisch ist, wenn der Westen bestimmt, wer zu den Schurken zu zählen ist. Letztlich macht sich der Westen damit selbst zum Schurken, weil er die Unmöglichkeit absoluter Festlegungen und Deutungen missachtet. Durch den Irakkrieg haben sich die USA Derridas Ansicht nach selbst zum Schurkenstaat gemacht. Er plädiert deshalb dafür, auf diesen Begriff ganz zu verzichten.

Der Kampf gegen den Terror ist für Derrida Teil der Globalisierung. Er deutet ihn als eine Form von Autoimmunkrankheit. Denn mit dem Krieg gegen den Terror zerstören insbesondere die westlichen Länder ihr eigenes Immunsystem, das auf eine Verbindung von Vernunft, Moral und Recht setzt. Aus Schutz vor der Demokratie verwenden insbesondere die USA Begriffe und politische Strategien, die ein Angriff auf die Demokratie selbst sind. Eine Betonung des Rechts des Stärkeren im Sinne der Schurkenstaatenrhetorik verstärkt diese Autoimmunkrankheit noch einmal.

Entsprechend seiner Überlegungen zur Gerechtigkeit sollte auch auf globaler Ebene dem Recht eine wichtige Rolle bei der Umsetzung von Gerechtigkeit zugestanden werden – allerdings in dem Wissen um die Begrenzungen des Rechts. Denn die Herstellung einer gerechten Welt ist auch auf globaler Ebene letztlich eine Erfahrung der Unmöglichkeit und trotzdem das immer neu anvisierte Ziel. Deshalb ist auch jeder einzelne Weltbürger gefordert, durch sein eigenverantwortliches Handeln mit an dieser Vision zu arbeiten. Derrida nennt diese Vision die kommende Demokratie. „Mit kommender Demokratie ist ein Bild, eine Vision gemeint, die vom Volk jeden Tag verändert bzw. erneuert wird. Sie ist nicht existent, gleichzeitig aber etwas auf das hingearbeitet werden soll und muss. Es besteht eine gewisse Dringlichkeit, denn die Arbeit an der kommenden Demokratie kann nicht aufgeschoben oder verschoben werden. ‚Weil sie nicht wartet und gleichwohl auf sich warten lässt. Sie erwartet nichts, verliert aber alles, wenn sie wartet'" (Derrida 2003, 150f.).

Eine kosmopolitische Demokratie als Kommende sucht jenseits nationalstaatlicher Strukturen nach neuen Wegen von Toleranz und unbedingter Gastfreundschaft. Kosmopolitische Demokratie wird dabei immer kontingent und im Kommen bleiben. Sie wird in ihrer Struktur stets aporetisch bleiben – genau darin liegt ihre Stärke. Das Kommen nennt Derrida deshalb auch ein Versprechen, weil Demokratie nie vollständig existieren wird und sich doch täglich neu verspricht. Sie ist kommend, nicht ankommend im Sinne, dass sie morgen da wäre. Gleichzeitig wehrt sich Derrida dagegen, sie als eine regulative Idee im kantischen Sinne zu deuten, denn sie ist auch nicht ins Unendliche oder Unmögliche aufgeschoben. Sie ist vielmehr die stets schon stattfindende kämpferische und schrankenlose politische Kritik bestehender Verhältnisse. Das Denken unbedingter Gastfreundschaft, die Ausweitung des Demokratischen über den Staat hinaus und die Suche nach globaler Gerechtigkeit im Sinne einer unendlichen Gerechtigkeit – all das sind konkrete Formen der kommenden Demokratie. Die kommende kosmopolitische Demokratie ist damit auch schon im Hier und Jetzt, aber nur in Form eines geduldigen Vielleicht.

VI. Facetten einer Philosophie der Globalisierung

11. September, „gerechter Krieg" und die Friedensfrage

Der 11. September prägt heute die Diskussion über Globalisierung stark. Die Frage nach dem Verhältnis von Kulturen und Religionen wurde damit genauso aktuell wie die Diskussion über die Chancen und Grenzen der aktuellen weltpolitischen Institutionen. Die Analyse der philosophischen Positionen zur Globalisierung im vorangegangenen Kapitel zeigte bereits, dass die Frage nach dem Terrorismus und einer angemessenen politischen Reaktion darauf viele Philosophen heute bewegt. Man spricht deshalb auch manchmal von einer Philosophie nach dem 11. September.

Ein erstes Problem, das in dieser Diskussion eine wichtige Rolle spielt, ist die Frage, wie überhaupt der globale Terrorismus inhaltlich bestimmt werden kann. Rorty macht (wie gesehen) auf die damit verbundenen Probleme aufmerksam, Derrida tut dies von anderen Vorzeichen ausgehend in eine ganz ähnliche Richtung. Terrorismus, der aus der Schreckensherrschaft Robespierres in Frankreich entsprungen ist, wird, so die gemeinsame These, heute immer schwerer begrifflich zu fassen. Besonders schwierig ist es dabei, den Unterschied zwischen Krieg und Terror zu bestimmen. Auch ist eine Einordnung des Terrorismus in den Kategorien staatlich – nichtsstaatlich oder national – international kaum noch möglich. Terroristen werden deshalb je nach Ausgangsperspektive irgendwo zwischen Freiheitskämpfern und Kriminellen angesiedelt. Philosophen bemühen sich seit jeher um Begriffsklärungen und so erscheint es philosophisch besonders problematisch, dass je unbestimmter der Begriff ist, er desto anfälliger für politische Instrumentalisierungen wird. Die oftmalige Verknüpfung von religiösen und politischen Aspekten mit dem Thema Terrorismus verschärft diese Gefahr der Instrumentalisierung noch einmal.

Ausgangspunkt des aktuellen globalen Terrorismus, so die Annahme vieler Philosophen, ist eine Auflehnung gegen das westliche Projekt der Moderne. In Form gewaltsamer Attentate formiert sich Widerstand gegen eine kapitalistisch geprägte Moderne, die nicht nur durch Merkmale wie Individualisierung oder eine starke Rationalität, sondern auch durch Kommerz und Ungleichheiten zwischen Nord und Süd gekennzeichnet ist. Die westliche Welt, so meint beispielsweise Habermas, fungiert „als Sündenbock für die eigenen, höchst realen Verlusterfahrungen, die eine aus ihren kulturellen Traditionen herausgerissene Bevölkerung im Laufe radikal beschleunigter Modernisierungsprozesse erleidet“ (Habermas 2004, 19). Als eine Art Abwehrreaktion hat der globale Terrorismus kein realistisches Ziel (wie beispielsweise die Freilassung von Inhaftierten oder die Zurücknahme von politischen Entscheidungen), sondern er ist ein gewalttätiger Ausdruck gegenüber dem westlichen Zivilisationsmodell als solchem. Habermas deutet in diesem Zusammenhang den Terrorismus als eine kommunikative Pathologie, die den globalen Diskurs abbricht und die Spirale der Gewalt fördert. Misstrauen und Gewalt werden so in der globalisierten Welt erheblich verstärkt. Die schon lang anhaltende Spaltung der Welt zwischen Nord und Süd verschärft nach Derrida diese Spirale der Gewalt und spielt daher eine wichtige Rolle bei der Erklärung des globalen Terrorismus.

Der globale Terrorismus nutzt die Verwundbarkeit der globalisierten Welt. Es werden symbolträchtige Ziele angegriffen und die mediale Inszenierung der Gewalt ausgenutzt. Derrida widmet sich intensiv dieser medialen und gesellschaftlichen Verarbeitung des Terrorismus. Er betont, dass die Benennung des Ereignisses als „11. September“ Züge der Aufarbeitung eines Traumas trägt. In solchen Aufarbeitungen werden Menschen immer wieder neu mit unkontrollierbaren Situationen konfrontiert. Durch die Wiederholung einer traumatischen Situation versuchen Menschen, das Ereignis zu beherrschen. Die Bilder der einstürzenden World Trade Tower und die Verwendung des Begriffs „11. September“ als stehender Ausdruck sind Indizien hierfür. Die Benennung als „11. September“ suggeriert, dass der Alptraum vorbei ist. Die Opfer müssen sich das Trauma immer wieder vor Augen führen, um sicherzugehen, dass es überwunden ist.

Die politische Forderung nach einem Kampf gegen den Terrorismus als Reaktion auf die veränderten globalen Bedingungen wird von Philosophen meist kritisch gesehen, obwohl in einem Vergleich der philosophischen Äußerungen auch eine gewisse Ambivalenz festzustellen ist. Rorty ist ein Paradebeispiel hierfür. Einerseits fordert er eine Verwestlichung der Welt. Mit den Feinden des Liberalismus, die grausam sind, müsse man nicht solidarisch sein. Gleichzeitig ist er skeptisch gegenüber überzogenen innen- wie außenpolitischen Reaktionen, die die Grundlagen des Liberalismus selber in Frage stellen. Wenn die USA ihre eigene liberale Position vergessen und zum Tyrannen werden, droht sich der Kampf gegen den Terror Rortys Ansicht nach zu pervertieren.

Deutlich wird diese Ambivalenz auch bei Walzer. Dieser hatte 2002 zuerst durch seine Unterschrift unter den bereits genannten Brief amerikanischer Intellektueller mit dem Titel *What we are fighting for* seine Unterstützung für den Afghanistankrieg als (moralisch) gerechtfertigten Kampf gegen den Terrorismus bekundet. Walzer legt wenig später seine philosophische Begründung hierfür als Theorie *Gerechter Kriegserklärungen* vor.

Weil die Theorie des gerechten Krieges innerhalb der Philosophie nach dem 11. September insgesamt eine wichtige Rolle spielt und um Walzers Überlegungen angemessen diskutieren zu können, erscheint es sinnvoll und lohnend, einen Blick auf die Philosophiegeschichte und die verschiedenen Stadien des Nachdenkens über den gerechten Krieg zu werfen.

Die Theorie des gerechten Krieges hat eine lange Geschichte. Schon in der Antike wurde beispielsweise argumentiert, dass nur ein Friedensziel die Beteiligung an einem Krieg rechtfertige. Cicero deutete den Krieg als einen Rechtsakt, durch den Ungerechtigkeit gesühnt und Rechtsverletzer bestraft würden. Systematisch wird die Frage nach dem gerechten Krieg aber vor allem von Augustinus (354–430) im fünften Jahrhundert n. Chr. in einer philosophisch-theologischen Weise beantwortet. Seine christlich geprägte Lehre vom Gerechten Krieg bestimmt bis weit in das Mittelalter hinein das Verhältnis des Christentums gegenüber dem Krieg als politischem Mittel. Ein Krieg ist für Augustinus dann gerecht, wenn er zur Wiederherstellung der Rechtsordnung dient. Als berechtigte Gründe nennt er die Verletzung bzw. Bedrohung der Rechtsordnung. Ein Krieg darf allerdings nicht zur Vernichtung anderer Gruppen führen, sondern muss immer einen Frieden mit den Besiegten zum Ziel haben. Ein gerechter Krieg darf außerdem nur von einer legitimierten Staatsautorität geführt werden.

In der mittelalterlichen Philosophie entwickelt vor allem Thomas von Aquin (1225–1274) diese Kriterien für einen gerechten Krieg noch einmal weiter. Er unterscheidet drei Bedingungen für einen gerechten Krieg: (a) Alleinrecht der Regierung zur Kriegserklärung (legitima potestas), (b) gerechter Kriegsgrund im Sinne eines Angriffs von außen oder innen auf die Staatsordnung (causa iusta) und (c) den Willen zur Wiederherstellung von Gerechtigkeit (recta intentio). Ein Angriffskrieg wird damit zwar eingeschränkt, allerdings auch nicht ausdrücklich ausgeschlossen. Als Beispiel nennt er den präventiven Abwehrkampf gegen Heiden als legitimen Kriegsgrund.

Angesichts häufiger Massaker an Andersgläubigen wurden in der Spätscholastik diese Kriterien eingeschränkt, beispielsweise durch Francisco de Vitoria oder Francisco Suarez. Sie betonen besonders deutlich, dass die Kriegsführung dem Friedensziel entsprechen sollte, das heißt, dass eine notwendige Verhältnismäßigkeit der Mittel zu den Zielen bestehen müsse.

Wo die durch den Krieg verursachten Schäden deutlich höher sind als die abgewehrten Schäden, handelt es sich um keinen gerechten Krieg, so die Argumentation. Außerdem ist ein übermäßiger Verschleiß menschlicher wie technischer Ressourcen zu vermeiden.

In der Neuzeit wurde die Theorie des gerechten Krieges von einigen Philosophen zugunsten einer Friedenstheorie aufgegeben. Kant ist hierfür ein gutes Beispiel. Seine Friedenstheorie zielt letztlich auf ein säkular begründetes Völkerrecht ab und will die Gründe für einen Krieg schon alleine durch den theoretischen Zugang erheblich begrenzen. Trotzdem wurde aber auch in der Neuzeit die Frage nach dem gerechten Krieg nicht ganz aufgegeben. Wenn man die Ansätze vergleicht, so stößt man auf einige Eckpunkte, die sich in dieser Diskussion als allgemeine Kriterien herauskristallisiert haben. Diese sind unterschieden in gerechte Kriegsgründe und Merkmale einer gerechten Kriegsführung. Erst wenn die Kriterien beider Gruppen erfüllt sind, kann von einem gerechten Krieg gesprochen werden.

Als gerechte Kriegsgründe (jus ad bellum) werden unter anderem Notwehr, der Schutz des Nachbarn oder humanitäre Aspekte genannt. Legitime Autorität zum Kriegsbeginn hat alleine der Staat. Zudem muss die Absicht eines Krieges (ganz im Sinne von Augustinus) sein, Frieden zu fördern oder wiederherzustellen. Gerechter Krieg ist dabei immer nur das letzte Mittel nach Politik oder Diplomatie. Schlussendlich muss auch eine vernünftige Hoffnung auf Erfolg vorliegen. Kriterien einer gerechten Kriegsführung (jus in bello) sind, dass Zivilbevölkerung und nichtmilitärische Ziele nicht absichtlich vernichtet werden dürfen, eine Verhältnismäßigkeit zwischen Schäden bzw. Kosten des Krieges und den zu erwartenden Folgen vorliegen muss, Kriegsgegner nicht gefoltert werden dürfen und Kriegsgefangene human zu behandeln sind.

In der globalen Wirklichkeit des 20. Jahrhunderts sahen sich die Vereinten Nationen vor allem nach den Erfahrungen der beiden Weltkriege mit dem Problem konfrontiert, dass eine solche Theorie des gerechten Krieges alles andere als eindeutige Kriterien bietet und faktisch nicht zu einem dauerhaften globalen Friedenszustand beigetragen hat. In ihrer Charta betonen die Vereinten Nationen deshalb die Notwendigkeit eines friedvollen Zusammenlebens und schränken die Bedingungen für einen gerechten Krieg noch einmal stark ein. Gewalt als politisches Mittel wird einem allgemeinen Verbot unterstellt, wodurch einer willkürlichen Kriegsführung der Staaten rechtlich die Grundlage entzogen werden soll. Entsprechend des Nichteinmischungsgebots gibt es in den Augen der UNO kein Ziel und keinen Zweck, zu dem Krieg ein verhältnismäßiges Mittel wäre.

Schon in den 1980er, dann aber auch vor allem in den 1990er Jahren wird auf globaler Ebene die Frage immer aktueller, wie mit Unrechtsregimen umgegangen werden soll. Vor allem nach dem Fall der Mauer trat nämlich nicht (wie von einigen) erhofft ewiger Frieden ein, sondern es entstanden vielfältige gewalttätige Konfliktherde. Die Vereinten Nationen versuchen heute deshalb, mit dem Instrument der Humanitären Intervention, Menschen, die Leid durch Repression ausgesetzt sind, zu helfen.

Damit ist in der historischen Sicht der Kontext des Nachdenkens über den gerechten Krieg skizziert. Angesichts der bestehenden globalen Situation von gewalttätigen Konflikten und der Erfahrungen von Unrecht plädiert Walzer für ein erneutes Nachdenken über die Möglichkeiten und Bedingungen eines gerechten Krieges. In Fällen massiven Unrechts, wie beispielsweise den Anschlägen vom 11. September, könnten seiner Ansicht nach multilaterale Reaktionen in Form gerechter Kriege sinnvolle und berechtigte weltpolitische Reaktionen sein.

Eine solche militärische Intervention ist allerdings für ihn nur gerechtfertigt, wenn massive Gewalt (beispielsweise Völkermord) vorliegt. Zudem erfordert jede Intervention eine eigene gesellschaftliche und politische Diskussion über eine angemessene Strategie und ihre moralische Rechtfertigung. Darum kann es auch kein allgemeines Recht auf einen gerechten Krieg geben. Da es außerdem viele neue Formen des Terrors und Unrechts gibt, sind auch für jede Intervention neue politische Strategien zu entwickeln und eigene moralische Reflexionen anzustellen.

Vor diesem Hintergrund wären dann nach Walzer gerechte Kriege allerdings sehr wohl denkbar. Im Anschluss an die Kriterien, die Philosophen in früheren Jahrhunderten bereits aufgestellt haben, nennt Walzer noch einige zusätzliche Bedingungen für einen gerechten Krieg: Es dürfen keine Unschuldigen getroffen oder die eigene Technik überschätzt werden. Zudem muss eine Verhältnismäßigkeit der Mittel und Ziele gegeben sein. Sind diese Kriterien erfüllt, ist nicht nur ein Verteidigungs-, sondern auch ein Präventivkrieg denkbar, was andere Philosophen vor ihm eher abgelehnt haben.

Allerdings betont Walzer, dass mit einem solchen Verständnis des gerechten Krieges mögliche Kriegsgründe nicht beliebig ausgedehnt werden können. Mit der Theorie des gerechten Krieges will er vielmehr legitime Kriegsgründe einschränken und klare Kriterien für eine gerechte Kriegsführung benennen. „Die Theorie vom gerechten Krieg (hat) nichts mit Kreuzzügen zu tun. Wenn ich für eine heilige Sache in die Schlacht ziehe, ist alles erlaubt. Bei der Lehre vom gerechten Krieg geht es aber gerade um die Einschränkung möglicher Kriegsgründe, -zwecke und -mittel“ (Walzer 2003, 84).

Der Vietnamkrieg erscheint Walzer vor diesem Hintergrund als Beispiel eines ungerechten Krieges, weil die Art der Kriegsführung die Motive ad absurdum geführt hat. Der 6-Tage-Krieg Israels als Präventivangriff gegen die ägyptische Armee ist für ihn demgegenüber ein gerechter Krieg gewesen, weil die genannten Bedingungen erfüllt worden sind. Und auch bezüglich des Afghanistankrieges kommt er zu dem Schluss, dass es sich hierbei um eine legitime Anwendung militärischer Gewalt handelt. Der Krieg gegen den Terror in Afghanistan ist für ihn daher nicht nur moralisch gerechtfertigt, sondern auch geboten.

Die Theorie des gerechten Krieges bleibt auch nach dem Beginn des Afghanistankrieges das theoretische Gerüst, in dem Walzer sich bewegt. Als der Irakkrieg begann, zieht er wieder die Theorie des gerechten Krieges zur Beurteilung heran, kommt aber zu einem anderen Ergebnis. Denn der Irakkrieg als Kampf gegen den Terror erfüllt die Kriterien eines gerechten Krieges nicht, insbesondere weil die Verhältnismäßigkeit nicht gegeben ist. Deshalb äußert sich Walzer ähnlich wie Rorty kritisch gegenüber der US-amerikanischen Außenpolitik im Irak.

Die Theorie des gerechten Krieges ist bis heute umstritten, auch unter Philosophen. Einige wenden ein, dass die Theorie zu sehr im Rahmen eines machtpolitischen Realismus über die Lösung globaler Konflikte nachdenkt. Von allen Philosophen wird zwar die Gefahr erkannt, dass Frieden zwar immer auch gefährdet ist. Allerdings scheinen die meisten Philosophen skeptisch gegenüber militärischen Interventionen zu sein – auch unter den Bedingungen eines gerechten Krieges.

Diese Skepsis ist nicht unbegründet. Die empirische Beobachtung, dass mit Krieg Demokratie schwer herzustellen ist und Krieg immer auch das auf Frieden abzielende Völkerrecht untergräbt, lässt viele berechtigterweise skeptisch werden, auch gegenüber einem stark eingeschränkten gerechten Krieg. Ob wirklich alle diplomatischen und politischen Mittel ausgeschöpft wurden oder eine Angemessenheit der Mittel vorliegt, ist nicht nur hinsichtlich des Irakkrieges fraglich. Letztlich bleibt ein grundlegender Widerspruch zwischen dem demokratischen Ideal und einem militärischen Vorgehen. In der Logik von Global Governance zeigt sich beispielsweise die Macht der Weltgesellschaft eben viel mehr in der Fähigkeit zur Kooperation und weniger in militärischer Macht. Dies ist gerade angesichts der aktuellen gewalttätigen Konflikte überaus plausibel.

Auch wenn in manchen Ausnahmesituationen der Einsatz von Militär, wie ihn die UNO heute praktiziert, in der Tat politisch notwendig sein kann, so ist es insbesondere fraglich, ob solche Interventionen mit dem Prädikat „gerecht" belegt werden können. Der Einsatz militärischer Mittel, wenn auch in Ausnahmefällen notwendig, widerspricht doch immer grundsätzlich dem Ideal der Gerechtigkeit, weshalb die Rede von einem gerechten Krieg eher einer unglaubwürdigen Rechtfertigung Vorschub leistet, als zu einer ausgewogenen Diskussion über solche Ausnahmesituationen zu führen.

Die skizzierte Ethik der Globalisierung und eine Weltpolitik, die sich an dem Modell von Global Governance orientiert, wird daher grundsätzlich versuchen, nicht vom Krieg, sondern umgekehrt vom Frieden aus zu denken. Wichtig dabei ist, die aufgezeigte komplexe Vernetztheit globaler Wirklichkeit angemessen zu beachten. Der globale Terrorismus, so könnte man mit Habermas formulieren, darf nicht zu einer neuen Ontologisierung des Freund-Feind-Schemas führen, die gerade diese Relationalität missachtet und politisch eher Gewalt als Frieden fördert. Die globale Realität sieht bei genauerem Hinsehen immer deutlich komplizierter aus, als dies mit einem solchen Schema vorgegaukelt wird. Globalisierung ist deshalb nicht ein Kampf der Kulturen, wie dies Samuel Huntington propagiert hat. Kulturelle Rückbindungen sind zwar wichtig, aber die Welt besteht deshalb nicht aus wenigen großen kulturellen Blöcken, die statisch gegeneinander aufgestellt sind.

Auch die islamische Welt ist beispielsweise hoch differenziert und kennt in ihren unterschiedlichen kulturellen Formen verschiedenste politische Optionen. Die islamisch geprägten Vorschläge zur Gestaltung der Weltpolitik fallen deshalb auch im Nahen Osten vollständig anders aus als in Indonesien, dem größten islamischen Land der Welt. Oftmals sind auch schlicht ökonomische oder soziale Probleme ein wichtiger Grund zur Entstehung von Spannungen, die schnell kulturell oder religiös instrumentalisiert werden. Deshalb braucht es globale Sicherungssysteme, die helfen, Konflikte kommunikativ zu schlichten. Weltprobleme sind wohl viel eher durch einen kommunikativen Austausch aller Beteiligten als durch gerechte Kriege zu lösen.

In dem aktuellen Diskurs über Globalisierung spielt allerdings insgesamt betrachtet eine solche Frage nach den Bedingungen eines globalen Zustands des Friedens noch immer eine untergeordnete Rolle. Gerade die Philosophie kann mit ihrer Reflexion zum Thema Frieden hierzu einen wichtigen Impuls beitragen. Erschwert wird diese Betonung von Frieden gegenüber Krieg dadurch, dass Frieden grundsätzlich deutlich schwieriger zu bestimmen ist. Lange Zeit haben deshalb auch Philosophen Frieden meist nur negativ als die Abwesenheit von gewalttätigen Auseinandersetzungen oder direkter Gewalteinwirkung definiert. Die Friedens- und Konfliktforschung hat in den vergangenen 50 Jahren demgegenüber verstärkt darauf aufmerksam gemacht, dass Frieden nicht nur negativ als Abwesenheit von Krieg und Gewalt, sondern auch positiv als ein bestimmter Zustand sozialer Beziehungen beschrieben werden kann. Positiver Frieden meint damit ethisch formuliert, eine Verwirklichung bestimmter Gerechtigkeitsgrundsätze in einer Gesellschaft.

Das philosophische Denken der Aufklärung interpretiert den Begriff Frieden bereits in diesem weiten Sinn. Frieden ist für Kant beispielsweise ein Idealprodukt der Vernunft, den es im gesellschaftlichen und politischen Leben zu verwirklichen gilt. Die Friedensordnung ist für ihn durch eine demokratisch verfasste Gesellschaft gekennzeichnet, welche den Bürgern einerseits eine größtmögliche Freiheit garantiert und andererseits Frieden durch bestimmte gesellschaftliche Institutionen zu sichern versucht.

In einer ähnlichen Richtung argumentiert der Politologe Dieter Senghaas (*1940), der an vielen Stellen Ideen und Argumente des philosophischen Diskurses aufnimmt. Er identifiziert einige konstitutive Merkmale eines dauerhaften positiven Friedenszustandes (1998): Eine positive Interdependenz zwischen Nachbarstaaten, eine annähernde Symmetrie der Staaten, auch was ihre politischen, sozialen und moralischen Strukturen angeht, die Etablierung von vielfältigen Querbezügen auf unterschiedlichen Ebenen und der Aufbau gemeinsamer Institutionen im Bereich der formellen Zusammenarbeit. Soll Frieden auf globaler Ebene gefördert werden, so sind alle Akteure aufgefordert, diese für Frieden konstitutiven Elemente auf allen Ebenen zu fördern. Aus einer wechselseitigen Verschränkung der Elemente kann eine politische Kultur konstruktiver Konfliktbearbeitung erwachsen, welche innergesellschaftlichen Frieden fördert und damit auch die Voraussetzung für zwischenstaatlichen Frieden schafft.

Positiven Frieden zu fördern, ist eine Aufgabe aller global aktiven Akteure, nicht nur der Staaten oder internationalen Institutionen. Frieden bleibt dabei wohl immer eine schwer einzulösende Utopie, vor allem deshalb, weil es in der komplexen und sich ständig verändernden Welt keine Institutionen gibt, die vollständig Ordnung oder Sicherheit stiften können. Frieden bedeutet deshalb nicht nur die Beendigung von kriegerischen Auseinandersetzungen, sondern vor allem auch die Überwindung struktureller Kriegsursachen im Sinn eines Aufbaus sozial gerechter Gesellschaftsstrukturen.

Philosophie und Ökonomie – Reformideen für die WTO

Die Weltwirtschaft ist für viele Menschen ein wichtiger Aspekt der Globalisierung. Deshalb ist zu fragen, was sich aus den skizzierten philosophischen Argumenten hinsichtlich einer Ethik der Globalisierung und Weltpolitik für diesen Bereich schlussfolgern lässt. Dabei beziehen sich diese Konsequenzen auf unterschiedliche Ebenen. In einem ersten Schritt soll nun danach gefragt werden, welche politischen Optionen sich bezüglich der Gestaltung des institutionellen Rahmens der Weltwirtschaft ergeben. Dabei gilt es vor allem auf die Welthandelsorganisation (World Trade Organisation, kurz: WTO) zu blicken, die, wie gesehen, von einigen Globalisierungstheorien als ein gelungenes Beispiel globaler Steuerung interpretiert wird. Ethisch betrachtet liegen diese Überlegungen im Bereich der Wirtschaftsethik. Als Hintergrund für dieses Thema sei die den folgenden Analysen zu Grunde gelegte Studie der Wissenschaftlichen Arbeitsgruppe für weltkirchliche Aufgaben der Deutschen Bischofskonferenz zum Thema *Welthandel im Dienst der Armen* (2006) empfohlen.

Die WTO ist ein zentraler Teil des aktuellen weltpolitischen Institutionengefüges. Sie ist maßgeblich zuständig für die Spielregeln im Bereich des Welthandels. Das Ziel der WTO ist dabei vor allem eine Förderung des Welthandels durch Abbau von Zöllen und Handelshindernissen. Um eine ethische und politische Beurteilung der WTO anstellen zu können, ist zuerst ein Blick auf die faktischen Entwicklungen im Bereich des Welthandels zu werfen.

In den vergangenen Jahrzehnten ist ein wachsender Handel mit Waren und Dienstleistungen zu verzeichnen. Dies gilt für alle Länder weltweit, wobei sich deutliche Unterschiede zeigen, denn die reichen Industrieländer stellen gegenüber den Entwicklungsländern noch immer den größten Anteil des Welthandels. Allerdings gibt es auch innerhalb der Gruppe der Entwicklungsländer gravierende Unterschiede.

Zudem gibt es auch Unterschiede hinsichtlich der Güter, die die einzelnen Länder in den Welthandel einbringen. Ärmere Entwicklungsländer exportieren meist Primärgüter (vor allem Rohstoffe). Problematisch ist, wenn Entwicklungsländer von dem Export einzelner Güter abhängig sind, da die Preise für Rohstoffe auf den Weltmärkten stark schwanken. Die Industrieländer weisen dagegen meist eine hohe Produktvielfalt auf. Viele ihrer verarbeiteten Produkte, die sie exportieren, sind zudem bei der Entwicklung und Herstellung auf gut ausgebildete Menschen und eine hoch effektive Forschung angewiesen, wodurch sie noch einmal ein Stück unabhängiger vom Weltmarkt werden.

Nicht nur die Veränderungen in den Bereichen Telekommunikation und Transport haben zum Wachstum des Welthandels beigetragen, sondern auch politische Entscheidungen, allen voran der Abbau von Handelshindernissen. In den vergangenen Jahrzehnten wurden vor allem Zölle reduziert, welche die nationalen Märkte vor ausländischer Konkurrenz abschirmten.

Dieser Zollabbau wurde nach dem Zweiten Weltkrieg durch die GATT-Verträge beschlossen. Die Verhandlungsrunden, die sich daran anschlossen, haben diese Vereinbarungen immer weiter vertieft, bis 1995 schließlich die

WTO daraus hervorgegangen ist. Mit der Gründung der WTO wurde begonnen, eine umfassende und institutionelle Rahmenordnung für den gesamten Welthandelsbereich aufzubauen. Neben dem Handel mit Gütern werden in der WTO heute auch der Dienstleistungshandel und handelsbezogene Aspekte geistiger Eigentumsrechte vertraglich geregelt. Fragen des Welthandels werden nun im Rahmen umfassender Verhandlungsrunden erörtert. Aus institutioneller Perspektive ist besonders das Verfahren zur Streitschlichtung hervorzuheben, mit dem Handelsstreitigkeiten zwischen einzelnen WTO-Mitgliedsländern beigelegt werden können.

Im Regelwerk der WTO finden sich unterschiedliche Verpflichtungen und Prinzipien. Ein zentrales Prinzip ist das der Meistbegünstigung. Dieses besagt, dass Vorteile, die einem Land eingeräumt werden, stets auch allen anderen Mitgliedsländern gewährt werden müssen. Eine zweite Grundregel ist die Gleichbehandlung, die besagt, dass ausländische Waren einheimischen Waren gleichgestellt werden müssen. Außerdem legen die Abkommen der WTO eine Gegenseitigkeit beim Abbau von Handelshindernissen fest. Grundsätzlich gilt, dass Zölle zwar erlaubt sind, im Hinblick auf das übergeordnete Ziel der Handelsliberalisierung aber möglichst abzubauen sind.

Unabhängig von dieser institutionellen Regelung des Welthandels, in die heute rund 150 Länder eingebunden sind, ist innerhalb des wissenschaftlichen und auch politischen Diskurses über Globalisierung umstritten, ob eine Integration in den Welthandel sich für alle Länder per se positiv auswirkt, insbesondere mit Blick auf die oft sehr schwierigen Bemühungen in den Entwicklungsländern, Armut nachhaltig zu bekämpfen.

Für Desai ist (wie gesehen) die Integration in den Welthandel ein notwendiger Schritt, wenn ärmere Länder von den positiven Effekten des Welthandels profitieren wollen. Viele empirische Analysen des Welthandels zeigen heute allerdings, dass weltwirtschaftliche Integration positive und negative Auswirkungen haben kann, besonders mit Blick auf die Überwindung von Armut. Die Integration in die Weltwirtschaft kann positive Anstöße für die eigene Wirtschaft und die Steigerung der Wohlfahrt bringen. In vielen heutigen Schwellenländern in Ostasien hat sich die Integration in die Weltwirtschaft beispielsweise sehr positiv ausgewirkt. Aber die aktuellen Entwicklungen zeigen auch, dass nicht alle Länder notwendigerweise davon profitieren. Beispielsweise profitieren viele Länder Afrikas bei der Bekämpfung der Armut nur bedingt von einer Integration in den Welthandel. Es gibt Staaten und ganze Regionen, die von dem möglichen Nutzen des Welthandels ausgeschlossen bleiben. Die Steigerung der Wohlfahrt hängt nämlich nicht nur von der Integration in den Welthandel ab, sondern auch von vielen anderen Faktoren wie beispielsweise Produktvielfalt, Ausbildung der Arbeitnehmer, Infrastruktur oder politische Stabilität des Landes.

Genau zu beobachten ist deshalb, ob das durch die Integration in die Weltwirtschaft ausgelöste Wachstum, den Ärmsten eines Landes zugute kommt. Empirische Analysen zeigen nämlich, dass eine Verstärkung des grenzüberschreitenden Handels nicht immer allen Gruppierungen im eigenen Land zugute kommt. Im Sinne eines Pro-Poor-Growth-Ansatzes („wirtschaftliches Wachstum für Arme“), der im Umfeld der Weltbank eine wichtige Rolle spielt, ist danach zu fragen, ob das Wachstum wirklich zu einer Verbesserung der Lebenssituation der Ärmsten führt. Aus der Perspektive der skizzierten Ethik der Globalisierung wäre dies wichtig, weil wirtschaftliches Handeln natürlich kein Selbstzweck ist, sondern immer auch hinsichtlich der ethischen Kriterien zu beurteilen ist – beispielsweise mit Blick auf das Prinzip der Bedarfsgerechtigkeit.

Unabhängig von der Frage, ob sich die Integration in die Weltwirtschaft im Einzelfall positiv auf ein Land, und dort noch einmal auf die armen Bevölkerungsschichten auswirkt, ist auch die WTO selbst einem kritischen Blick zu unterziehen. Die WTO bietet einerseits die Möglichkeit, den Bereich des grenzüberschreitenden Handels mit Waren und Dienstleistungen institutionell zu regeln und damit globale Rechtssicherheit für alle Beteiligten herzustellen, was positiv zu bewerten ist. Zieht man die in der Ethik der Globalisierung entwickelten Maßstäbe der Gerechtigkeit zur Beurteilung der aktuellen Situation der WTO heran, so zeigt sich allerdings auch deutlich Handlungsbedarf. In vielen Bereichen werden die genannten Prinzipien nämlich nur unzureichend beachtet. Dies deutet auf einen erheblichen Reformbedarf hin, der im Folgenden unter Bezugnahme auf die Gerechtigkeitsprinzipien für einige ausgewählte Fragen skizziert werden soll.

Die Chancen auf eine nachhaltige Entwicklung für alle Menschen sollten weltweit möglichst fair verteilt sein – so die Grundintention des Prinzips der Chancengerechtigkeit. Faktisch sind die Chancen heute allerdings äußerst unterschiedlich verteilt, je nachdem, von welchem gesellschaftlichen, politischen und ökonomischen Zustand aus eine Integration in die Weltwirtschaft begonnen wird. Entsprechend dem Prinzip der Chancengerechtigkeit ist deshalb besonders darauf zu achten, dass bisher ausgeschlossene Menschen und Gruppen in den ärmeren Ländern eine größere Chance bekommen, sich an ökonomischen Prozessen zu beteiligen. Deren oft vernachlässigtes wirtschaftliches Potenzial sollte hierfür durch verbesserten Zugang zu Bildung oder sozialen Sicherungssystemen gefördert werden.

Die Chancen sind auch deshalb so ungleich verteilt, weil der Tausch auf dem weltweiten Marktplatz nicht immer gerecht abläuft. Besonders auffallend ist die Missachtung des Prinzips der Tauschgerechtigkeit im Agrarhandel. Zwar wird mittlerweile auf Bestreben der Entwicklungsländer der Agrarhandel auch innerhalb der WTO verbindlich geregelt, allerdings weist dieser Bereich noch immer deutliche Verzerrungen auf. Denn während noch immer rund eine Milliarde Menschen weniger als einem US-Dollar am Tag zum Leben haben, wird jede Kuh in Europa mit rund drei US-Dollar subventioniert, so Clare Short (*1946), die frühere Entwicklungsministerin von Großbritannien.

Industrieländer versuchen, ihre eigene Landwirtschaft auf vielfältige Weise zu schützen, von einem grundlegenden Abbau von Handelshindernissen für Entwicklungsländer kann man deshalb kaum sprechen. Auch wenn die reichen Länder hier eingewilligt haben, sich in den nächsten Jahren zu bewegen, so existieren momentan nach wie vor hohe Handelshindernisse, die den Marktzugang für Agrarprodukte der Entwicklungsländer erschweren. Ein besonderes Problem sind die Zollsätze, die mit der Verarbeitungsstufe steigen, womit der Import von verarbeiteten Agrarprodukten aus den Entwicklungsländern deutlich erschwert wird. Außerdem haben viele Industrieländer in den letzten Jahren den Export der Produkte ihrer Landwirtschaft erheblich subventioniert, was ebenfalls gegen das Prinzip der Tauschgerechtigkeit verstößt. Auf dieses Problem wurde von den Entwicklungsländern immer wieder hingewiesen, so dass man sich mittlerweile für einen Abbau dieser Subventionen bis 2015 verständigt hat. Umfangreich sind allerdings nach wie vor die Beihilfen für die Landwirtschaft, vor allem in den Industrieländern, aber auch in einigen Schwellenländern. Dies trägt dazu bei, dass die Produzenten in diesen Ländern ihre Produkte zu Preisen anbieten, die teilweise weit unterhalb der Produktionskosten liegen.

All dies verstößt klar gegen das Prinzip der Tauschgerechtigkeit. Die Wettbewerbsverzerrungen beeinträchtigen sowohl die Absatzchancen der ärmeren Entwicklungsländer, als auch deren landwirtschaftliche Produktion für den Eigenverbrauch. Die Industrieländer, aber auch die Schwellenländer, die teilweise aus Perspektive der Tauschgerechtigkeit ebenfalls ungerechtfertigt ihre Landwirtschaft schützen wollen, sollten daher einer Reform des WTO-Agrarabkommens hin zu einer fairen Rahmenbedingung zustimmen.

Das erste Millenniums-Entwicklungsziel der Vereinten Nationen besagt, dass die Weltgemeinschaft bis 2015 die Zahl der Menschen, deren Einkommen am Tag weniger als einen US-Dollar beträgt, halbieren will. Die Millenniums-Entwicklungsziele wurden 2000 verabschiedet, bis heute hat sich am Armutsproblem allerdings nach wie vor fast nichts verändert. Die immer wieder aufkommenden Engpässe in der Versorgung mit Grundnahrungsmitteln weltweit sind ein deutliches Indiz für dieses Problem. Sicherlich hat die Handelsliberalisierung im Rahmen der WTO die Chance für mehr Wachstum und Armutsreduktion in vielen Ländern verbessert. Vor dem Hintergrund des Prinzips der Bedarfsgerechtigkeit sollte die WTO sich allerdings noch stärker als bisher der Armutsbekämpfung verpflichten, wie sie in dem genannten Millenniums-Entwicklungsziel anvisiert wird. Die WTO-Regeln sollten insbesondere daraufhin untersucht werden, wie förderlich oder hinderlich ihr Nutzen für die Armutsbekämpfung und Realisierung des Prinzips der Bedarfsgerechtigkeit ist. Die WTO könnte beispielsweise durch gezielte wissenschaftliche Analysen die Auswirkungen ihrer Regeln auf die Chancen der ärmsten Bevölkerungsgruppen stärker beachten.

Auch hinsichtlich des Prinzips der Verfahrensgerechtigkeit besteht mit Blick auf die skizzierte Ethik der Globalisierung nach wie vor Handlungsbedarf. Die WTO wird beispielsweise in der Perspektive der Systemtheorie wie gesehen zwar als ein Paradebeispiel der Selbststeuerung gedeutet, weil sie es gerade in ihrer Verarbeitung negativer Erfahrungen (wie der diversen Finanzkrisen der letzten Jahre) schafft, stabile Verfahren für alle Beteiligten zu etablieren.

Ein genauer Blick zeigt allerdings, dass diese Verfahren nicht immer von allen Beteiligten gleich eingeschätzt werden. In den vergangenen Jahren wurde die WTO deshalb auch immer wieder heftig kritisiert, weil sie gerade die Bedürfnisse der ärmsten Menschen zu wenig beachte. Nicht zuletzt durch die vielen öffentlichen Proteste zivilgesellschaftlicher Gruppen, die oftmals parallel zu den Verhandlungsrunden der WTO organisiert wurden (von Seattle über Prag bis Genua), wurde auf diese ungerechte Verhandlungspraxis innerhalb der WTO aufmerksam gemacht. Obwohl die Entwicklungsländer heute den größten Teil der Mitglieder stellen, ist ihr politisches Gewicht in den Verhandlungen noch immer relativ gering. Oftmals werden die wichtigen Entscheidungen in informellen Verhandlungsgruppen von den Industrieländern getroffen. Die Entwicklungsländer haben dann nur die Möglichkeit, darauf zu reagieren. Dies liegt nicht zuletzt am Mangel an Personal und finanziellen Mitteln, um an der Vielzahl von parallelen Verhandlungsgruppen überhaupt teilzunehmen zu können, und dabei begründete Stellungnahmen zu komplexen Verhandlungsinhalten abzugeben. Faktisch bestimmen deshalb oft Absprachen der gut ausgestatteten Delegationen mächtigerer Länder die Entscheidungsprozesse. Dies zeigt die Wichtigkeit des Prinzips der Verfahrensgerechtigkeit, das Transparenz und echte Beteiligung aller Länder verlangt.

Mit dem Global Governance-Modell wurde bereits auf die Bedeutung der Öffentlichkeit für die ethische Legitimation politischer Entscheidungen im Zeitalter der Globalisierung hingewiesen. Dies gilt auch für Verfahren der WTO. Zivilgesellschaftliche Gruppen sollten deshalb stärker in die Beratung eingebunden werden, auch um die Position der Entwicklungsländer in den Verhandlungen zu verbessern. Viele Nichtregierungsorganisationen verfügen nicht nur über fachliche und international vernetzte Kompetenz, sondern auch über direkte Kontakte zu den Armen, so dass sie einen wichtigen Beitrag zur Armuts- und Entwicklungsorientierung der WTO leisten könnten. Dieses Wissen sollte man nutzen, indem man ihnen auch die Möglichkeit einräumt, in offiziellen Verfahren der WTO, wie dem Streitschlichtungsverfahren, Stellung zu nehmen. Damit könnten diese Verfahren in ethischer Perspektive deutlich verbessert werden und die armen Länder eine lautere Stimme im politischen Konzert bekommen.

Entsprechend der Forderung nach einer Verschränkung von Universalismus und Partikularismus erscheint es sinnvoll und wichtig, in den Verhandlungen der WTO außerdem nicht ausschließlich nach allgemeingültigen Regeln zu suchen. Die unterschiedlichen Ausgangsbedingungen der Länder weltweit legen vielmehr den Schluss nahe, dass gegebenenfalls solche allgemeinen Regeln auch Ausnahmen zulassen sollten, um gerade der partikularen Situation der Weltgesellschaft gerecht zu werden. Es geht dabei um Verfahrensregeln, die dem Umstand gerecht werden, dass einige Teilnehmer im Welthandel deutlich schwächer dastehen als andere.

Aufgrund der schlechteren Ausgangsbedingungen in den Entwicklungsländern (beispielsweise durch fehlende Infrastruktur oder politische Instabilität) könnten gerade Vorzugsbehandlungen bei einzelnen Regeln der WTO gerechtfertigt werden. So könnten Ausnahmen vom Prinzip der Meistbegünstigung zu mehr Chancengerechtigkeit gegenüber wirtschaftlich schwächeren Ländern beitragen. Die Möglichkeit zu solchen Vorzugsbehandlungen wurde deshalb bereits in der WTO verankert, allerdings verbessern sie die Chancen der ärmeren Länder bislang nur zum Teil. Dies liegt nicht nur daran, dass sie teilweise unzureichend an die tatsächlichen Probleme der Entwicklungsländer angepasst sind, sondern auch, dass sie in manchen Fällen von den Industrieländern zu politischen Zwecken missbraucht werden, um Forderungen auf anderen Gebieten durchzusetzen. Zudem fehlt eine differenzierte Einteilung der Länder nach Entwicklungsstand und ökonomischen Möglichkeiten. Schon eine verbesserte Einteilung könnte helfen, Vorzugsbehandlungen effektiv an die jeweilige Situation anzupassen, Armut zu reduzieren und eine sinnvolle Integration in den Welthandel für die ärmeren Entwicklungsländer zu eröffnen.

Ein solches differenziertes Vorgehen wäre ebenfalls für die Liberalisierung des Handels mit Dienstleistungen wünschenswert. Auch in diesem Feld sind nicht nur die unterschiedlichen Ausgangsbedingungen der einzelnen Länder zu beachten, sondern auch die Befürchtungen der Entwicklungsländer ernst zu nehmen, dass einheimische Anbieter schnell durch ausländische Konkurrenz vom Markt verdrängt werden könnten (beispielsweise bei der Versorgung von Grundgütern wie Wasser und Strom). Zum anderen besteht nicht zu Unrecht die Sorge, dass die Deregulierung des Dienstleistungshandels den eigenen politischen Handlungsspielraum, etwa bei der Sicherung der Versorgung von Grundgütern wie Wasser, einschränkt.

Die politische Gestaltung der WTO in den skizzierten Richtungen wäre ein erster Schritt in der Perspektive der aufgezeigten Ethik der Globalisierung. Sicherlich reicht dies aber nicht aus, um globale wirtschaftliche Probleme politisch nachhaltig angehen zu können. Neben der WTO sind deshalb auch alle anderen weltpolitisch relevanten Akteure in diesen Reformprozess einzubeziehen.

Dabei sind natürlich auch die Staaten gefragt, in ihren politischen Entscheidungen die Grundlagen für eine solche armutsorientierte Wirtschaftspolitik zu legen. Entwicklungsländer sind besonders herausgefordert, ein Wachstum, das breitenwirksam auch den Ärmsten zugute kommt, durch entsprechende innenpolitische Entscheidungen zu fördern. Die Stärkung einer guten Regierungsführung (Good Governance) im Sinne einer Wahrung der Menschenrechte, eines Ausbaus von Rechtsstaatlichkeit sowie die Förderung von Partizipation wären wichtige Schritte, um die Ausgangsbedingungen schwächerer Marktteilnehmer zu verbessern. Der Aufbau eines leistungsfähigen und fairen Steuersystems ist in einer solchen politischen Linie genauso wichtig, wie der Aufbau einer funktionierenden Infrastruktur (angefangen von Transportwegen bis hin zu einer effizienten Verwaltung). Soziale Sicherungssysteme und Investitionen in Menschen (Nahrung, Gesundheit, Bildung) helfen, Wachstum, das durch eine Integration in den Welthandel entstehen kann, breitenwirksam und Gemeinwohl orientiert umzusetzen.

Aber auch die Industrieländer sind herausgefordert, sich mit den veränderten Bedingungen auseinanderzusetzen und entsprechende wirtschaftliche Strukturanpassungen auf den Weg zu bringen. Es ist nämlich widersprüchlich und unglaubwürdig, wenn die Industrieländer außenpolitisch Forderungen stellen, deren Erfüllung sie selbst erheblich behindern. So lässt sich beispielsweise die hohe Verschuldung vieler Entwicklungsländer nur – wie von den Gläubigern verlangt – abbauen, wenn man sie entweder zumindest teilweise streicht oder aber den Schuldnerländern die Gelegenheit gibt, genügend Devisen zu erwirtschaften, um ihren Zahlungsverpflichtungen nachzukommen. Die meisten von ihnen müssen die nötigen Devisen aber vor allem durch Handelsüberschüsse erwirtschaften, und zwar vorrangig gegenüber den Industrieländern, die auch ihre Hauptgläubiger sind. Wenn diese nun Handelsschranken errichten und ihre eigenen Exporte subventionieren, ist der häufig geforderte Abbau der Verschuldung für einen Teil der Entwicklungsländer aus ökonomischen Gründen unmöglich, so dass die

Forderung, Zahlungsverpflichtungen zu erfüllen, ethisch kaum zu rechtfertigen ist.

Derartige Strukturanpassungen werden auch in den Industrieländern zu erheblichen Veränderungen führen und sind deshalb gegen die Widerstände der Unternehmen und Arbeitskräfte in den betroffenen Produktionszweigen sicherlich nur schwer durchzusetzen. Diese Widerstände sind zumindest teilweise gut nachvollziehbar, da solche Reformen soziale Probleme im Inland verschärfen können, wenn etwa staatliche Beihilfen für nicht mehr wettbewerbsfähige Wirtschaftszweige wegfallen. Aus der Perspektive einer Ethik der Globalisierung ist es allerdings nicht vertretbar, dass die Industrieländer ihre Beschäftigungsprobleme zu Lasten der Entwicklungschancen ärmerer Länder lösen. Die kosmopolitische Perspektive macht darauf aufmerksam, dass es nicht nur um das Wohl der Menschen einzelner Gesellschaften, sondern um das Wohl aller Menschen weltweit geht.

Die globalisierte Weltwirtschaft verschärft dabei sicherlich die Beschäftigungsprobleme in den Industrieländern. Eine fortschreitende Liberalisierung des Welthandels wird vermutlich zur Abwanderung weiterer Produktionszweige führen, was es erforderlich macht, neue Produktfelder innovativ zu erschließen und zu nutzen. Dazu braucht es (wie in den Entwicklungsländern) beispielsweise eine Stärkung des Humanvermögens, weil sich die Erwerbschancen niedrig qualifizierter Arbeit durch die Globalisierung tendenziell verschlechtern. Verstärkte Investitionen in Bildung und Forschung sind darum zentrale Pfeiler einer erfolgreichen Strukturpolitik.

Damit sind einige wichtige Aspekte skizziert, die sich vor allem aus der Ethik der Globalisierung für die Reform der WTO ergeben. Ein zentrales politisches Ziel hinsichtlich des Welthandels wird vor allem sein, durch die Vernetzung der verschiedenen Akteure und Steuerungsversuche eine kooperative politische Gestaltung zu fördern.

Politische Gestaltung fordert aber nicht nur die Institutionen, sondern alle Betroffenen heraus. Deshalb soll nun auf weitere Akteure im Bereich der Weltökonomie geschaut werden. Hierbei spielen die transnationalen Unternehmen eine wichtige Rolle. Deshalb soll ein dezidierter Blick auf diese Hauptakteure im Feld der Ökonomie geworfen werden. Dabei soll besonders analysiert werden, in welcher Weise diese sich in den Prozess der Globalisierung einbringen und welche Impulse sie bei der Gestaltung globaler Prozesse liefern können.

Verantwortung transnationaler Unternehmen

Unternehmen stehen immer in einem grundlegenden Spannungsfeld: Auf der einen Seite ist es ihr Ziel, Gewinn zu erwirtschaften und wenn möglich, diesen zu vergrößern. Auf der anderen Seite sind Unternehmen aber auch immer eingebunden in Gesellschaften und damit Teil einer Moralgemeinschaft. Wie aber kann dieses Verhältnis von ökonomischer und moralischer Logik bestimmt werden? Steht es in einem Widerspruch oder ergänzt es sich vielleicht?

Philosophisch betrachtet fallen solche Fragen in den Bereich der Unternehmensethik. Als Teil der Wirtschaftsethik wird in diesem Feld diskutiert, wie unternehmerisches Verhalten moralisch zu bewerten ist. Natürlich wird dabei auch über die Auswirkungen veränderter (welt-)gesellschaftlicher Bedingungen auf das Verhalten von Unternehmen nachgedacht und wie dieses aus ethischer Sicht zu bewerten ist. Ausgangspunkt hierfür ist auch in diesem Feld die Beobachtung, dass in globaler Perspektive eine Vielzahl von Akteuren Weltgesellschaft mit beeinflusst. Unternehmen, insbesondere die global agierenden, gehören in diesen Kreis der transnationalen Akteure. Wenn diese Beobachtung zutrifft, ist zu fragen, ob damit den Unternehmen auch eine besondere Verantwortung als weltgesellschaftlicher Akteur – das heißt als „global citizen" – zukommt. Die Beantwortung der Frage nach gesellschaftlicher Verantwortung ist deshalb für alle global agierenden Unternehmen ein wichtiges Thema.

Von verschiedenen philosophischen Annahmen ausgehend, wird eine solche gesellschaftliche Verantwortung von Unternehmen unterschiedlich bestimmt. Grundsätzlich kann man dabei heute vor allem zwei große Argumentationslinien innerhalb der Unternehmensethik unterscheiden. Diese beiden Typen von Unternehmensethik sind zwar in der Realität oft vermischt, der Klarheit halber sollen sie hier allerdings als zwei Idealtypen voneinander unterschieden werden.

Die erste betont die wirtschaftliche Logik und Aktivität der Unternehmen. Das Ziel des Unternehmens ist es, Gewinn zu maximieren. Unternehmen agieren deshalb immer nach ihrem Eigeninteresse. Die Pointe der ethischen Beurteilung ist: Auch aus moralischen Gründen ist diese Verfolgung von Eigeninteressen die bestmögliche Strategie, weil sie die größten Vorteile für alle Beteiligten mit sich bringt. Wenn Unternehmen ihren Gewinn maximieren, so wird dies auch die besten Folgen für die Gesellschaft haben (beispielsweise Arbeitsplätze schaffen) – so die These. Gesellschaftliche Verantwortung wird letztlich auf Verfolgung von Eigeninteressen reduziert. Alles, was über diese Logik der Eigeninteressen hinausgeht, erscheint aus dieser Sicht nicht begründbar. Auch der Dialog mit anderen gesellschaftlichen Anspruchsgruppen über die gesellschaftlichen Auswirkungen des Unternehmens ist nur dort notwendig, wo er sich in die Logik der Eigeninteressen einfügt.

Der anderen Linie der Unternehmensethik greift dieses Verständnis von Verantwortung deutlich zu kurz. Moralisches Verhalten und ökonomische Logik fallen nicht automatisch in eins – so die Hauptkritik. Dies zeigt sich beispielsweise daran, dass Unternehmen zwar bestimmte gesellschaftliche Vorleistungen in Anspruch nehmen, sie im Grunde aber kein wirkliches Interesse haben, sich aktiv für diese einzusetzen. So profitieren Unternehmen zwar davon, dass eine Gesellschaft gut ausgebildete Menschen auf den Arbeitsmarkt entlässt und diese potenziellen Arbeitnehmer bestimmte soziale Eigenschaften wie Teamfähigkeit besitzen. Wie die Diskussion um Ausbildungsplätze in den vergangenen Jahren zeigt, liegt eine Investition der Unternehmen in diese Vorleistung allerdings nur bedingt in den Eigeninteressen der Unternehmen.

Ein anderes Beispiel ist die Frage nach einer sauberen Umwelt. Ein Unternehmen kann nur wirtschaftlichen Erfolg haben, wenn die Umwelt der Arbeitnehmer und der Konsumenten einigermaßen intakt ist. Solche Vorleistungen werden im aktuellen Diskurs über Globalisierung oftmals als globale öffentliche Güter bezeichnet. Güter wie eine saubere Umwelt oder ein friedvolles Zusammenleben nutzen nämlich nicht nur einzelnen Bürgern, sondern auch und vor allem der Weltgemeinschaft als ganzer. Es ist aus einer rein ökonomischen Logik für Unternehmen allerdings nur bedingt erklärbar, sich aktiv für diese Vorleistungen einzusetzen. Vielleicht ist es dort sinnvoll, wo Nichtregierungsorganisationen öffentlich Kritik üben, um finanzielle Einbußen für das eigene Unternehmen zu vermeiden. Wenn man die Logik der Eigeninteressen als alleinigen Bewertungsmaßstab heranzieht, dann scheint es darüber hinaus aber eigentlich für das Unternehmen sinnvoller, sich nicht übermäßig in diesem Bereich zu engagieren.

Die aufgezeigte Ethik der Globalisierung und ein an das Global Governance-Modell angelehnte Verständnis von Weltpolitik spricht für die zweite Argumentationslinie. Dabei ist es sinnvoll und wichtig, zu betonen, dass es nicht nur die Aufgabe des Staates ist, sich um globale öffentliche Güter zu kümmern, sondern alle gesellschaftlichen Akteure hierzu aufgefordert sind. Dahinter steht die Forderung, dass alle globalen Akteure auch die Weltgesellschaft als Ganze bzw. ethisch formuliert: das Weltgemeinwohl in den Blick nehmen sollten. Deshalb werden auch transnationale Unternehmen als Weltbürger verstanden. In der Weise, in der sie von Vorleistungen der Weltgemeinschaft Gebrauch machen, sind sie auch gleichzeitig zum Wohle derselben verpflichtet. Ziel einer so verstandenen Unternehmensethik ist es dann, Kooperationsformen und Verfahren zu fördern, durch die Unternehmen ihre gesellschaftliche Verantwortung zusammen mit anderen Akteuren wahrnehmen können.

Peter Ulrich (* 1948) argumentiert mit einer an Habermas angelehnten Unternehmensethik für eine solche kommunikative Verständigung aller Beteiligten in ökonomischen Prozessen. Dabei zielt er darauf ab, dass auch ökonomisches Handeln immer kommunikativ eingeholt werden muss. Die Betroffenen sind deshalb in die Diskurse über die normative Implikationen ökonomischen Handelns mit einzubeziehen. Hierzu sind geeignete Verfahren und Institutionen aufzubauen, in die neben den Unternehmen auch Vertreter aus Zivilgesellschaft, Politik oder Wissenschaft zu integrieren sind.

Diese Einsicht gilt sowohl für die Ebene der nationalstaatlich verfassten Gesellschaften als auch in besonderer Weise für die globale Ebene. Man könnte sogar noch einen Schritt weitergehen und sagen, dass in Bezug auf die Globalisierung noch einmal ganz besonders eine gesellschaftliche Verantwortung der Unternehmen gefordert ist. Da weltweit die sozial-, arbeits- und umweltrechtlichen Rahmenbedingungen verschieden sind und es nur ansatzweise ein globales Institutionengefüge für diese Bereiche gibt, ist die weltgesellschaftliche Verantwortung der einzelnen Unternehmen mehr denn je gefragt. Natürlich haben Unternehmen auch ein berechtigtes Eigeninteresse, sich dabei im globalen Kontext bestmöglich zu positionieren. Die Pointe der zweiten dargestellten Linie von Unternehmensethik ist aber, dass eine ethische Begründung, die sich nur auf die Eigeninteressen der Unternehmen stützt, für einen umfassenden und nachhaltigen Umgang mit globalen Herausforderungen zu kurz greift.

Eine so verstandene Verantwortung der Unternehmen als Global Citizens zeigt sich heute bereits in unterschiedlichen Feldern. Ein Beispiel ist die Diskussion um so genannte Sozial- und Umweltstandards. Solche Standards fungieren jenseits einer staatsrechtlichen Logik als moralische Handlungsorientierung für transnationale Unternehmen. Sozialstandards sind beispielsweise das Verbot von Zwangsarbeit, die Bekämpfung ausbeuterischer Kinderarbeit, die Nichtdiskriminierung am Arbeitsplatz oder die Vereinigungsfreiheit der Beschäftigten. Umweltstandards betreffen demgegenüber den Aspekt der ökologischen Nachhaltigkeit in unternehmerischen Aktivitäten.

Sozial- und Umweltstandards werden heute weltweit in unterschiedlichen Formen umgesetzt. Zuerst ist die Vielzahl von selbst verpflichtenden Grundwertekatalogen, Leitlinien oder Kodizes zu nennen, die Unternehmen selbst aufstellen. Das Chemieunternehmen BASF hat beispielsweise einen Grundwertekatalog entwickelt, der sich aus insgesamt sechs Bausteinen zusammensetzt: Nachhaltiger Erfolg, Innovation im Dienste der Kunden,

Sicherheit – Gesundheit – Umweltschutz, interkulturelle Kompetenz, gegenseitiger Respekt bzw. offener Dialog und Integrität. Auf globaler Ebene gibt es eine Vielzahl solcher Kodizes, die gesellschaftliche Verantwortung als Selbstverpflichtung von Unternehmen verstehen und diese in unternehmenseigenen Leitlinien festhalten.

Daneben gibt es aber auch eine große Zahl von Initiativen und Organisationen, in denen sich mehrere Unternehmen zusammenschließen und für gemeinsame Standards eintreten. Meist werden in solche Initiativen auch andere Akteure aus Zivilgesellschaft oder Politik integriert. Es geht dann um eine kooperative Zusammenarbeit zur Stärkung und Umsetzung von Sozial- und Umweltstandards. Auch hier wird meist auf das Element der Selbstverpflichtung gesetzt. Eines der bekanntesten Beispiele für eine solche Initiative ist der Global Compact der Vereinten Nationen.

Darüber hinaus gibt es Bestrebungen, Sozial- und Umweltstandards auch auf der Ebene internationaler Verträge und des Völkerrechts zu verankern. Die Kernarbeitsnormen der Internationalen Arbeitsorganisation (ILO) sind ein prominentes Beispiel hierfür. Solche rechtlich verpflichtenden Vereinbarungen kommen bislang allerdings nur langsam voran, insbesondere auch, weil Unternehmen den Verpflichtungscharakter meist ablehnen. Auch ist noch nicht geklärt, inwieweit transnationale Unternehmen überhaupt als Völkerrechtssubjekte gedeutet werden können. Wenn dies der Fall sein würde, hätte dies natürlich erhebliche Konsequenzen für die Einklagbarkeit oder Sanktionierung von Unternehmen bei Verstößen gegen entsprechende Sozial- und Umweltstandards.

Ethisch betrachtet stehen Sozial- und Umweltstandards in einem Spannungsfeld: Einerseits sind sie in der Terminologie Walzers herausgewachsen aus der Tradition der (dicken) Moral Europas und Nordamerikas. Andererseits werden sie heute in Diskussionen über Weltpolitik oder Weltwirtschaft mehr und mehr zum Ausdruck einer globalen (dünnen) Moral. Allerdings sind solche Standards als dünne Moral nicht unumstritten, denn sie sind nicht so intuitiv zugänglich, wie das bei anderen Normen der dünnen Moral der Fall ist. Nichtsdestotrotz sind sie der Versuch einer Betonung von Universalität im Zeitalter globaler Fragmentierung. Solche Standards bieten im Sinne der Systemtheorie die Möglichkeit, Weltsysteme anzuregen, die eigenen Bedingungsverhältnisse sowohl bezüglich ihrer gesellschaftlichen Kontexte als auch ihrer Wechselwirkungen zu den anderen Weltsystemen wahrzunehmen und zu beachten. Der normative Kern liegt in der Zivilisierung der eigenen Aktivitäten. Sozial- und Umweltstandards sind genau eine solche Anregung zur Reflexion. Sie helfen den Systemen zu verstehen, dass sie nicht kontextlos agieren können, sondern sowohl die Menschen, die in den Unternehmen arbeiten, als auch die Umwelt als unhintergehbare Voraussetzungen beachten müssen.

Gleichzeitig erfüllen Sozial- und Umweltstandards aber auch wichtige unternehmensinterne Funktionen, die zumindest teilweise auch an die Logik der Eigeninteressen von Unternehmen anschlussfähig sind. So stellen sie beispielsweise ein Raster der Organisation von Kommunikation für Unternehmen dar. Unternehmen, die grenzüberschreitend agieren, entwickeln sich nämlich zu komplexen Organisationsgebilden. Je größer ein Unternehmen ist, desto komplexer werden seine Entscheidungs- und Organisationsstrukturen. Das Unternehmen ist deshalb herausgefordert, Strategien zu entwickeln, um diese Komplexität kommunikativ zu verarbeiten.

Sozial- und Umweltstandards geben Unternehmen einen solchen Orientierungsrahmen für ihre interne Kommunikation in einem zweifachen Sinne. Zum einen sind komplexe Großunternehmen auf ein Gerüst angewiesen, mit dem interne Kommunikation organisiert werden kann. Grundwertekataloge bieten Unternehmen eine Orientierung für interne Kommunikation. Zum anderen dienen Sozial- und Umweltstandards aber auch als Orientierungshilfe nach außen. Unternehmen sind in einer globalisierten Wirtschaft enorm vielen Unbekannten ausgesetzt, beispielsweise ist es schwer abzuschätzen, wie einzelne Unternehmensentscheidungen von anderen gesellschaftlichen Akteuren gedeutet werden. Die Standards reduzieren diese Risiken. Wenn ein Unternehmen derartige Standards zu seinen Handlungsleitlinien macht und sie umsetzt, werden Reaktionen gesellschaftlicher Gruppen kalkulierbarer. Die Ansprüche dieser Gruppen an das Unternehmen können damit schneller intern verarbeitet werden.

Die aufgezeigten internen wie externen Gründe erklären, weshalb sich Unternehmen für solche Standards einsetzen. Um die Chancen und Grenzen von unternehmensübergreifenden Initiativen zu Sozial- und Umweltstandards noch einmal an einem konkreten Beispiel fassen zu können, soll der Blick auf eine konkrete globale Initiative, und zwar den Global Compact gerichtet werden. Dieser Pakt von transnationalen Unternehmen hat explizit die Stärkung gesellschaftlicher Verantwortung zum Ziel. Als ein neues globales Steuerungsinstrument wurde er vor allem im wissenschaftlichen Bereich intensiv diskutiert. Eine Analyse des Global Compact lohnt deshalb, um die Frage nach der Steuerung von Globalisierung in diesem konkreten Feld unternehmerischer Verantwortung konkret ausbuchstabieren zu können.

Ausgangspunkt des Global Compact war eine Rede von Kofi Annan (*1938), dem früheren UN-Generalsekretär, auf dem Weltwirtschaftsforum 1999 in Davos. Dort lud er Manager transnationaler Unternehmen, internationale Gewerkschaftsführer und Vertreter der Zivilgesellschaft unter dem

Vorsitz des UN-Generalsekretärs ein, sich in einer gemeinsamen Initiative für Sozial- und Umweltstandards einzusetzen. Die Initiative besteht heute aus zehn Prinzipien.

Menschenrechte

Prinzip 1: Unternehmen sollen den Schutz der internationalen Menschenrechte innerhalb ihres Einflussbereichs unterstützen und achten und

Prinzip 2: sicherstellen, dass sie sich nicht an Menschenrechtsverletzungen mitschuldig machen.

Arbeitsnormen

Prinzip 3: Unternehmen sollen die Vereinigungsfreiheit und die wirksame Anerkennung des Rechts auf Kollektivverhandlungen wahren sowie ferner für

Prinzip 4: die Beseitigung aller Formen der Zwangsarbeit,

Prinzip 5: die Abschaffung der Kinderarbeit und

Prinzip 6: die Beseitigung von Diskriminierung bei Anstellung und Beschäftigung eintreten.

Umweltschutz

Prinzip 7: Unternehmen sollen im Umgang mit Umweltproblemen einen vorsorgenden Ansatz unterstützen,

Prinzip 8: Initiativen ergreifen, um ein größeres Verantwortungsbewusstsein für die Umwelt zu erzeugen, und

Prinzip 9: die Entwicklung und Verbreitung umweltfreundlicher Technologien fördern.

Korruptionsbekämpfung

Prinzip 10: Unternehmen sollen gegen alle Arten der Korruption eintreten, einschließlich Erpressung und Bestechung.

Mittlerweile sind weltweit rund 4500 Unternehmen Mitglied des Global Compact – neben internationalen Gewerkschaften, Arbeitgeberverbänden und Nichtregierungsorganisationen. Informationen über die Prinzipien, die Teilnehmer und die Arbeit der Initiative finden sich im Internet unter http://www.unglobalcompact.org.

Die Beteiligung am Global Compact beinhaltet verschiedene Elemente. Die Basis ist die Anerkennung der zehn Prinzipien durch die Unternehmen. Damit verpflichten sie sich zur Umsetzung der Prinzipien in ihren Unternehmensaktivitäten und zur gezielten Förderung in einzelnen Projekten. Ein Dialog über die Realisierung bzw. Beachtung der zehn Prinzipien im Unternehmen ist hierfür genauso eine Möglichkeit wie die Integration der Grundsätze in Managementpraktiken oder Zielvereinbarungen. Das Hauptpublikationsorgan der Initiative ist die Homepage, auf der die teilnehmenden Unternehmen mindestens einmal im Jahr ihre Projektaktivitäten vorstellen.

Politisches Ziel der Initiative ist es, durch das Instrument der Selbstverpflichtung und des gemeinsamen Dialogs grundlegende Rechte zu stärken. Durch die Vernetzung von globalen Akteuren wie Unternehmen, Unternehmerverbänden, Gewerkschaften und zivilgesellschaftlichen Gruppen soll ein Austausch über globale Probleme sowie konstruktive Lösungsansätze in Gang gesetzt werden. Dabei verstehen sich die zehn Prinzipien explizit nicht als rechtliche Regelung. Deshalb gibt es keine Überwachung der Mitglieder und auch nur bedingt Sanktionsmaßnahmen bei Verstößen gegen die Prinzipien.

Für die Unternehmen kann die Beteiligung unterschiedliche Vorteile haben. Aus der Sicht einer an Eigeninteressen orientierten Unternehmensethik kann die Initiative für die Unternehmen hilfreich sein, um sich als soziales oder nachhaltiges Unternehmen gegenüber Konkurrenten zu positionieren. Wird über ein Unternehmen an exponierter Stelle berichtet, kann dies in Zeiten von nachhaltigen Aktienfonds und dem Dow Jones Nachhaltigkeitsindex positive ökonomische Folgen für das Unternehmen haben, so die Logik. Darüber hinaus haben die Unternehmen – zumindest teilweise – sicherlich auch ein politisches Interesse, weil sie Diskussionen in der UNO damit aktiv mitgestalten können.

Die Beurteilungen des Global Compact fallen insgesamt betrachtet unterschiedlich aus. Besonders in den USA waren und sind Nichtregierungsorganisationen größtenteils kritisch eingestellt. Viele Globalisierungsgegner befürchten eine Unterwanderung der Vereinten Nationen. Weil die Konzerne das Logo der Vereinten Nationen als Zeichen kollektiver Verantwortlichkeit verwenden dürfen, befürchten einige Gruppierungen, dass die UNO ihre Rolle als neutrale Hüterin der Menschenrechte aufgibt und sich verkauft. Weil es fast keine Überwachungs- und Sanktionsmechanismen gibt, kann auch nicht gewährleistet werden, dass nur Unternehmen in die Initiative aufgenommen werden, die die Standards nicht verletzen.

Auch wenn die UNO das Verhalten der Unternehmen nur sehr bedingt kontrollieren bzw. sanktionieren kann und will, so scheint es allerdings innerhalb der Initiative bereits indirekte Regelungsverfahren zu geben. Vor allem fällt auf, dass einige Unternehmen selbst aktiv geworden sind, um Sanktionsmaßnahmen einzufordern. Sie fürchten um das Image des Global Compact und wollen daher effektivere Mechanismen. Nichtregierungsorganisationen setzen dabei vor allem auf den öffentlichen Hinweis auf schwarze Schafe, was in den vergangenen Jahren immer wieder für Aufsehen gesorgt hat.

Sowohl von staatlicher als auch von zivilgesellschaftlicher Seite aus wird in Europa der Global Compact meist positiv aufgenommen. Der frühere Staatssekretär im Auswärtigen Amt, Wolfgang Ischinger (*1946), betonte in der Gründungsphase des Global Compact: „Durch Beachtung von Menschenrechtsnormen und sozialen Mindeststandards können Unternehmen dort Vorbildfunktionen ausüben, wo Menschenrechte und arbeits- und sozialrechtliche Bestimmungen noch nicht unsere Standards erreichen. Dies gilt auch hinsichtlich der Bewahrung der natürlichen Lebensgrundlagen." Auch viele europäische Nichtregierungsorganisationen sehen in einer Kooperation von UNO, Unternehmen und Zivilgesellschaft größtenteils Vorteile.

Von der Perspektive des Global Governance-Modells aus zeigt sich der Global Compact als eine innovative Suche nach kooperativen Lösungen globaler Probleme. Unternehmen werden als Akteure in globalen Prozessen ernst genommen, ihr Engagement und ihre Einflussmöglichkeiten transparent gemacht und reflektiert. Sicherlich kann eine solche Initiative globale Probleme wie soziale Ungleichheit im Bereich des Arbeitslebens niemals lösen. Der Global Compact wird auch nicht der Wirtschaft per se ein menschliches Gesicht geben können. Ökonomisches Handeln und Einsatz für Menschenrechte und Umweltschutz fallen nicht automatisch zusammen, aber sie können mehr und mehr miteinander in Verbindung gebracht werden.

Unter anderem bei den Überlegungen zur rechtlichen Steuerung von Globalisierung wurde bereits auf die Grenzen eines am Nationalstaat orientierten Modells von Weltpolitik hingewiesen. Vielleicht können Sozial- und Umweltstandards gerade deshalb eine wichtige Funktion in globaler Perspektive übernehmen, weil sie sich der Dynamik und Komplexität von Recht anpassen. So versucht der Global Compact nicht, ein Rechtsinstrument analog zu traditionellem nationalstaatlichen Recht zu sein, sondern in der Verarbeitung von Unordnung ein flexibles Ordnungsmoment einzuziehen, das auf eine kooperative Lösung abstellt.

In seiner momentanen Konzeption zielen sowohl der Global Compact als auch Verhaltenskodizes auf eine Förderung globaler Verantwortlichkeiten. Eine solche Einbeziehung weiterer Akteure in die Diskussion um globale Standards ist begrüßenswert. Je mehr globale Zusammenhänge bewusst werden und politische Strukturen zusammenwachsen, desto mehr werden sicherlich auch rechtliche Bestimmungen etabliert. Dies ist eine Hauptaufgabe der UNO, die sie auch in der Zukunft nicht aus dem Blick verlieren sollte. Der Global Compact kann in dieser Perspektive als eine Vorstufe einer weltweiten Betriebsverfassung interpretiert werden.

Natürlich muss darauf geachtet werden, dass durch Initiativen wie den Global Compact völkerrechtliche Bemühungen zur Wahrung der Menschenrechte oder zum Schutz der Umwelt nicht unterlaufen oder behindert werden. Momentan ist es allerdings sinnvoll, mit Instrumenten des Dialogs und der Selbstverpflichtung Menschenrechte und Umweltschutz zu stärken. Nicht zuletzt deshalb, weil dadurch die Akteure von innen und nicht nur durch äußeren Zwang verändert werden. Solange solche Initiativen neue Akteure öffentlich in den Prozess der Gestaltung globaler Strukturen einbeziehen und die Eigendynamik der Beteiligten für die Stärkung der Menschenrechte genutzt wird, können solche Steuerungsinstrumente durchaus positive Wirkungen haben.

Globale Solidarität durch weltweite Kommunikation?

Die aktuellen Entwicklungen im Bereich der Kommunikations- und Informationstechnologie sind wichtige Voraussetzungen wie zentrale Bausteine von Globalisierung. Jedes Jahr kommen neue Kommunikationstechniken auf den Markt, durch das Internet werden ungeahnte Informationsmöglichkeiten erschlossen und auch die klassischen Medien wie Zeitung, Radio und Fernsehen bauen ihr Potenzial erheblich aus. Dies alles sind Anzeichen der rasant wachsenden Informationsmöglichkeiten, die Teil eines weltweiten Kommunikationssystems sind.

Gerade auch globale Kommunikationen sind allerdings alles andere als eindeutig bestimmbare Prozesse. Die Komplexität der Vernetzungen und die Verschiedenheit der kommunizierenden Akteure hinsichtlich ihrer Sprache und kulturellen Voraussetzungen gestalten Kommunikationsprozesse immer äußerst vielschichtig. Verständnisschwierigkeiten und Missverständnisse gehören deshalb auch in diesem Bereich zur Alltagserfahrung. Zudem ist Kommunikation gerade auch auf globaler Ebene meist sehr flüchtig, wodurch Analysen und Erklärungen immer auch an Grenzen stoßen.

Weltweite Kommunikation muss daher als eine komplexe und äußerst dynamische Form gegenseitigen Austausches interpretiert werden. Die neuen technischen Kommunikationsmöglichkeiten steigern nicht nur die Komplexität der Zusammenhänge, sondern eröffnen auch die Chance, sich den Möglichkeiten dieses Austausches bewusst zu werden.

Vor dem Hintergrund der skizzierten Philosophie der Globalisierung erscheint die Frage berechtigt, wie die Entwicklungen im Informations- und Kommunikationssektor einzuordnen oder ethisch zu bewerten sind. Grundsätzlich stellen diese Entwicklungen einen wichtigen Baustein der Ermöglichung globaler Vernetzungen dar. Damit können sie auch ein globales Verbundenheitsgefühl fördern. Die neuen technischen Errungenschaften bieten die Möglichkeit, durch den interkulturellen Austausch in vielen konkreten Fällen (in Rortys Perspektive) ein Gespür für die Glücks- und Leiderfahrungen anderer Bevölkerungsgruppen zu entwickeln. Durch einen interkulturellen Dialog darüber kann nicht nur wechselseitig Interesse, sondern auch weltweit Solidarität füreinander geweckt werden. Die Frage ist, ob diese Möglichkeiten wirklich effektiv genutzt werden und welche Probleme durch die neuen Formen des globalen Informationsaustausches entstehen. Vier Spannungsverhältnisse spielen hierbei eine besondere Rolle.

(a) Aufbau globalen Wissens vs. digitale Kluft: Die Bedeutung von Wissen zur Beeinflussung globaler Prozesse wird zunehmend erkannt. Wichtig ist heute weniger detailliertes Einzelwissen als vielmehr ein vernetztes Wissen über komplexe Zusammenhänge. Ein solches Wissen impliziert auch eine gesellschaftliche Macht, indem damit Prozesse beeinflusst und gestaltet werden können. Bei der Analyse von transnationalen Unternehmen wurde bereits auf die Bedeutung der Organisation von Wissen im Zeitalter der Globalisierung hingewiesen.

Die neuen technischen Errungenschaften ermöglichen prinzipiell eine wissensorientierte Kommunikation für alle Weltbürger. Durch Satelliten-, UMTS- oder Internettechnik können Informationen in der globalen Medienlandschaft von allen Menschen angefragt und empfangen werden. Weltweite Wissenskommunikation kann entstehen. Damit können sich Menschen von ihren eigenen gesellschaftlichen Vorgaben emanzipieren, ein eigenes Wissen bilden und über die neuen Kommunikationskanäle ihre Position kundtun. Auf der privaten Ebene der Gestaltung des eigenen Lebensplanes unterstützt dies die Möglichkeiten der Selbstentfaltung, auf der öffentlichen Ebene können damit Informationen über gesellschaftliche Bedingungen verbreitet oder auch Solidarität zwischen verschiedenen Gruppen gefördert werden.

Zwei Einschränkungen unterliegt dieser Prozess jedoch: Der weltweite Wissensaustausch erfährt erstens insofern eine Verzerrung als das Wissen größtenteils über Massenmedien verbreitet wird. Deshalb wird dieses Wissen oft nach den Interessen des jeweiligen Anbieters selektiert. Zweitens wird durch eine ungleiche Verteilung der technischen Möglichkeiten nur einem geringen Teil der Weltgemeinschaft ein Zugang zu dieser wissensorientierten Kommunikation ermöglicht. Die Kluft zwischen Nord und Süd findet ihre Entsprechung in der so genannten digitalen Kluft. Die heutige Ausbreitung des Telefons verdeutlicht diese digitale Kluft eindrücklich. Nach den Erhebungen des *Human Development Report 2007* gab es im Jahr 2005 in den Entwicklungsländern im Durchschnitt 130 Telefonanschlüsse pro 1000 Einwohner, wohingegen in den reichen Industrieländern weit über 500 Anschlüsse pro 1000 Einwohner gezählt wurden. Noch deutlicher wird der Unterschied, wenn man noch einmal genauer auf die Unterschiede zwischen den Entwicklungsländern schaut: In der sehr armen Region Subsahara-Afrika fanden sich nämlich nicht einmal 20 Anschlüsse je 1000 Einwohner.

Die neuen technischen Errungenschaften ermöglichen also grundsätzlich den Erwerb und Austausch von Wissen über globale Strukturen für alle Menschen. Eine wechselseitige Sensibilität erwächst daraus aber nur bedingt, weil Informationen vorsortiert werden und die digitale Kluft eine Beteiligung aller an dieser Kommunikation verhindert.

(b) Segen vs. Fluch des Internets: Das Internet bietet unter den neuen technischen Errungenschaften wohl eine der besten Möglichkeiten zum Aufbau einer wissensorientierten Kommunikation, so die heute oft vertretene These. Durch den Austausch von Informationen über das Internet kann auch ein interkultureller Dialog unterstützt werden, nicht nur, weil Informationen hier meist wenig selektiert werden, sondern auch, weil schnell und unkompliziert kommuniziert werden kann. Positiv ist auch der Einfluss, den das Internet auf politische Machtstrukturen ausüben kann. Denn das Internet bietet viele Möglichkeiten, durch die Unterdrückte ihre Meinung kundtun und auf Missstände hinweisen können. So ist in einigen Ländern das Internet ein wichtiges Werkzeug für die Verbreitung regierungskritischer Nachrichten. Deshalb werden in diktatorischen Ländern immer wieder Internet-Cafés geschlossen oder Internetfilter installiert, um politisch unerwünschte Äußerungen zu unterdrücken. Die Unübersichtlichkeit des Internets erschwert allerdings zumindest teilweise eine solche gezielte Verhinderung von Information. Wie die Globalisierungsdebatte zeigt, können sich außerdem Nichtregierungsorganisationen und politisch aktive Bürger über das Internet zusammenschließen und ihre Aktionen abstimmen.

Gegenüber solchen positiven Aspekten werden durch das Internet aber auch Entwicklungen angestoßen, die nicht unbedingt einem konstruktiven Dialog über globale Probleme dienlich sind. Denn nicht nur die Zivilgesellschaft, sondern auch kriminelle Vereinigungen können ihre Inhalte über das Netz verbreiten. Die vielzähligen Webseiten mit rassistischen Inhalten sind nur ein Beispiel hierfür. Aber auch im ökonomischen Bereich können durch Virusangriffe oder groß angelegte Wirtschaftsspionage der Gesellschaft erhebliche Nachteile entstehen.

Außerdem besteht die digitale Kluft zwischen armen und reichen Ländern auch für dieses Medium. Die Zahl der Internetuser weltweit belegt dies eindeutig. Wiederum im *Human Development Report 2007* finden sich hierfür Daten: Während in den reichen Industrieländern 2005 über 50 % der Bevölkerung aktive Internetnutzer waren – Tendenz schnell steigend –, waren dies in den Entwicklungsländern insgesamt nur 10 %, in Subsahara-

Afrika nicht einmal 3 % der Bevölkerung. Besonders die armen Länder bleiben also weiterhin von der weltweiten Internetkommunikation ausgeschlossen.

Darüber hinaus bleibt fraglich, ob durch das Internet wirklich ein interkulturell vernetzter Kommunikationsraum entsteht oder ob dieser Raum nur die regional begrenzten lebensweltlichen Strukturen widerspiegelt, denn auch im Internet bilden sich meist nur die lokalen Kommunikationsgemeinschaften in neuen Formen wieder. Die vielen lokalen Foren auf Online-Plattformen scheinen ein Beleg hierfür zu sein.

Auch die Beurteilung der Möglichkeiten des Internets hinsichtlich einer konstruktiven Lösung globaler Probleme fällt daher ambivalent aus. Das Internet bietet viele Chancen zur Förderung eines interkulturellen Dialogs und eines wechselseitigen Solidaritätsgefühls. Diese Chancen werden aber nicht allein durch das Vorhandensein der technischen Systeme ausgeschöpft, sondern diese Strukturen müssen bewusst gestaltet werden, um diese Ziele realisieren zu können.

(c) Macht vs. Ohnmacht der Konsumenten: Aus der Fülle von Informationen wählt heute jeder Konsument das aus, was ihn interessiert. Wenn das Medienprodukt nicht zusagt, dann schaltet der TV-Zuschauer einfach weiter oder der Leser eines Magazins wird dieses nicht mehr kaufen. Im Zuge einer kommerzorientierten Medienlandschaft haben Absatzzahlen und Einschaltquoten für die Medien eine zentrale Bedeutung. Sendungen mit niedrigen Einschaltquoten verschwinden innerhalb kürzester Zeit aus dem Programm, vor allem weil dadurch die Medienanbieter den werbenden Unternehmen kein großes Aufmerksamkeitspublikum erschließen. Eine Ausstrahlung dieser Sendungen ist deshalb finanziell weniger lohnend. Die Entscheidung für oder gegen ein bestimmtes Medienprodukt gibt dem Konsumenten also eine gewisse Macht.

Umstritten ist allerdings, wie weit diese Macht der Konsumenten im Zeitalter der Globalisierung wirklich reicht. Denn Konsumenten sind natürlich nur ein kleiner Teil der Gesellschaft, an der seine Einzelentscheidung nur wenig ändert. Die vorherrschenden Diskurse, die sich in den Medienprodukten widerspiegeln, sind zudem teilweise so stark, dass es für den einzelnen Konsumenten manchmal einen erheblichen Aufwand bedeutet, sich davon zu emanzipieren. Auch können im Grunde nur Massenentscheidungen eine sichtbare Veränderung anstoßen.

Eine solche Massenentscheidung für solidarisches Handeln auf globaler Ebene ist meist nur in Folge von außergewöhnlichen Katastrophen zu beobachten, wenn diese von den Medien spektakulär inszeniert worden sind. Aber anstatt die Ursachen einer Entwicklung zu beleuchten, werden solche Ereignisse dann meist dramatisch aufbereitet, wodurch die realen Lebensumstände nur selten in den Blick kommen. Außerdem fördern die Medien wegen ihrer kommerziellen Ausrichtung auf eine bestimmte Bezugsgruppe einen wechselseitigen Informationsfluss nur bedingt. Weil ein Großteil der Weltbevölkerung als Konsumentengruppe von geringerem Interesse ist, hat dieser Teil kaum eine Einflussmöglichkeit auf die Gestaltung der Medieninhalte.

(d) Gerechtigkeit als Prinzip einer Rahmenordnung für den Informations- und Kommunikationssektor? Angesichts der Globalisierung wird immer häufiger von der Neugestaltung der Weltrahmenordnung auch für den Bereich der Information und Kommunikation gesprochen. Bis heute ist der Medienbereich auf globaler Ebene durch ein sehr starkes Freiheitsmoment gekennzeichnet. Informationen werden in kürzester Zeit ohne Beschränkungsmöglichkeiten global verbreitet, und Kommunikationskanäle sind kaum zu kontrollieren.

Voraussetzung einer bewussten Gestaltung der globalen Medienlandschaft ist eine weltweite Einigung aller Beteiligten darüber, nach welchen Kriterien dieser Prozess in Zukunft geformt werden soll. Aufgrund der Heterogenität der globalisierten Welt und des fehlenden weltpolitischen institutionellen Gefüges geschieht eine solche Gestaltung heute vor allem über das Moment der informellen Steuerung. Runde Tische, Beiräte, Kommissionen und informelle Dialoge sind wichtige Elemente des politischen Gefüges, die das aufgezeigte Gerechtigkeitsideal im Informations- und Kommunikationsbereich umzusetzen versuchen.

Neben diesen Formen der Selbststeuerung oder Selbstverpflichtung dürfen die traditionellen politischen Instrumente aber auch in diesem Feld nicht außer Acht gelassen werden. So ist es auch für den Informations- und Kommunikationssektor notwendig, rechtliche Rahmenbedingungen zu schaffen, welche die positiven Wirkungen der neuen technischen Möglichkeiten nicht unterdrücken, und gleichzeitig versuchen, den extremen Auswüchsen Einhalt zu gebieten. Dies wären beispielsweise Regelungen gegen Monopolbildung im Medienbereich oder international abgestimmte Aktionen gegen die Verbreitung krimineller Inhalte durch das Internet.

Die neuen technischen Errungenschaften eröffnen also insgesamt betrachtet vielfältige Möglichkeiten. Eine wichtige Aufgabe ist es, die verständigungsorientierte und kooperative Kommunikation zwischen den vielen sich überschneidenden Räumen der Welt weiterhin zu stärken. Dabei ist allerdings noch auf einen letzten kritischen Punkt hinzuweisen. Viele Philosophen des 20. Jahrhunderts haben beharrlich darauf hingewiesen, dass technische Erneuerungen alleine gesellschaftliche Probleme nicht lösen. Nicht Technik allein oder der Glaube an scheinbar unbegrenzte Möglichkeiten technischer Machbarkeit verändern gesellschaftliche Verhältnisse. Diese

Möglichkeiten sollten reflektiert und rückgebunden werden an die Menschen, die diese neuen Räume gestalten. Dies gilt auch und in ganz besonderer Weise für den Bereich der Information und Kommunikation.

Klimawandel und Vulnerabilität

Die Folgen des Klimawandels sind heute im politischen Diskurs eines der wichtigsten und wohl auch brisantesten Themen auf globaler Ebene. Der Weltklimarat, der so genannte IPCC, hat mit seinen Berichten im Jahr 2007 diese Diskussion entscheidend mit angestoßen. Nach der Auswertung von vielzähligen Studien zum Klimawandel, unter Einbeziehung von über 3000 Wissenschaftlern und unter Berücksichtigung der wichtigsten Klimamodelle steht fest: Die Tatsache eines vom Menschen gemachten Klimawandels ist heute nicht mehr wirklich bestreitbar.

Beobachtbares Hauptmerkmal des Klimawandels ist der Anstieg der Temperatur. Die globale Klimatemperatur hat sich in den vergangenen 100 Jahren rasant erhöht, und zwar um rund 0,8 Grad Celsius. Hauptursache hierfür sind die seit der Industrialisierung stark angestiegenen Emissionen von Treibhausgasen, ganz besonders von Kohlendioxid. Abhängig davon, ob diese Emissionen in den kommenden Jahren reduziert werden können, erwarten die Experten bis 2100 einen Temperaturanstieg zwischen einem und fünf Grad Celsius im Vergleich zum Niveau von 1990. Die Experten sind sich noch über einen weiteren Punkt einig, nämlich die Notwendigkeit einer Begrenzung dieses Temperaturanstieges: Steigt die Temperatur in den kommenden Jahren mehr als um 2 Grad, wird dies massivste Folgen für die Menschen weltweit haben. Klimaschutzpolitik sollte deshalb auf eine Reduktion der Emissionen hinarbeiten, so dass die 2-Grad-Marke nicht überschritten wird.

Wie man politisch mit diesen Einschätzungen umgeht und welche Maßnahmen einzuleiten sind – dies ist im aktuellen weltpolitischen Diskurs allerdings hoch umstritten. Klar ist, dass eine Mischung aus Vermeidung von Klimawandel (Mitigation) und Anpassung an bereits unvermeidbare Folgen (Adaptation) unumgänglich ist. Wie diese aussehen soll – darüber scheiden sich die Geister.

Wichtig für eine Thematisierung dieser Frage im Kontext der Philosophie der Globalisierung ist eine genauere Betrachtung der Verteilung der Lasten des Klimawandels. In den Medien in Europa wird oft auf die Auswirkungen des Klimawandels auf den gegenwärtigen Wohlstand der Industrieländer und deren wirtschaftliches Wachstum abgestellt. Dies ist freilich eine verkürzte Sicht, denn sowohl Ursachen als auch Folgen des Klimawandels sind weltweit höchst ungleich verteilt. Das meiste Kohlendioxid wurde von den Industrieländern ausgestoßen, die Hauptopfer des Klimawandels sind heute allerdings in den ärmsten Ländern der Welt zu finden. Denn die Armen leben oft in geographisch sensiblen Regionen, die von den Folgen des Klimawandels besonders betroffen sein werden (beispielsweise Subsahara-Afrika oder arme Landstriche direkt am Meer wie in Bangladesh).

Die ärmsten Länder stehen dabei vor einem zweifachen Problem. Zum einen werden die negativen Auswirkungen des Klimawandels die Befriedigung elementarer Grundbedürfnisse erschweren und damit die Armut verstärken. Extreme Wetterereignisse wie Wirbelstürme oder Hochwasser, die voraussichtlich verstärkt in den armen Ländern des Südens auftreten werden, werden die Ernährungslage in diesen Regionen deutlich verschärfen. Dazu wird der Wassermangel aufgrund höherer Durchschnittstemperaturen ebenfalls beitragen.

Zum anderen haben diese Länder allerdings meist auch eine geringere Kapazität zur Bewältigung der Klimafolgen. Geringerer Zugang zu sozialen Grunddiensten (Gesundheit, Bildung), ein Mangel an Rechtssicherheit oder auch fehlender Versicherungsschutz sind für eine effektive Anpassung enorm hinderlich. Der Kern des Problems einer Philosophie der Globalisierung stellt sich nun wie folgt: Die Industriestaaten sind die Hauptverursacher des Klimawandels, die Armen in den Entwicklungsländern werden aber von den Auswirkungen besonders betroffen sein. Darin zeigt sich offensichtlich ein gravierendes Gerechtigkeitsproblem.

Die Frage einer philosophisch begründeten Ethik des Klimawandels ist in die Debatte zur Umweltethik der vergangenen Jahrzehnte einzuordnen. Ausgangsfrage war dabei lange Jahre, welchen ethischen Wert die Natur hat. Natur hat beispielsweise als Überlebensraum, als Kulturraum oder als Ermöglichung ästhetischer Erfahrungen eine ethisch relevante Bedeutung für den Menschen. Allerdings kommen der Natur natürlich keine moralischen Pflichten gegenüber dem Menschen zu. Das Verhältnis trägt deshalb einseitige Züge. Aus diesem Sachverhalt ist in der Philosophie eine hitzige Debatte entstanden: Ist nur der Mensch Bezugspunkt für Moral oder kommt der Natur an und für sich ein moralischer Wert zu. Zwischen einem reinen Anthropozentrismus und reinen Physiozentrismus wurden hier Positionen diskutiert.

Für die Frage nach einer Beurteilung der Folgen des Klimawandels ist eine gemäßigte anthropozentrische Position am überzeugendsten, weil die Auswirkungen der Klimawandels auf die Menschen, vor allem die Armen, die größte Herausforderung sind. Ausgangspunkt hierfür ist, dass der Mensch der zentrale Bezugspunkt für Nachdenken über Moral ist, weil er das Subjekt moralischen Handelns ist. Diese Argumentation bedeutet jedoch nicht, dass der Natur nur ein rein instrumenteller Wert zuerkannt wird und der Mensch mit der Natur umgehen darf, wie er will. Die Natur ist immer ein Objekt moralischen Handelns. Als solches ist nicht ein beliebiger Umgang mit ihr ethisch rechtfertigbar. Es wird lediglich betont, dass für die ethische Frage der Mensch als moralisches Subjekt der zentrale Bezugspunkt ist und deshalb die Auswirkungen dort besonders problematisch werden, wo sie andere Menschen treffen.

Ein sozial- wie naturwissenschaftliches Konzept, das diese ethische Perspektive transdisziplinär ausbuchstabiert, ist das Konzept der Vulnerabilität. Ganz allgemein meint Vulnerabilität die Verwundbarkeit einer Region oder Gruppe. In der Klimaforschung hat dieses Konzept schon eine lange Tradition. In den 1970er Jahren wurde dabei Vulnerabilität vor allem als eine kausale Ursache-Wirkung verstanden. Ein Klimaereignis hat in einem kausalen Sinne bestimmte Schäden zur Folge, woraus sich die Vulnerabilität bestimmte.

In den letzten 20 Jahren wurde diese biophysikalische Vulnerabilität mehr und mehr mit sozialwissenschaftlichen Überlegungen zur Verwundbarkeit (beispielsweise zur Armut) verbunden. Dabei rückt immer mehr in den Fokus, dass bei der Bestimmung von Vulnerabilität auch die gesellschaftlichen Faktoren wichtig sind. Menschen oder Regionen sind nämlich nicht nur bestimmten Klimarisiken ausgesetzt, sondern auch in unterschiedlicher Weise in der Lage, diesen Risiken entsprechende Handlungsstrategien entgegenzusetzen. In dieser Perspektive gelten dann die Menschen als besonders vulnerabel, die am ehesten Risiken ausgesetzt sind, über wenige Bewältigungsstrategien verfügen, am stärksten unter den Konsequenzen einer Krise leiden und deren Erholungspotenzial am geringsten ist.

Man unterscheidet heute deshalb zwischen einer biophysikalischen und einer sozialen Vulnerabilität, die sich beispielsweise in geringem Einkommen, fehlendem Sozialkapital oder fragilen politischen Rahmenbedingungen ausdrückt. Diese sozialen Komponenten von Vulnerabilität wurden lange vernachlässigt, obwohl sie eine große Bedeutung hinsichtlich des Verhältnisses der Menschen zu den Klimafolgen haben.

Verbindet man nun die Überlegungen zur Philosophie der Globalisierung mit dem Ansatz zur Vulnerabilität, so ergeben sich einige zentrale ethische und politische Schlussfolgerungen. Wenn die These stimmt, dass der Klimawandel vor allem die Armen trifft, und diese weniger in der Lage sind, sich den Folgen anzupassen, so können hierzu aus der Perspektive der Gerechtigkeit einige Schlussfolgerungen gezogen werden.

Hauptaugenmerk sollte in den Diskussionen um die globalen Auswirkungen des Klimawandels aus der Sicht von Gerechtigkeit eine Verminderung der Vulnerabilität der Armen sein. Eine solche Vermeidung besteht erstens aus einer Verringerung der biophysikalischen Vulnerabilität. Dies ist nur zu erreichen, wenn wirksame Maßnahmen der Vermeidung von schadhaften Folgen des Klimawandels auf den Weg gebracht werden. Hierzu sind insbesondere Mittel und Wege zu suchen, um die Kohlendioxidemissionen nachhaltig zu reduzieren. Neben der Förderung regenerativer Energien oder der Erhöhung von Energieeffizienz ist es sinnvoll, auch die Folgekosten von Emissionen finanziell in das Weltwirtschaftssystem einzubinden. Der Handel mit Emissionsrechten wäre sowohl eine Möglichkeit, die Kosten der Emissionen ökonomisch fassbar zu machen als auch Reduktionsziele durch die Limitierung von Emissionsrechten politisch durchzusetzen. Durch den Handel mit Emissionsrechten könnten zudem große Summen in die ärmeren Ländern zufließen, weil die Industrieländer Emissionsrechte von den Entwicklungsländern kaufen müssten, um ihren gegenwärtigen Energieverbrauch zu halten. Die Entwicklungsländer könnten diese Einnahmen wiederum in den Abbau sozialer Vulnerabilität investieren.

Aus der Sicht der Gerechtigkeit ist ein solcher Emissionshandel ein erster Schritt hin zu einer politischen Realisierung der globalen Dimension von Gerechtigkeit. Menschen erkennen an, dass sie in einem Boot sitzen und transparente und faire Verfahren brauchen, um mit diesem globalen Problem umzugehen. Natürlich steckt aber auch hier der entscheidende Punkt in scheinbar kleinen Detailentscheidungen, die deshalb gut zu überlegen sind. Heftig wird heute beispielsweise darüber gestritten, nach welchem Schlüssel zu Beginn des Handelssystems Emissionsrechte verteilt werden: Sollen in die Verteilung die bereits emittierten Kohlendioxidgase der letzten 200 Jahre einbezogen werden und deshalb den Industrieländern deutlich weniger Emissionsrechte als den Entwicklungsländern zugestanden werden? Oder soll vielmehr die ökonomische Ausgangsbedingung beachtet werden und die Länder mehr Emissionsrechte bekommen, die eine größere Wirtschaftsleistung haben? Oder aber soll nach dem Gleichheitsgrundsatz jedem Menschen das gleiche Recht auf Kohlendioxidemission zugestanden werden?

Auch hierfür gibt es keine fertigen Antworten, die eindeutig aus den Gerechtigkeitsprinzipien abgeleitet werden könnten. Aus der Sicht der skizzierten Ethik der Globalisierung erweist sich eine Zwischenlösung als gerecht, die langfristig gleiche Emissionsrechte anvisiert, aber in der momentanen Situation die faktischen ökonomischen Unterschiede (und die damit verbundenen Emissionen) mit berücksichtigt. In jedem Fall ist ein transparentes Verfahren, das alle Beteiligten in die Diskussion einbezieht und zu gemeinsamen Entscheidungen führt, wichtig und sinnvoll.

Entsprechend dem Votum für die Stärkung globaler Gerechtigkeit sind auch über ein solches Handelssystem hinausgehend politische, rechtliche und wirtschaftliche Rahmenbedingungen zu etablieren, die faire, transparente und verlässliche Verfahren zur Bekämpfung von Klimawandel und Armut ermöglichen. Dazu sind beispielsweise entsprechend dem Global Governance-Ansatz möglichst viele Akteure in kooperative Problemlösungsmechanismen einzubinden. Auch ist auf eine Verzahnung unterschiedlicher Politikfelder zu achten, denn die Klimafrage betrifft beispielsweise Entwicklungs-, Wirtschafts- oder Agrarpolitik gleichermaßen.

Minderung von Vulnerabilität ist aber nicht nur durch die Vermeidung von Emissionen durch ein Handelssystem mit Emissionsrechten möglich, sondern auch mit direkten Maßnahmen zu einer Minderung sozialer Vulnerabilität, insbesondere in den Entwicklungsländern. Klimaschutz und entwicklungspolitische Armutsbekämpfung sind deshalb nicht gegeneinander auszuspielen, sondern als wechselseitige Aspekte einer nachhaltigen Globalisierung zu verstehen. Nur dort, wo Menschen befähigt werden, nicht nur zu überleben, sondern auch durch Zugang zu Bildung oder sozialen Grundsicherungen ein abgesichertes Leben zu führen, werden Gesellschaften auch dazu fähig, sich an die Folgen des Klimawandels anzupassen.

Entsprechend der Verschränkung von Universalismus und Partikularismus ist aber nicht nur die Stärkung globaler Gerechtigkeit wichtig, sondern es sind auch die Menschen vor Ort und ihre kulturellen Kontexte von Bedeutung. Das Ziel globaler Politik sollte deshalb auch in diesem Fall sein, die Armen in ihren lokalen Kontexten besonders zu beachten und deren Handlungsvermögen zu stärken. Menschen mit ihren jeweiligen kulturellen oder religiösen Traditionen sind daher unverzichtbare Partner in der Diskussion um den Klimawandel und seinen Folgen.

Vorteil einer solchen Beachtung der kulturellen Traditionen ist nicht nur, dass auch Fragen des Klimawandels an lokale Traditionen rückgebunden werden, sondern vor allem, dass alle Menschen als Teil von Gemeinschaften motiviert werden, sich an einer nachhaltigen Lösung globaler Probleme zu beteiligen. In dieser Perspektive ist danach zu fragen, welche kulturell begründeten Deutungen von Natur und Umwelt existieren und wie diese miteinander in Beziehung gesetzt werden können. Dabei geht es weniger um einen abstrakten Vergleich der kulturellen Traditionen, sondern um ein konkretes Gespräch. Außerdem sind wie gesehen institutionelle Vorschläge zur Lösung dieser globalen Probleme immer auch auf das individuelle Verhalten der Menschen angewiesen. Kulturell begründete Vorschläge zur Gestaltung des Lebensstiles (beispielsweise im Sinne einer nachhaltigen Konsumethik) können hier sinnvolle und notwendige Ergänzung einer institutionellen Klimapolitik sein.

Ethisch betrachtet ist noch eine ganz andere Frage in dem Themenfeld Klimawandel besonders wichtig, nämlich die nach der Bewertung von Risiken. Weil es bei der Gestaltung einer nachhaltigen Klimapolitik nicht nur um die aktuelle Vulnerabilität der Weltgesellschaft, sondern auch um zukünftige Generationen geht, ist zu klären, wie aus ethischer Sicht mit Risiken umzugehen ist. Diese Frage betrifft nicht nur den Klimawandel, sondern natürlich auch andere globale Fragen und stellt deshalb ganz allgemein eine wichtige Facette einer Philosophie der Globalisierung dar.

Der Begriff Risiko ist auf Entwicklungen in der Zukunft bezogen. Er gibt unter Wahrscheinlichkeitsbedingungen an, inwieweit mit schadhaften Folgen zu rechnen ist. Risiken stehen dabei immer in einem engen Verhältnis zu menschlichen Entscheidungen, beispielsweise wird mit der Angabe von Risiken bezüglich Klimafolgen ausgesagt, mit welcher Wahrscheinlichkeit ein politisches, ökonomisches usw. Handeln Klimaveränderungen zur Folge haben wird. Die Größe des Risikos wird bestimmt durch die Wahrscheinlichkeit des erwarteten Ereignisses und die voraussichtliche Schadenshöhe. Risiken werden dort ethisch relevant, wo beide Aspekte besonders gravierend sind.

In vielen aktuellen ökonomischen Theorien zum Klimawandel wird vor allem eine utilitaristische Logik auf die Risikoabschätzung übertragen. Mittels einer Folgenabschätzung werden dazu die zu erwartenden Risiken über einen bestimmten Zeitraum und eine bestimmte Gruppe hinweg aggregiert. Risikominimierung wird dann verstanden als die Maximierung des Durchschnittsnutzens bei gleichzeitiger Minimierung der zu erwartenden schadhaften Folgen.

Aus einer ethischen Perspektive erscheint eine so verstandene Risikoabschätzung vor allem aus zwei Gründen problematisch. Wenn Risiken von einzelnen Personen übernommen werden, das heißt die Folgen nur sie betreffen, liegt die Risikoabschätzung in dem Ermessensspielraum der jeweiligen Person und ist sozialethisch unbedenklich. Die Risiken des Klimawandels betreffen aber nicht nur eine einzelne Person, sondern immer große Gruppen, teilweise die Menschheit als Ganze. Eine Abschätzung des Risikos und ein entsprechendes politisches Handeln kann deshalb im Grunde nur unter Einbezug aller Betroffenen ethisch gerechtfertigt werden. Eine Externalisierung einzelner Risiken in dem Sinne, dass schadhafte Folgen des eigenen Handels in anderen Regionen nicht in die Risikoabschätzung einbezogen werden, ist ethisch jedenfalls nicht begründbar.

Als zweites Problem kristallisiert sich heraus, dass Risikoabschätzungen natürlich immer unter Unsicherheit (bzw. Nichtwissen) erfolgen. Auch wenn die unterschiedlichsten Klimamodelle heute in vielen zentralen Fragen übereinstimmen, so ist damit noch nicht gesagt, dass damit ein eindeutiges Wissen über die Folgen möglich ist. Aufgrund dieses Aspekts des Nichtwissens sind die potenziellen negativen Folgen immer höher zu bewerten als die möglichen positiven Konsequenzen. Hans Jonas (1903–1993) hat dies in seinem Werk *Das Prinzip Verantwortung* von 1979 folgendermaßen formuliert: „Der schlechten Prognose den Vorrang zu geben gegenüber der guten, ist verantwortungsbewusstes Handeln im Hinblick auf zukünftige Generationen." Dabei geht es nicht um einen überzogenen Alarmismus, sondern um eine Bewertung, bei der die negativen Folgen nicht zu gering veranschlagt werden.

Ein drittes Problem ergibt sich hinsichtlich der Vergleichbarkeit der Risiken. Viele gängige Theorien implizieren eine Ökonomisierung der schadhaften Folgen. Dort aber, wo grundlegende Rechte – vor allem das Recht auf menschenwürdiges Leben – verletzt werden, ist eine solche Ökonomisierung ethisch nicht zu rechtfertigen. Wenn Klimafolgen im Sinn der Bedarfs- oder Chancengerechtigkeit das grundlegende Recht auf Leben betreffen, dürfen sie deshalb nicht in eine rein ökonomische Logik übersetzt werden. Denn Menschenleben sind grundsätzlich nicht verrechenbar.

Diese Kritikpunkte machen deutlich, dass für eine Risikoabschätzung utilitaristische Argumente zu kurz greifen. Für eine politisch operationalisierbare Risikoabschätzung kann es sinnvoll und hilfreich sein, zukünftige Risiken in ökonomischen Kategorien auszudrücken. Bei einer solchen ökonomisch orientierten Verrechnung sind allerdings immer bestimmte Grundbedürfnisse oder Grundrechte als unhintergehbare normative Fixpunkte bzw. Leitplanken mit zu bedenken. Auch in Sachen Klimafolgen wird daher gegen einen utilitaristischen Ansatz und für eine Verschränkung von liberaler (Emissionshandel) und kommunitaristischer (kulturelle Traditionen) Ethik argumentiert.

Religionen als globale Akteure

Religion ist wieder ein gesellschaftliches Thema. Nicht erst seit dem 11. September wird sie wieder verstärkt als (welt-)gesellschaftliches Phänomen wahrgenommen. Im Rahmen der Säkularisierungsdebatte der 1970er und 1980er Jahre hatte es in den westlichen Ländern noch den Anschein, mit voranschreitender Modernisierung und Individualisierung würden die Religionen an Bedeutung verlieren. Diese These hat sich nicht bestätigt, im Gegenteil: Religionen spielen heute eine wichtige Rolle – nicht nur in westlichen Gesellschaften, sondern weltweit. Deshalb ist die Frage nach Religionen auch eine wichtige Facette der Philosophie der Globalisierung.

Dabei finden sich die gesellschaftlichen Spuren der Religionen heute in unterschiedlichen Bereichen. Sie nehmen zum einen Stellung zu politischen

Fragen oder bringen sich in öffentliche Debatten ein. In Deutschland wird dieses Phänomen sicherlich noch einmal dadurch verstärkt, dass Papst Benedikt XVI. (*1927) neue Aufmerksamkeit für die christlichen Kirchen geschaffen hat. Aber auch die vielen anderen Religionsgemeinschaften – seien sie islamisch, buddhistisch, hinduistisch – werden überall auf der Welt zu immer wichtigeren zivilgesellschaftlichen Akteuren. Man spricht heute deshalb auch von einer Re-Politisierung der Religionen.

Zum anderen ist auch eine facettenreiche Transformation des Religiösen zu beobachten, denn religiöse Symbole und Sprachspiele werden in andere nicht genuin-religiöse Bereiche übertragen. Nicht nur in westlichen Ländern finden sich beispielsweise in Film, Theater, Werbung oder der Inszenierung von Massenevents deutliche Anleihen religiöser Traditionen. Die semantischen und symbolischen Potenziale der Religionen werden damit zu einem gesellschaftlichen Gut, das öffentliches und kulturelles Leben prägt. Dies gilt nicht nur für europäische Gesellschaften, sondern für viele Länder weltweit, in denen sich unterschiedlichste Mischformen öffentlicher Religiosität herausgebildet haben.

Nicht zuletzt diese Entwicklung hat auch zu einer enormen Ausdifferenzierung geführt. Neben den großen Weltreligionen haben sich viele andere Gruppierungen herausgebildet, die oftmals informeller agieren. Auch die Entstehung einer Vielzahl von Sekten ist zu einem bedeutenden globalen Phänomen geworden.

Gerade aus einer globalen Perspektive wird diese gesellschaftliche Bedeutung der Religion besonders deutlich. Sie prägen in unterschiedlichen kulturellen Formen die Handlungseinstellungen der Menschen, beeinflussen das kulturelle Leben und sind Teil öffentlicher Diskurse oder politischer Prozesse. Religionen sind damit ein wichtiger Faktor, der bei der Analyse weltgesellschaftlicher Entwicklungen in vielen Erdteilen besondere Beachtung verdient. Auf der weltpolitischen Bühne ist Religion vor allem seit dem 11. September ein zentrales Thema geworden. So sind heute weltpolitische Strategien kaum mehr ohne ihren Bezug zum Verhältnis von Religion und Politik zu verstehen.

Der Diskurs über Säkularisierung hat sich also deutlich gewandelt – gerade mit Blick auf die globale Situation. Trotz nach wie vor anhaltender Säkularisierungstendenzen in einigen Regionen (beispielsweise in Ostdeutschland), spricht gegenwärtig kaum jemand mehr von einem bevorstehenden Aussterben der Religionen oder des Religiösen. Common Sense ist, dass Religionen sich zwar stark gewandelt und teilweise transformiert haben, ihnen aber nach wie vor eine wichtige gesellschaftliche Bedeutung zukommt. Die Wiederkehr der Götter ist deshalb, wie der evangelische Theologe Friedrich Wilhelm Graf (*1948) überzeugend diagnostiziert, genau genommen gar keine Wiederkehr. Wir haben es vielmehr mit einer erneuten Aufmerksamkeit für das Religiöse zu tun, auch wenn dieses heute zumindest teilweise in einem neuen Gewand auftritt.

Auch die Philosophie hat sich in den vergangenen Jahren intensiv mit dem Phänomen der Religion auseinandergesetzt, insbesondere die praktische Philosophie. Zu denken ist an die Äußerungen von Jürgen Habermas zum Thema Religion – angefangen bei der viel beachteten Friedenspreisrede, über sein Gespräch mit dem früheren Kardinal Ratzinger (Habermas 2005) bis hin zur Diskussion an der Hochschule für Philosophie der Jesuiten (Reder/Schmidt 2007). Aber auch viele andere Philosophen haben über Religion im Kontext des Politischen nachgedacht, beispielsweise Jacques Derrida, Gianni Vattimo (*1936) und Hans-Georg Gadamer (1900–2002) auf der Insel Capri (Derrida/Vattimo 2001) oder Richard Rorty zusammen mit Gianni Vattimo in dem Band *Die Zukunft der Religion* (2006). Kernfragen dieser Analysen sind, was es mit der Säkularisierung auf sich hat, wie Religion (vor allem das Verhältnis von Glaube und Wissen) angesichts aktueller weltgesellschaftlicher Entwicklungen überzeugend konzeptualisiert werden kann oder wie das Verhältnis von säkularen und religiösen Sprachspielen, Bürgern und Institutionen gedacht werden soll.

Die Antworten, die Philosophen auf diese Fragen geben, fallen unterschiedlich aus. Auf der einen Seite steht eine Denktradition, die Religion auf den Bereich des Privaten beschränken und damit der Religion nur sehr bedingt eine Rolle in öffentlichen Prozessen zubilligen will. Rorty argumentiert, dass die Religion in ihrer Rezeption metaphysischen Denkens (beispielsweise durch universale Aussagen in der Schöpfungstheologie) in alte Denkmuster zurückfällt. Religiöse Aussagen können für ihn genauso wie andere metaphysische Aussagen aber keinen universalen Status mehr beanspruchen. Religionen gehören deshalb in den Bereich des Privaten, das heißt der privaten Weltdeutung und dürfen keinen Allgemeinheitsanspruch mehr erheben.

Rorty geht in seiner praktischen Philosophie sogar noch ein Stück weiter. Vor dem Hintergrund seiner klaren Trennung von öffentlich und privat kann der Mensch heute sinnvollerweise nur noch eine liberale Position vertreten. Religionen neigen dazu, den Liberalismus und dessen Verständnis von Solidarität zu unterlaufen. Religionen stehen immer in der Gefahr, die liberale Ordnung anzugreifen, indem sie normative Forderungen aus dem Bereich der privaten religiösen Weltdeutungen in politische Diskurse einbringen. Rorty vertritt deshalb als Antikleriker (wie er sich selbst bezeichnet) „die Auffassung, dass kirchliche Institutionen trotz allem Guten, das sie tun – trotz all dem Trost, den sie den Bedürftigen und Verzweifelten spenden – die Gesundheit demokratischer Gesellschaften gefährden. (...) Unserer Auffassung nach ist nichts gegen die Religion einzuwenden – solange kirchliche Institutionen nicht versuchen, die Gläubigen für politische Forderungen zu mobilisieren“ (Rorty 2006, 38).

Angesichts der globalen Vielfalt gesellschaftlicher Formen erscheint diese typisch liberale Unterscheidung von privat und öffentlich und die Abschiebung der Religion in den Bereich des Privaten nicht überzeugend. In vielen Regionen der Welt (beispielsweise in Südostasien) wird der öffentliche und private Bereich viel stärker als wechselseitiges Beziehungsgeflecht gesehen, so dass die eindeutige Trennung von Rorty nur bedingt hilfreich ist.

Eine so starke Privatisierung der Religion fordern allerdings nicht alle Philosophen, die mit Rorty ein nachmetaphysisches Denken einläuten wollen. Habermas beispielsweise hat in den vergangenen Jahren mehr und mehr seine frühere religionsskeptische Haltung aufgegeben und ist aufgeschlossener gegenüber der Religion geworden. Zwar hält er an den Grundannahmen nachmetaphysischen Denkens fest, aber in gesellschaftstheoretischer Perspektive gesteht er den Religionen mehr und mehr zu, religiöse Äußerungen in die Aushandlung gesellschaftlicher Diskurse einzubringen.

In der Friedenspreisrede 2001 entwickelt er an prominenter Stelle den Gedanken, dass die Säkularisierungsthese heute an Erklärungskraft eingebüßt habe und Religion und säkulare Welt in einem Wechselverhältnis zueinander stünden. Glaube und Wissen seien zwar klar voneinander geschieden, aber immer auch auf ein konstruktives Miteinander angewiesen, besonders um die drängenden gesellschaftlichen Fragen, wie beispielsweise die der Globalisierung, anzugehen. Religion zeige sich dabei als eine wichtige moralische Ressource, weil religiösen Bürgern ein Begründungspotenzial für moralische Fragen zur Verfügung stehe. Sie liefere in ihrer Sinnstiftungsfunktion eine moralische Basis für den öffentlichen Diskurs und übernehme insofern eine wichtige Funktion in der Öffentlichkeit.

Diese moralische Funktion im durkheimschen Sinne betont Habermas gerade angesichts der Terroranschläge des 11. September und einer Globalisierung, die zu entgleisen droht. Hinsichtlich der Globalisierung diagnostiziert er vor allem eine unbeherrschte Dynamik der Weltwirtschaft, die bislang nicht durch supranationale politische Verfahren gezügelt werden konnte. Gleichzeitig zeigt sich auf der nationalen Ebene eine schwindende Sensibilität für gesellschaftliche Pathologien. Die Moderne droht der Einsicht von Habermas nach deshalb zu entgleisen. Insbesondere der liberale Staat, der angewiesen ist auf die Solidarität seiner Bürger und deren Motivation, sich an öffentlichen Diskursen zu beteiligen, ist mit diesem Problem konfrontiert. Das Projekt der deliberativen Demokratie wäre somit gerade angesichts der Herausforderungen der Globalisierung grundsätzlich gefährdet.

Angesichts dieser Ausgangslage ist es für Habermas wichtig, dass religiöse Äußerungen nicht aus den öffentlichen Diskursen gedrängt werden. Er besteht stattdessen auf der Notwendigkeit, die Gehalte der religiösen Sprache in eine säkulare zu übersetzen und damit für alle zugänglich zu machen, um so vor allem die Sinnstiftungs- und Motivationspotenziale für öffentliche Diskurse zu erhalten. Religionen können in dieser Perspektive weltweit eine positive Funktion für Gesellschaften angesichts globaler Umbrüche ausüben.

Der Begriff „postsäkular", den Habermas in diesem Zusammenhang ins Spiel bringt, drückt dabei aus, dass sich auch Gesellschaften im Kontext der Globalisierung auf einen Fortbestand der Religionen einstellen und den konstruktiven Dialog mit diesen suchen sollten. In einem Gespräch mit Papst Benedikt XVI. im Jahr 2004 (damals noch Kardinal Ratzinger) betont er in Anspielung auf Ernst-Wolfgang Böckenförde, dass demokratische Mehrheitsentscheidungen immer auch auf vorgängige ethische Prägungen der Bürger bezogen bleiben. Die Demokratie ist auf moralische Haltungen angewiesen, die aus vorpolitischen Quellen stammen, beispielsweise aus religiösen Lebensentwürfen. Als Hintergrund und motivationale Quelle spielen sie für die Demokratie eine wichtige Rolle, auch wenn sie für die demokratischen Verfahren nicht als normative Vorgaben gelten können.

Sicherlich positiv an dieser Position ist, dass liberales Denken sich gegenüber religiösen Argumenten öffnet. Die Forderung nach einer kontextlosen, scheinbar vollständig neutralen praktischen Vernunft wird damit ein Stück weit zurückgenommen. Die kulturellen und religiösen Bezüge menschlichen Denkens und Handelns werden damit wieder mehr beachtet. Gerade in globalen Konstellationen erscheint dies sinnvoll und wichtig.

Eine solche Deutung von Religion, wie Habermas sie vorschlägt, ist aus der Sicht einer Philosophie der Globalisierung allerdings auch aus mehreren Gründen anzufragen. Zum einen muss betont werden, dass Moral nur ein Aspekt von vielen ist, auf den Religion nicht deduziert werden darf. Moral – hier könnte man ganz der Ansicht von Friedrich Schleiermacher aus den *Reden über Religion* zustimmen – ist nur ein Aspekt, auf den man Religionen nicht verkürzen sollte. Zudem würden sich viele Religionen weltweit selbst gegen eine solche Reduzierung wehren. Das bedeutet natürlich nicht, dass Religionen überhaupt keine moralische Kompetenz haben. Natürlich sind sie gerade angesichts der Globalisierung herausgefordert, ihre moralischen Orientierungen mit in den Prozess der Weltgesellschaft einzubringen. Weil sie eine hohe Motivationskraft für Menschen haben, können sie auch einen wichtigen Teil zur Gestaltung der Welt beitragen. Aber dies ist eben nur eine Funktion von Religionen, auf die sie nicht reduziert werden dürfen.

Religionen übernehmen vielfältige Funktionen – dies wird besonders deutlich, wenn man sich die globale Vielfalt religiöser Formen anschaut. Die Gestaltung kulturellen Lebens, die Verarbeitung von Kontingenz oder die Thematisierung des Verhältnisses von Transzendenz und Immanenz sind weitere Funktionen von Religionen – erst in der Zusammenschau ergibt sich ein detailliertes Bild ihrer gesellschaftlichen Bedeutung. Deshalb ist es außerdem auch wichtig, Religionen nicht alleine auf die großen Weltreligionen zu verkürzen, was im aktuellen Diskurs manchmal getan wird. Religionen haben sich im globalen Kontext stark ausdifferenziert, und so sind viele komplexe Mischformen entstanden, die auch bei der Gestaltung globaler Prozesse Einfluss nehmen.

Auch wenn Habermas der Religion also eine größere gesellschaftliche Bedeutung zugesteht als Rorty, so ist auch für ihn aus der Perspektive liberalen Denkens klar, dass Religionen im Bereich der privaten Weltdeutungen zu verankern sind. Letztlich erhalten religiöse Deutungen nur im Bereich des Privaten eine Plausibilität. Deshalb sind religiöse Bürger immer auch aufgefordert, ihre Ansichten in eine säkulare Sprache zu übersetzen. Habermas hält es nicht für möglich, dass solche privaten Deutungen eines gelungen Lebens universalisiert werden können. Die Philosophie darf sich deshalb auch seiner Ansicht im öffentlichen Raum nach nicht anmaßen, als könne sie den Streit der unterschiedlichen Weltanschauungen schlichten. Systematisch betrachtet wird damit die Unterscheidung von Glaube und Wissen mit der von privat und öffentlich eng verbunden: Hier der private Glaube, dort das öffentliche und vernünftige Wissen.

Darf man diese Unterscheidung aber wirklich so scharf ziehen? Private Weltdeutungen und öffentliche Diskurse sind nämlich immer schon miteinander verzahnt und gehen fließend ineinander über – dies zeigen insbesondere aktuelle kulturwissenschaftliche Analysen nicht-europäischer Gesellschaften. Der eine Bereich speist sich aus dem anderen und umgekehrt. Die Konzeptionen eines gelungen Lebens oder einer Tugendethik, die heute im Anschluss an die antike Philosophie immer stärker eingebracht werden, verstehen sich selbst nicht als private Weltdeutungen und individuelle Anleitungen zum guten Leben. Sie implizieren eine universale Anthropologie und wollen allgemeine Vorschläge zur Lebensgestaltung in postmodernen Gesellschaften liefern. Insofern kann die Trennung von Glaube und Wissen nicht in einem eindeutigen Sinne mit der von privat und öffentlich verbunden werden.

Auch in einer soziologischen Perspektive wird ersichtlich, dass religiöse Äußerungen meist eine eigene Rationalität für sich beanspruchen. Religiöse Bürger wollen ihre Äußerungen nicht als unvernünftig verstanden wissen, sie wollen diese vielmehr diskursiv in die Religionsgemeinschaft wie in die

Gesellschaft hinein vermitteln. Die idealtypische Trennung – hier der wissende säkulare Bürger und dort der gläubige religiöse Bürger – lässt sich auch soziologisch nicht halten, weil innerhalb des gesellschaftlichen Diskurses die Grenzen bereits ständig überschritten werden.

Diese Überlegung verweist auf einen weiteren Aspekt, der für die Analyse von Religionen im globalen Kontext enorm wichtig ist: Religion gibt es nicht in einer Reinform oder als Urreligion, sondern sie steht immer in einer Beziehung zu dem jeweiligen Kontext. Religionen sind in ihrer konkreten Gestalt immer auch historisch und kulturell kontingente Phänomene. Ihre Unterschiede ergeben sich aus den jeweiligen Bezügen zu geschichtlich-kulturellen Räumen und Traditionen. Diese Außenperspektive auf Religionen hängt wiederum mit einer religionsphilosophischen Innenperspektive eng zusammen. Weil das Absolute (beispielsweise Gott), um das Religionen kreisen, niemals reflexiv vollständig eingeholt werden kann, sind Religionen immer auf sprachliche und kulturelle Formen angewiesen. Religion ist deshalb immer auch auf Kultur bezogen.

Cusanus hatte schon im 15. Jahrhundert in der Schrift *De pace fidei* dieses Spannungsverhältnis von Universalität der Religion und Pluralität kulturell-religiöser Formen thematisiert. Religion, so seine Kernthese, differenziert sich immer in unterschiedliche kulturelle Formen aus. Die Formel „religio una in rituum varietate" (eine Religion in verschiedenen Riten) zielt letztlich auf eine Annäherung aller religiösen Formen an die eine, mit dem Verstand nicht fassbare Erkenntnis Gottes ab – bei gleichzeitiger Akzeptanz der kulturell bedingten Formen.

Mit einem solchen Religionsverständnis werden einerseits Absolutheitsansprüche von Religionen von vornherein ein Stück relativiert. Weil menschliches Sprechen bei der Frage nach dem Absoluten notwendigerweise immer an Grenzen stößt, sind auch Aussagen über das Absolute immer begrenzt. Cusanus verwendet deswegen paradoxe Aussagen zur Thematisierung der Gottesfrage. Damit wird eine rationale Vergegenständlichung des Glaubens abgewehrt, und gleichzeitig aufgezeigt, dass Religion und Kultur immer schon in einem unauflösbaren Wechselverhältnis miteinander stehen. Das Nachdenken über Religion ist also immer auch eine Beschäftigung mit dem Denken und Fühlen des Menschen in seinen Kontexten und damit Kulturphilosophie. Auch Derrida wird nicht müde, diese Verwobenheit des Redens über Religion in den jeweiligen kulturellen Kontext immer wieder hervorzuheben (Derrida 2001).

Auch im Kontext der aktuellen Globalisierung sehen sich Religionen mit diesem Spannungsverhältnis konfrontiert. So müssen sich insbesondere alle Weltreligionen dem Problem stellen, wie sie ihre universale Ausrichtung mit der Präsenz in partikularen Kulturen verbinden können. In Indonesien findet zurzeit beispielsweise eine höchst kontroverse Debatte unter Muslimen darüber statt, inwieweit die arabisch-kulturelle Form des Islam maßgeblich ist und wie viel indonesischen Islam es geben darf und soll.

Religionen sind immer auch ambivalent. Sie besitzen einerseits das Potenzial, diese Spannung von universeller Botschaft und kulturellen Formen offen zu halten. Weil sie ein Wissen darüber haben, wie schwer es ist, über das Absolute zu sprechen, erkennen sie die Bedeutung der Vielfalt menschlicher Sprachen. Religionen können aber auch genau diese Spannung unterlaufen und so tun, als wüssten nur sie, wie über das Absolute zu sprechen ist. Dann erscheinen andere Religionen oder Kulturen schnell als Gegner.

Die Globalisierung hat die Religionen verstärkt miteinander in Kontakt treten lassen, was zu einer bisher nicht gekannten Pluralisierung von Weltbildern, Werten und Lebensformen geführt hat. Soll die Pluralisierung von Religionen nicht zu Konflikten führen, sondern zu einer gedeihlichen Pluralität, erfordert dies einen breit angelegten Dialog der Religionen und die Zusammenarbeit der Menschen unterschiedlichen Glaubens. Es ist kein Geheimnis, dass dies sehr oft nicht gelingt und Religionen Konflikte verschärfen können, vor allem auch wenn soziale oder ökonomische Konflikte religiös eingefärbt werden. Die Erfahrung der Pluralität von Religion kann deshalb auch zu einer Ausbreitung fundamentalistischer, das heißt offensiv und teils aggressiv auftretender Gruppen, seien sie evangelikaler oder islamistischer Herkunft, führen.

Es ist sicherlich eine der größten Herausforderungen der Zukunft zu verhindern, dass sich solche Bewegungen gegenseitig hochschaukeln. Dabei kann das Modell von Cusanus für den interreligiösen Dialog hilfreich sein. Eine Anerkennung der Vielstimmigkeit religiöser Äußerungen könnte damit gerade in globaler Perspektive noch stärker beachtet werden, nicht zuletzt um einen konstruktiven interreligiösen Diskurs über die politische Gestaltung der Weltgesellschaft zwischen den Religionen führen zu können.

Afrika und Europa – Kooperative Perspektiven

Das Bild von Afrika in Europa hat meist zwei Facetten. Auf der einen Seite steht das Bild des naturverbundenen, ursprünglichen und lebensfreudigen Afrika. Es speist sich letztlich aus der kolonialen Geschichte. Tierbilder in Hochglanzformat oder esoterische Berichte über heilende Naturkräfte afrikanischer Medizinmänner sind Ausdruck dieser Idealisierung. Mit einem solchen Verständnis werden allerdings nicht nur die Unterschiede zwischen den afrikanischen kulturellen Traditionen missachtet, sondern es wird auch eine Absetzung Europas von Afrika gefördert: hier das zivilisierte Europa, dort das ursprüngliche, aber eben zurückgebliebene Afrika. Daneben zeigt sich besonders in den Medien noch ein zweites Bild Afrikas, nämlich das von Staatszerfall, gewalttätigen Konflikten oder den fatalen Auswirkungen von HIV/AIDS. Nicht zuletzt deshalb wird in der politischen Perspektive Afrika oft nur als Ziel von Nothilfeprogrammen wahrgenommen.

Die Wahrnehmung von Europa aus afrikanischer Perspektive ist ebenfalls nicht selten verzerrt. Europa ist entweder der reiche Kontinent, in dem es ökonomischen Wohlstand in Fülle gibt. Oder aber Europa wird in postkolonialer Perspektive ausschließlich negativ gewertet. Die Europäer werden dann als ausbeutend und diskriminierend interpretiert.

Alle vier Perspektiven sind zumindest höchst verkürzt und müssen darum zurückgewiesen werden. Im Zeitalter komplexer globaler Prozesse und eines Bewusstwerdens der Vielfalt kultureller Entwicklungen entsprechen sie nicht der Wirklichkeit. Vor dem Hintergrund der skizzierten Philosophie der Globalisierung soll im Folgenden exemplarisch das Verhältnis von Afrika und Europa näher beleuchtet werden. Es geht darum, das Verhältnis der beiden Kontinenten als Teil des globalen relationalen Gefüges zu verstehen und danach zu fragen, welche Schlussfolgerungen aus Sicht einer Philosophie der Globalisierung für dieses Verhältnis gezogen werden können. Als Teilaspekt wird eine ökonomische, politische und kulturelle Analyseebene eröffnet, wobei wiederum Ergebnisse der systematischen Überlegungen zur Philosophie der Globalisierung mit einem konkreten Themenfeld globaler Prozesse in Beziehung gesetzt werden.

Die Beschäftigung mit dem Verhältnis von Afrika und Europa ist außerdem nicht nur wichtig, um ein differenzierteres Bild der Beziehungen Europas zu Afrika zu gewinnen. Auch der politische Erfolg einer gerechten Gestaltung der globalisierten Welt wird vielmehr auch davon abhängen, wie man Afrika als dem ärmsten Teil der Welt begegnet – mit den Worten von Bundespräsident Horst Köhler (*1943) gesprochen: „An der Entwicklung Afrikas entscheidet sich die Menschlichkeit der Welt."

(a) Wirtschaftliche Abkommen zwischen Afrika und Europa: Die Frage nach den wirtschaftlichen Beziehungen zwischen Afrika und Europa sind eingebettet in das bereits skizzierte Wachstum des Welthandels der letzten Jahrzehnte. Trotz allem weltwirtschaftlichen Wachstum und der Integration afrikanischer Länder in globale Handelsprozesse muss man diesbezüglich festhalten, dass die positiven Auswirkungen des Welthandels auf die Situation in Afrika nach wie vor höchst begrenzt sind. Zwar ist das durchschnittliche wirtschaftliche Wachstum in Afrika auf fünf Prozent gestiegen und auch der Anteil am gesamten Welthandel beträgt mittlerweile fast zwei Prozent. Der Anteil der reichen Industrieländer Europas am Welthandel ist allerdings fast 30-mal so hoch wie der Anteil der afrikanischen Entwicklungsländer.

Viele Länder in Afrika sind außerdem nach wie vor angewiesen auf einzelne Rohstoffe, die sie in die Industrieländer exportieren, und deshalb von den Schwankungen der Weltmarktpreise besonders abhängig. Besonders problematisch erscheint das Fehlen von effektiven sozialen Sicherungssystemen, weshalb die Ärmsten von ökonomischen Schwankungen noch einmal besonders stark betroffen sind. Ein Wirtschaftswachstum, das den Ärmsten zugute kommt, ist nur in den wenigsten afrikanischen Ländern zu beobachten.

Eine Ethik der Globalisierung hat sich diesen sehr ungleichen Ausgangsbedingungen der beiden Kontinente im globalen Strukturgeflecht zu stellen. Vorzugsbehandlungen innerhalb der Regelungen der Welthandelsorganisation könnten (wie oben argumentiert) eine wichtige Form sein, den ärmsten Ländern in Afrika zu helfen, ihre Integration in den Welthandel und damit auch ihre ökonomische Situation insgesamt zu verbessern.

Wichtig sind in der hoch ausdifferenzierten globalisierten Welt dabei auch regionale Abkommen jenseits der WTO, wie sie beispielsweise in den vergangenen Jahren zwischen Europa und Afrika diskutiert und geschlossen werden. Das „Ökonomische Partnerschaftsabkommen“ zwischen der EU und 77 Afrikanischen, Karibischen und Pazifischen Partnerstaaten (AKP) ist ein Beispiel hierfür. Solche Abkommen ermöglichen eine differenzierte Verantwortung, implizieren bei genauerem Hinsehen allerdings auch wieder einige nicht unerhebliche Schwierigkeiten.

Grundsätzlich problematisch ist bei diesem Abkommen das erhebliche Entwicklungsgefälle zwischen den Staaten der EU und den wirtschaftlich überwiegend extrem schwachen AKP-Ländern, weshalb viele zivilgesellschaftliche Organisationen die Verhandlungen über diese Abkommen scharf kritisieren. Bei diesen sehr ungleichen Ausgangsbedingungen sind die schwächeren Partner bei einer Handelsliberalisierung dem Wettbewerbsdruck der hoch subventionierten Agrarindustrie und der hochproduktiven Industrieunternehmen aus Europa kaum gewachsen. Außerdem wird in diesem Kontext auch über Themen (etwa Schutz und Regulierung von Investitionen) verhandelt, die derzeit in der WTO auf Druck der Entwicklungsländer von der Verhandlungsagenda genommen wurden. Hinzu kommt, dass viele afrikanische Länder kaum die nötigen Kapazitäten haben, ihre Interessen gleichzeitig in den komplizierten Verhandlungen der WTO und in regionalen Verhandlungen mit der EU zu vertreten.

Auch für regionale Abkommen gilt also, dass sie entwicklungsförderlich sein können, im Detail aber genau geschaut werden muss, ob die afrikanischen Länder, und dort insbesondere die ärmsten Menschen, von den Auswirkungen solcher Abkommen profitieren.

(b) Migration als politische Herausforderung: Migration in Afrika und von Afrika nach Europa ist eines der zentralen Themenfelder des Verhältnisses der beiden Kontinente. Der Großteil der nicht erzwungenen Migration von Afrikanern findet dabei innerhalb des afrikanischen Kontinents selbst statt. Rund 16 Millionen solcher Migranten gibt es momentan in Afrika. Darüber hinaus finden sich in Afrika auch vielfältige Formen von erzwungener Migration. Darunter fallen Menschen, die beispielsweise wegen Menschenrechtsverletzungen, gewalttätigen Konflikten oder Umweltveränderungen auf der Flucht sind. 2003 gab es in Afrika rund 4 Millionen solcher Flüchtlinge, die über eine Staatsgrenze hinweg geflohen sind. Außerdem sind gut 12 Millionen Menschen innerhalb von Landesgrenzen erzwungener maßen auf der Flucht (so genannte Binnenflüchtlinge). Fünf der zehn Länder mit der weltweit größten Anzahl von Flüchtlingen sind afrikanische Länder (Sudan, Burundi, Demokratische Republik Kongo, Somalia, Liberia), was die Brisanz dieses Themas für Afrika zeigt. Genaue Zahlen über die Migration von Afrika nach Europa gibt es kaum; einig sind sich aber alle Fachleute, dass die Zahl dieser Migranten ständig wächst. Groben Schätzungen zufolge lebten 2003 rund 4,5 Millionen Afrikaner in Europa – irregulär in Europa lebende Afrikaner nicht mitgezählt.

Für das Verhältnis von Afrika und Europa bedeuten diese Migrationsströme Herausforderungen in unterschiedlichen Richtungen. Zuerst ist festzuhalten, dass Europa sehr unterschiedlich auf afrikanische Migranten reagiert. Auf der einen Seite wird versucht, wenig ausgebildete Afrikaner nicht einwandern zu lassen. Dass dieses Vorgehen erhebliche Probleme mit sich bringt, zeigen die TV-Bilder von afrikanischen Bootsflüchtlingen in den südeuropäischen Staaten in den letzten Jahren immer wieder.

Auf der anderen Seite werden gut ausgebildete Arbeitskräfte jedoch gerne nach Europa gelassen. Dies wird besonders deutlich an den Zahlen der Fachkräfte im medizinischen Sektor. Rund 60 Prozent der ghanaischen Ärzte haben beispielsweise in den vergangenen Jahren ihr Land verlassen – die meisten von ihnen Richtung Europa. Dies hat zur Folge, dass die Fachkräfte in den jeweiligen afrikanischen Gesellschaften fehlen. Brain Drain (wörtlich: Abfließen von Verstand) wird dieses Phänomen genannt. Das Abwandern medizinischer Fachkräfte hat besonders in jenen Ländern verheerende Folgen, in denen die Zahl der HIV-Infizierten hoch ist. Ein offensives Abwerben von solchen Fachkräften, wie es manche europäische Staaten betreiben, sollte deshalb eingeschränkt und Migranten, die in ihre Heimatländer zurückkehren wollen, um dort als Fachkräfte zu arbeiten, aktiv unterstützt werden.

Innenpolitisch betrachtet ist es zudem besonders wichtig, die aktuelle Situation der afrikanischen Migranten in Europa genau zu analysieren, um auf ihre Probleme angemessen reagieren zu können. Grundsätzlich gilt, dass bei der Gestaltung von Gesetzen, welche die afrikanischen Migranten betreffen, internationale Vereinbarungen und die Menschenrechte einzuhalten sind. Außerdem sollten die irregulären Migranten stärker beachtet und ihre Integration gefördert werden.

Im Zeitalter globaler Vernetzungen und der Herausbildung einer Weltgemeinschaft gehen aber auch die Probleme in Afrika, die durch Migration und Flucht entstehen, Europa etwas an. Diese Perspektive wird heute beispielsweise unter dem Fokus Migration und Entwicklung diskutiert. Migration – so die Annahme – wird nur dann nachlassen, wenn sich die Situation in den betroffenen afrikanischen Ländern selbst verbessert. Migration und Entwicklung sind deshalb wechselseitig verbundene Prozesse. Europäische Entwicklungspolitik sollte deshalb Menschenrechte, Demokratisierung und eine gute Regierungsführung in afrikanischen Gesellschaften fördern, um die politischen Ausgangsbedingungen in den Ländern Afrikas aktiv zu verbessern. Friedensfördernde Maßnahmen sollten in diesem Zusammenhang eine erhöhte Priorität einnehmen. Demokratie ist dabei kein Wert an sich oder automatisch mit einem ganz bestimmten politischen Modell verbunden, sondern ein offener gesellschaftlicher Prozess. Wie das Ziel einer demokratischen Gesellschaft politisch im Detail umgesetzt wird, muss deshalb immer wieder neu ausbuchstabiert werden.

Eine Beachtung des Zusammenspiels von Migration und Entwicklung impliziert insbesondere auch die Förderung von Bildung. Eine entwicklungsfähige Gesellschaft lebt zu großen Teilen auch davon, dass möglichst alle Menschen ihre Chancen in der Gesellschaft nutzen und sich aktiv an ihr beteiligen können. Bildung spielt dabei in vielen afrikanischen Ländern eine besonders wichtige Rolle, weil sie nicht nur ökonomisch betrachtet eine Investition in die eigene Zukunft (beispielsweise einen besseren Arbeitsplatz) ist, sondern eben auch eine aktive Teilhabe an der Gesellschaft ermöglicht. Diese Förderung von Bildung kann auch zu einer Stärkung von Frieden und Demokratie führen.

Das Aufkommen des Themas Migration und Entwicklung ist sicherlich wichtig und insbesondere hilfreich, Migration als wechselseitiges Problem wahrzunehmen. Wenn damit allerdings zu sehr auf die ökonomische Situation in den Ausgangsländern fokussiert wird, kann es dazu führen, dass menschenrechtliche Aspekte des Themas Migration zu wenig in den Blick genommen werden. Aus Sicht der skizzierten Ethik der Globalisierung ist dies problematisch, weil Menschenrechte als Ausdruck eines Mindeststandards von Gerechtigkeit unhintergehbar sind. Dies gilt auch und insbesondere für die Migrationspolitik in Europa. Die Idee einer unbedingten Gastfreundschaft, wie Derrida sie entwickelt, ist hier ein wichtiges Korrektiv, um sich dies immer wieder vor Augen zu führen.

(c) Religion und Kultur in Afrika: Afrika lebt von einer großen kulturellen Vielfalt, wobei die meisten Formen wiederum Synthesen verschiedener Traditionen sind. Es gibt vielfältige Einflüsse von außen, Überlagerungen und ebenso viele unterschiedliche Kontexte. Dabei prägen natürlich auch Religionen wie das Christentum oder der Islam neben traditionellen Kulten in vielfältigen Facetten das kulturelle Leben Afrikas.

Wie für Europa gilt auch für Afrika, dass religiöse Lebensformen niemals unabhängig von ihren kulturellen Kontexten existieren, sondern sie vielmehr mit diesen eine enge Verbindung eingehen. Traditionelle Handlungsorientierungen werden deshalb nicht selten in das religiöse Konzept mit eingearbeitet. Ein Blick auf die politische und kulturelle Geschichte Afrikas bestätigt die bereits entfaltete These, dass Religionen Frieden und Entwicklung einer Gesellschaft fördern, aber ebenso behindern können, beispielsweise wenn soziale Konflikte religiös aufgeladen werden.

Dabei ist aus europäischer Perspektive besonders auch das Christentum als gesellschaftlicher Akteur herausgefordert. Es muss sich insbesondere mit seinem eigenen Religions- und Missionsverständnis auseinandersetzen, denn der Absolutheitsanspruch des Christentums kann schnell zu einem Konflikt mit den kulturellen Kontexten in afrikanischen Ländern geraten. Auf der einen Seite steht der Anspruch der christlichen Religionsgemeinschaften, Menschen in anderen Kulturkreisen vom christlichen Glauben zu überzeugen, auf der anderen Seite der Auftrag der selbstlosen Nächstenliebe, das heißt der Unterstützung der Ärmsten unabhängig von ihrer Religionszugehörigkeit. Eine Förderung von Entwicklung im Sinne der Nächstenliebe und christliche Missionierung können deshalb leicht in ein Spannungsverhältnis geraten, je nach dem, welchem Aspekt Priorität eingeräumt wird. Dieser potenzielle Konflikt zeigt sich heute auch an vielen Sekten, die in Afrika sehr aktiv sind.

Religionsgemeinschaften aller Art sind deshalb herausgefordert zusammenzuarbeiten, den Dialog zu suchen und gemeinsam die drängenden Probleme unter Achtung der kulturellen Kontexte anzugehen. Eine Möglichkeit bestünde in einer verstärkten interreligiösen Zusammenarbeit, das heißt in einer Kooperation der verschiedenen Religionsgemeinschaften bei drängenden Entwicklungsfragen. In einigen Projekten wird dies auch schon effektiv praktiziert, wie das Netzwerk Afrika Deutschland eindrucksvoll belegt. Entscheidend für solche interreligiösen Entwicklungskooperationen sind dabei Offenheit anderen Traditionen gegenüber und eine Orientierung an den konkreten Problemen der Menschen.

Um weitere Kooperationen zwischen Afrika und Europa in den unterschiedlichen gesellschaftlichen, politischen und ökonomischen Feldern entsprechend dem Global Governance-Modell zu beginnen, gilt es, für beide Kontinente eine Kultur der Kooperation zu entwickeln, in die möglichst viele unterschiedliche Akteure eingebunden werden. Dabei braucht es auch gemeinsame Handlungsvorschläge, welche ein Miteinander von Afrika und Europa im globalen Kontext betonen. Hierzu sind entsprechend der entwickelten Philosophie der Globalisierung Regierungschefs gleichermaßen herausgefordert wie die vielen anderen weltgesellschaftlichen Akteure, angefangen von Unternehmen bis hin zu Nichtregierungsorganisationen und Religionsgemeinschaften.

VII. Kosmopolitismus – Wohin?

Die skizzierte Philosophie der Globalisierung steht in vielfacher Weise in der Tradition des Kosmopolitismus. Die Vernetzung zwischen unterschiedlichen Akteuren und Systemen weltweit, die Überwindung einer staatszentrierten Perspektive, die Betonung eines allen Menschen zukommenden Weltbürgerstatus oder auch die Stärkung globaler Kooperationen auf verschiedenen Ebenen sind Elemente dieses Kosmopolitismus. Dabei sind sowohl bei der Beschreibung von Globalisierung als auch der Diskussion der ethischen und politischen Optionen neue Wege zu suchen. Als zentrale philosophische Idee des Kosmopolitismus kristallisiert sich dabei auf allen drei Ebenen heraus, dass der Relationalität globaler Dynamik eine besondere Bedeutung zukommt. Philosophisch kann dieser Kosmopolitismus deshalb als eine Form relationalen Denkens gedeutet werden, was sich an vier Aspekten zusammenfassend zeigen lässt:

(a) Bei der Beschreibung und Interpretation globaler Dynamik, wird Wirklichkeit als ein Relationengefüge gedacht. Ein solches relationales Wirklichkeitsverständnis ist ein angemessenes Grundraster, mit dessen Hilfe globale Dynamik erfasst und erklärt werden kann. Die Anerkennung, dass globale Wirklichkeit ein relationales Gefüge ist, impliziert auch die Annahme, dass Menschen immer miteinander verbunden sind, einzelne Teile der Menschheit oder politische Institutionen nicht von anderen losgelöst werden können und jedes Handeln Auswirkungen auf andere Teile des Relationengefüges hat.

(b) Gleichzeitig ergibt sich aus dem relationalen Ansatz ein erkenntnistheoretischer Vorbehalt, der zum Ausdruck bringt, dass globale Welt letztlich immer auch ein Moment des Unverfügbaren impliziert. Welt als relationales Gefüge ist komplex und dynamisch und kann nicht in einer objektiven Weise erkannt werden, sie entzieht sich deshalb im Letzten immer einer absoluten Erkenntnis oder Versprachlichung.

(c) Mit dem relationalen Verständnis von Welt korreliert ein ethischer Universalismus, der jedoch die Unterschiede der Weltgesellschaft achtet. Sich der Relationalität von Welt und damit auch der Grenzen der Vernunft bewusst zu sein, korreliert mit der Betonung des Bewusstseins einer kulturübergreifenden Zusammengehörigkeit der Menschen. Gerade in dieser

Einsicht zeigt sich das universal Menschliche, das zur Handlungsorientierung im Sinn einer solidarischen Verantwortungshaltung werden kann. Einheit und Differenz werden in dieser Form universalistischen Denkens als ineinander verschränkt gedacht.

(d) Die mit einer solchen Philosophie der Globalisierung verbundene Weltpolitik sucht nach neuen Verfahren zur Umsetzung der ethischen Einsicht. Hierfür ist ein Verständnis von Politik und Macht zu entwickeln, das sich gegen ein technisches Machbarkeitsdenken stellt und auf die Mehrdimensionalität und Vernetzung der Steuerungsinstrumente setzt. Damit wird sozialphilosophisch von Macht auf Einfluss umgestellt. Das dialektische Verhältnis von Einheit und Differenz schlägt sich an dieser Stelle in einem strukturellen Machtverständnis nieder. Das Global Governance-Modell ist ein besonders gutes Beispiel für diese weltpolitische Option.

Als die Diskussion um Globalisierung Anfang der 1990er Jahre gerade an Fahrt aufgenommen hat, dachte der Philosoph Stephen Toulmin in eine ganz ähnliche Richtung über die Kosmopolis nach. Er expliziert sein Verständnis der Kosmopolis in einer philosophiegeschichtlichen Perspektive an dem Übergang der Renaissance zur Neuzeit. In seinen Augen ist es das zentrale Kennzeichen der philosophischen Diskurse seit dem 16. Jahrhundert, mit Hilfe einer allgemeinen Rationalität absolute Gewissheit zu erlangen und damit soziale Wirklichkeit in ein eindeutiges theoretisches Konzept zu zwängen (Toulmin 1991).

Mit dieser Akzentuierung schlug die Philosophie allerdings einen Weg in die Sackgasse ein, weil damit Welt in ihrer Relationalität und Dynamik nicht angemessen erfasst werden kann. Toulmin argumentiert, dass das Nachdenken über die Kosmopolis sich aus dieser Sackgasse wieder herausbewegen und die Aspekte der Mehrdimensionalität, Dynamik und Relationalität wieder stärker betonen sollte. Die Wissenschaft wird sich früher oder später sowieso von einem zu starken Rationalitätsverständnis lösen und eben jene Potenziale der Renaissance wieder entdecken. Denn nur so kann globalisierte Welt überzeugend gedacht und Antworten auf komplexe globale Herausforderungen gefunden werden.

Eine zentrale Umstellung wird dabei die von Macht auf Einfluss sein, womit relationales Denken im Kosmopolitismus wieder an Bedeutung gewinnen wird. Der Kosmopolit will auf den Zusammenhang aller Menschen weltweit aufmerksam machen und gleichzeitig in Zeiten, in denen sich politisches Denken zu rationalistisch zeigt, die Grenzen der Gestaltung von Gesellschaft aufzeigen und damit das Denken von überzogenen Einheitstendenzen frei machen. Er zielt auf eine Achtung der Unterschiede bei gleichzeitiger Wahrung des ethischen Universalismus. Kosmopolitismus, so formulierte Anthony Giddens (*1938) – einer der großen Theoretiker moderner Gesellschaften – einmal paradigmatisch, „ist eine wirklich emanzipatorische Sache, weil er Unterschiede positiv nutzt“ (Giddens 2003, 46).

Die vorgestellte Philosophie der Globalisierung will diesen Grundgedanken aufnehmen und betont damit, dass das Nachdenken über Globalisierung heute mehr denn je herausgefordert ist, der Vielfalt und Komplexität globaler Prozesse zu entsprechen. Ein Machbarkeitsdenken, das globale Dynamik in einem mechanistischen Sinn steuern will, wird damit zurückgewiesen, denn es ist der aktuellen Situation der Weltgesellschaft unangemessen. Stattdessen wird der netzwerkartige Charakter von Globalisierung betont und nach neuen Formen von Kooperation gesucht. Genau in dieser Tradition kosmopolitischen Denkens sollte die gegenwärtige Philosophie der Globalisierung weiterdenken.

Literatur(hinweise)

Die Literaturhinweise dienen zum einen als Belege für die in diesem Band verwendeten Zitate. Zum anderen verstehen sie sich als Anregungen für die Leserinnen und Leser, die sich mit einzelnen Aspekten der Philosophie der Globalisierung weiter beschäftigen wollen. Bei der Auswahl der Artikel und Bücher wurde darauf geachtet, dass sie einen guten Überblick geben, interessante Perspektiven auf das Thema eröffnen und gut verständlich geschrieben sind.

Kosmopolis und Philosophie der Globalisierung

Mouffe, C. (2005), Eine kosmopolitische oder eine multipolare Weltordnung? In: Deutsche Zeitschrift für Philosophie (53/1) 69–81.

Nida-Rümelin, J. (2006), Zur Philosophie des Kosmopolitismus. In: Zeitschrift für Internationale Beziehungen (13/2) 227–234.

Pogge, T. (2002), Kosmopolitanismus und Souveränität. In: Lutz-Bachmann, M./Bohmann, J. (Hrsg.), Weltstaat oder Staatenwelt? Für und wider die Idee einer Weltrepublik. Frankfurt/M., 125–171.

Safranski, R. (2003), Wie viel Globalisierung verträgt der Mensch? München/Wien.

Toulmin, S. (1991), Kosmopolis. Die unerkannten Aufgaben der Moderne. Frankfurt/M.

Globalisierung beschreiben

Altvater, E. u.a. (Hrsg.) (1997), Vernetzt und verstrickt. Münster.

Beck, U. (1998), Perspektiven der Weltgesellschaft. Frankfurt/M.

Desai, M. (2002), Marx's revenge. The resurgence of capitalism and the death of statist socialism. London.

Foucault, M. (1984), Der maskierte Philosoph. In: Foucault, M., Von der Freundschaft als Lebensweise. Berlin, 9–24.

Habermas, J. (1962), Strukturwandel der Öffentlichkeit. Untersuchungen zu einer Kategorie der bürgerlichen Gesellschaft. Neuwied.
Landes, D.S. (1999), Wohlstand und Armut der Nationen. Warum die einen reich und die anderen arm sind. Berlin.
Luhmann, N. (1997), Die Gesellschaft der Gesellschaft. Frankfurt/M.
Mall, R. A. (2003), Essays zur interkulturellen Philosophie. Nordhausen.
Messner, D. (^{2}1998), Die Netzwerkgesellschaft. Wirtschaftliche Entwicklung und internationale Wettbewerbsfähigkeit als Probleme gesellschaftlicher Steuerung. Köln.
Opitz, P. J. (Hrsg.) (2001), Weltprobleme im 21. Jahrhundert. München.
Osterhammel, J./Peterson, N. P. (2003), Geschichte der Globalisierung. Dimensionen, Prozesse, Epochen. München.
Schlosser, G. (1993), Einheit der Welt und Einheitswissenschaft. Grundlegung einer allgemeinen Systemtheorie. Braunschweig/Wiesbaden.
Stiftung Entwicklung und Frieden (Hrsg.), Globale Trends. Frankfurt/M. (erscheint alle zwei Jahre).
Willke, H. (2001), Atopia. Studien zur atopischen Gesellschaft. Frankfurt/M.
Wimmer, F. M. (2004), Interkulturelle Philosophie. Eine Einführung. Wien.
Wissenschaftliche Arbeitsgruppe für weltkirchliche Aufgaben der deutschen Bischofskonferenz (Hrsg.) (1999), Die vielen Gesichter der Globalisierung. Perspektiven einer menschengerechten Weltordnung. Eine Studie der Sachverständigengruppe ‚Weltwirtschaft und Sozialethik' und der kirchlichen Werke Adveniat, Caritas international, Misereor, missio Aachen, missio München und Renovabis. Bonn.

Ethik der Globalisierung

Brieskorn, N. (1997b), Menschenrechte. Eine historisch-philosophische Grundlegung. Stuttgart u.a.
Fikentscher, W. u. a. (Hrsg.) (2001), Globale Gerechtigkeit. Bamberg.
Höffe, O. (2004), Wirtschaftsbürger – Staatsbürger – Weltbürger. Politische Ethik im Zeitalter der Globalisierung. München.
Kuschel, K.-J./Pinzani, A./Zillinger, M. (Hrsg.) (1999), Ein Ethos für eine Welt? Globalisierung als ethische Herausforderung. Frankfurt/M./New York.
Lutz-Bachmann, M./Bohmann, J. (Hrsg.) (1996), Frieden durch Recht. Kants Friedensidee und das Problem einer neuen Weltordnung. Frankfurt/M.

Merle, J.-C. (Hrsg.) (2005), Globale Gerechtigkeit. Stuttgart.
Reinalter, H. (Hrsg.) (2007), Ethik in Zeiten der Globalisierung. Wien.

Modelle von Weltpolitik

Brunnengräber, A. u. a. (Hrsg.) (2005), NGOs im Prozess der Globalisierung. Mächtige Zwerge – umstrittene Riesen. Bonn.

Chwaszcza, C./Kersting, W. (Hrsg.) (1998), Politische Philosophie der internationalen Beziehungen. Frankfurt/M.

Commission on Global Governance/Stiftung Entwicklung und Frieden (Hrsg.) (1995), Nachbarn in Einer Welt. Bonn.

Czempiel, E.-O. (1999), Kluge Macht. Außenpolitik für das 21. Jahrhundert. München.

Fues, T./Hippler, J. (Hrsg.) (2003), Globale Politik. Entwicklung und Frieden in der Weltgesellschaft (Festschrift Nuscheler). Bonn.

Giddens, A. (2003), Die große Globalisierungsdebatte. In: Kleiner, M./Strasser, H. (Hrsg.), Globalisierungswelten. Kultur und Gesellschaft in einer entfesselten Welt. Köln, 33–47.

Gosepath, S./Merle, J.-C. (Hrsg.) (2002), Weltrepublik. Globalisierung und Demokratie. München.

Höffe, O. (^{2}2002), Demokratie im Zeitalter der Globalisierung, München.

Inthorn, J. u. a. (Hrsg.) (2005), Zivilgesellschaft auf dem Prüfstand. Argumente, Modelle, Anwendungen. Stuttgart.

Lohmann, G. (2002), Menschenrechte und ‚globales Recht'. In: Gosepath, S./Merle, J.-C. (Hrsg.), Weltrepublik. Globalisierung und Demokratie. München, 52–62.

Lutz-Bachmann, M./Bohmann, J. (Hrsg.) (2002), Weltstaat oder Staatenwelt? Für und wider die Idee einer Weltrepublik. Frankfurt/M.

Messner, D. (2001), Globalisierungsanforderungen an Institutionen deutscher Außen- und Entwicklungspolitik. In: Aus Politik und Zeitgeschichte 51 (18/19) 21–30.

Messner, D./Nuscheler, F. (2003), Das Konzept Global Governance. Stand und Perspektiven (INEF-Report 76). Duisburg.

Müller, J. (1997), Entwicklungspolitik als globale Herausforderung. Methodische und ethische Grundlegung. Stuttgart u. a.

Nuscheler, F. (Hrsg.) (2000), Entwicklung und Frieden im 21. Jahrhundert. Zur Wirkungsgeschichte des Brandt-Berichts. Bonn.

Reder, M. (2006), Global Governance. Philosophische Modelle der Weltpolitik. Darmstadt.

Willke, H. (2003), Heterotopia. Studien zur Krisis der Ordnung moderner Gesellschaften. Frankfurt/M.
Zürn, M. (1998), Regieren jenseits des Nationalstaates. Frankfurt/M.

Philosophen über Globalisierung

Derrida, J. (1991), Gesetzeskraft. Der ‚mystische Grund der Autorität'. Frankfurt/M.
Derrida, J. (2003), Schurken. Zwei Essays über die Vernunft. Frankfurt/M.
Engels, F./ Marx, K. (1974), Manifest der Kommunistischen Partei (Band 4 der Marx-Engels-Werke). Berlin.
Figueroa, D. (2004), Philosophie und Globalisierung. Würzburg.
Habermas, J. (1981), Theorie des kommunikativen Handelns. Frankfurt/M.
Habermas, J. (1998), Die postnationale Konstellation. Frankfurt/M.
Habermas, J. (2004), Der gespaltene Westen. Frankfurt/M.
Kant, I. (1795), Zum Ewigen Frieden. Ein philosophischer Entwurf. In: Kants Werke. Band VIII. Berlin, 341–386.
Marx, K. (1969), Das Kapital. Kritik der politischen Ökonomie (Bände 23–25 der Marx-Engels-Werke). Berlin.
Rawls, J. (1979), Eine Theorie der Gerechtigkeit. Frankfurt/M.
Rawls, J. (2002), Das Recht der Völker. Berlin
Rorty, R. (1989), Kontingenz, Ironie und Solidarität. Frankfurt/M.
Rorty, R. (1999), Stolz auf unser Land. Die amerikanische Linke und der Patriotismus. Frankfurt/M.
Walzer, M. (1992), Sphären der Gerechtigkeit. Ein Plädoyer für Pluralität und Gleichheit. Frankfurt/M.
Walzer, M. (1996), Lokale Kritik – globale Standards. Zwei Formen moralischer Auseinandersetzung. Hamburg.

Facetten der Philosophie der Globalisierung

Aus Politik und Zeitgeschichte 24/2007. Heft zum Thema Ökologische Gerechtigkeit.
Beck, U. (2004), Der kosmopolitische Blick oder: Krieg ist Frieden. Frankfurt/M.
Derrida, J./Vattimo, G. (2001), Die Religion. Frankfurt/M.
Die deutschen Bischöfe – Kommission für gesellschaftliche und soziale Fragen Kommission Weltkirche (Hrsg.) (2006), Der Klimawandel:

Brennpunkt globaler, intergenerationeller und ökologischer Gerechtigkeit. Ein Expertentext zur Herausforderung des globalen Klimawandels. Bonn.

Fonari, A. (Hrsg.) (2004), Menschenrechts-, Arbeits- und Umweltstandards bei multinationalen Unternehmen. Vom Global Compact und anderen Initiativen zu Global Governance? München.

Graf, F.W. (2004), Die Wiederkehr der Götter. Religion in der modernen Kultur. München.

Große Kracht, H. J. (1997), Kirche in ziviler Gesellschaft. Studien zur Konfliktgeschichte von katholischer Kirche und demokratischer Öffentlichkeit. Paderborn.

Habermas, J. (2005), Zwischen Naturalismus und Religion. Philosophische Aufsätze. Frankfurt/M.

Habermas, J./Derrida, J. (2004), Philosophie in Zeiten des Terrors. Zwei Gespräche. Berlin/Wien.

Hepp, A. (Hrsg.) (2005), Globalisierung der Medienkommunikation. Eine Einführung. Wiesbaden.

Jonas, H. (1979), Das Prinzip Verantwortung. Versuch einer Ethik für die technologische Zivilisation. Frankfurt/M.

Kleinsteuber, Hans J./Rossmann, Torsten (Hrsg.) (1994), Europa als Kommunikationsraum. Akteure, Strukturen und Konfliktpotenziale. Opladen.

Krebs, A. (Hrsg.) (1997), Naturethik. Grundtexte der gegenwärtigen tier- und ökoethischen Diskussion. Frankfurt/M. 1997.

Küng, H. (Hrsg.) (2001), Globale Unternehmen und globales Ethos. Der globale Markt erfordert neue Standards und eine globale Rahmenordnung. Frankfurt/M.

Maak, T./Lunau, Y. (Hrsg.) (1998), Weltwirtschaftsethik. Globalisierung auf dem Prüfstand der Lebensdienlichkeit. Bern.

Müller, J./Reder, M. (Hrsg.) (2002), Globale Solidarität durch weltweite Kommunikation? Stuttgart.

Müller, J./Reder, M./Karcher, K. (Hrsg.) (2007), Religionen und Globalisierung. Stuttgart u. a.

Müller, J./Wallacher J. (2005), Entwicklungsgerechte Weltwirtschaft. Perspektiven für eine sozial- und umweltverträgliche Globalisierung. Stuttgart u.a.

Nida-Rümelin, J./Pfordten, D. v. d. (Hrsg.) (1995), Ökologische Ethik und Rechtstheorie. Baden-Baden.

Rahmstorf, S./Schellnhuber, H. J. ([5]2007), Der Klimawandel. Diagnose, Prognose, Therapie. München.

Reder, M./Schmidt, J. (Hrsg.) (2008), Bewusstsein von dem, was fehlt. Eine Diskussion mit Jürgen Habermas. Frankfurt/M.

Reder, M./Schroeder, A. (2008), Global Deal für Klima- und Entwicklungspolitik. In: Dossier welt-sichten Nr. 5, 3ff.

Rorty, R./Vattimo, G. (2006), Die Zukunft der Religion. Frankfurt/M.

Senghaas, D. (1998), Zivilisierung wider Willen. Der Konflikt der Kulturen mit sich selbst. Frankfurt/M.

Simonis, U. E. (1996), Globale Umweltpolitik. Ansätze und Perspektiven. Mannheim.

Stiglitz, J. (2006), Die Chancen der Globalisierung. München.

Ulrich, P. (^{3}2001), Integrative Wirtschaftsethik. Grundlagen einer lebensdienlichen Ökonomie. Bern u.a.

Wallacher, J./Reder, M./Karcher, T. (Hrsg.) (2005), Unternehmensethik im Spannungsfeld der Religionen und Kulturen. Stuttgart u. a.

Walzer, M. (2003), Erklärte Kriege – Kriegserklärungen. Essays. Hamburg.

Wissenschaftlichen Arbeitsgruppe für weltkirchliche Aufgaben der Deutschen Bischofskonferenz (Hrsg.) (2006), Welthandel im Dienst der Armen (Studie der Sachverständigengruppe „Weltwirtschaft und Sozialethik“). Bonn.

Wissenschaftlicher Beirat der Bundesregierung Globale Umweltveränderungen (Hrsg.) 2005. Welt im Wandel – Armutsbekämpfung durch Umweltpolitik. Berlin/Heidelberg.

Personenregister